EL MÉTODO
WARREN BUFFETT

ROBERT G. HAGSTROM

EL MÉTODO WARREN BUFFETT

LOS SECRETOS DEL MAYOR INVERSOR DEL MUNDO

Traducción de Erika Orlandelli

HOEPLI
ediciones

Título original: *The Warren Buffett Way - Third Edition*

First published by John Wiley & Sons, Inc.

correo electrónico: info@hoepliediciones.es
www.hoepliediciones.es

ISBN 979-12-5499-003-2

Tercera edición: octubre de 2024

Proyecto editorial: Maurizio Vedovati – Servizi editoriali
Revisión de la traducción: Carlos Gumpert

Impresión: Rotomail Italia S.p.A. - Vignate (MI)
Impreso en Italia - Printed in Italy

Índice

La excepción

Una de las preguntas que más a menudo se me hace es la siguiente: "¿Cómo se puede explicar el extraordinario éxito de Warren Buffett como inversor?". Esa es la cuestión que intentaré analizar en esta introducción.

Hacia finales de los años sesenta yo estudiaba un máster en Business Administration en la Universidad de Chicago, y fue entonces cuando entré en contacto con una nueva teoría financiera, desarrollada precisamente en Chicago en los años anteriores. Uno de los elementos clave de la filosofía de pensamiento de la "Escuela de Chicago" era la "teoría del mercado eficiente": los esfuerzos combinados de millones de inversores racionales, motivados, objetivos e informados garantizan que la información se refleje inmediatamente en los precios del mercado, de modo que las inversiones produzcan un beneficio justo y proporcionado al riesgo, ni más ni menos. Por lo tanto, los precios nunca llegan a ser demasiado bajos, ni demasiado altos, como para imposibilitar la obtención de beneficios, y ningún inversor, por lo tanto, puede identificar sistemáticamente las oportunidades de las que aprovecharse. De esta hipótesis se deriva el famoso dicho de la Escuela de Chicago: "No se puede vencer al mercado".

La teoría del mercado eficiente constituye la base filosófica de tal conclusión, y no faltan datos empíricos que demuestran que, de hecho, a pesar de todos sus esfuerzos, la mayoría de los inversores no consigue ganar al mercado. Se trata de un argumento de peso a favor de la imposibilidad de un rendimiento superior a la media.

Esto no significa que ningún inversor se imponga al mercado. De vez en cuando, alguien lo hace, al igual que muchos, de forma especular, obtienen resultados inferiores a la media: la eficiencia del mercado no es una fuerza invencible, y es posible que los rendimientos de algunos inversores individuales se desvíen de los del mercado. Lo que se afirma es que nadie puede hacerlo con un grado y una regularidad suficientes para refutar la teoría del mercado eficiente. Como en la mayoría de los procesos, hay grandes desviaciones de la media, pero se explican como debidas a factores aleatorios y, por tanto, insignificantes. Cuando era joven había una expresión que decía algo así: "Si metemos un número suficiente de chimpancés con máquinas de escribir en una habitación, al final uno por lo menos acabará escribiendo la Biblia". En otras palabras, en presencia de eventos aleatorios, (casi) cualquier cosa puede suceder de vez en cuando. Pero como decía a su vez mi madre: "Es la excepción que confirma la regla"; una regla general puede no cumplirse el 100 % de las veces, pero el mero hecho de que las excepciones sean tan escasas confirma su verdad sustancial. Cada día, millones de inversores, tanto aficionados como profesionales, demuestran que no se puede vencer al mercado.

Luego está Warren Buffett.

Warren y algunos otros inversores legendarios —como Ben Graham, Peter Lynch, Stan Druckenmiller, George Soros y Julian Robertson —consiguen resultados de récord que desafían a la Escuela de Chicago. En otras palabras, pueden presumir de unos rendimientos superiores a la media con un margen lo suficientemente amplio, durante períodos de tiempo lo suficientemente largos y para cantidades de dinero lo suficientemente grandes como para poner a los defensores de la eficiencia del mercado a la defensiva.

La historia demuestra que si estos inversores son capaces de batir al mercado no es por casualidad, sino gracias a sus habilidades.

En el caso de Warren, especialmente, las pruebas son difíciles de rebatir. En la pared de su despacho hay un documento, escrito por él, que demuestra cómo su primer negocio, The Buffett Partnership, comenzó en 1956 con un capital de 105.000 dólares. Desde entonces ha atraído tanto capital, y ha producido tales beneficios, que hoy su holding Berkshire Hathaway acumula inversiones por un valor de 143.000 millones y un patrimonio neto estimado en 202.000 millones de dólares. Durante años y años, Warren ha destrozado todos los índices del mercado, convirtiéndose en el segundo hombre más rico de Estados Unidos. Este último logro no se deriva de grandes propiedades inmobiliarias transmitidas por vía hereditaria, ni de una innovación tecnológica específica e inimitable como la de tantas personas que figuran en las listas de Forbes, sino del trabajo duro y la gran habilidad aplicada a las inversiones de mercado accesibles a todos. ¿A qué se deben los resultados absolutamente únicos de Warren Buffett? En mi opinión, los puntos cruciales son los siguientes:

Es muy inteligente. Una de las muchas máximas que se atribuyen a Warren es esta: “Si tienes un cociente intelectual de 160, intenta vender 30 puntos. No te hacen falta”. Como señala Malcolm Gladwell en su libro *Fuera de Serie. Por qué unas personas tienen éxito y otras no* (Taurus, Madrid, 2009), para tener éxito no es necesario ser un genio, solo hay que ser lo suficientemente inteligente. A partir de cierto nivel, una inteligencia superior no aumenta necesariamente la probabilidad de éxito. Por el contrario, hay personas que son tan inteligentes que son incapaces de desviarse del camino que han trazado ellas mismas, o de encontrar las vías del éxito (o de la felicidad) en el mundo real. Un alto cociente intelectual no basta para convertir a una persona en un gran inversor: si así fuera, probablemente los hombres más ricos de Estados Unidos serían profesores universitarios. Es igualmente importante tener una mentalidad empresarial, ser "espabilado" y confiar en el sentido común.

Tengo la clara sensación de que Warren tiene un cociente intelectual muy superior a 130... y que nunca se ha planteado el problema de deshacerse del exceso "que no le hace falta". Su capacidad para adentrarse en el meollo de un asunto, para llegar a una conclusión sólida y razonada y para actuar en consecuencia, aunque los acontecimientos parezcan desmentirlo inicialmente, son elementos fundamentales de lo que es y de lo que ha sido capaz de conseguir. En pocas palabras, Warren Buffett es brutalmente analítico.

También es muy rápido: no tarda meses ni semanas en llegar a una conclusión. Tampoco necesita un equipo de analistas para darle vueltas a los números; no siente la necesidad de conocer y considerar todos los aspectos, hasta el último elemento: solo le hacen falta los importantes, que identifica con un enorme olfato.

Le impulsa una filosofía general. Muchos inversores creen que son lo suficientemente inteligentes como para controlar cualquier cosa, o al menos actúan así. También piensan que el mundo cambia constantemente, y que para adaptarse y estar al día con la última maravilla, hay que ser ecléctico y renovar constantemente su propia aproximación a las cosas. El problema de esta filosofía es que nadie puede creer de verdad que lo sabe todo; adpatarse y aprender nuevas estratagemas una y otra vez es difícil; y una mentalidad como esa impide el desarrollo de habilidades especializadas y atajos útiles.

Por el contrario, Warren sabe que no sabe: se limita a lo que sabe y deja el resto a los demás. Se trata de algo crucial, porque, como escribió Mark Twain: "No nos metemos en problemas por lo que no sabemos, sino por lo que estamos seguros de saber y no es cierto". Warren solo invierte en actividades que entiende bien y con las que se siente cómodo. Prefiere los sectores terrenales y, por ejemplo, evita las empresas de alta tecnología. Es bien sabido que prefiere renunciar a todo lo que no encaja en esta filosofía. Sobre todo (a diferencia de muchos otros), no le causa la menor preocupación la idea de que otros puedan ganar dinero con algo a lo que él renuncia.

Tiene una mentalidad flexible. La importancia de dejarse guiar por una determinada filosofía de vida no significa que no haya que cambiarla nunca: no cabe duda de que adaptarse a circunstancias significativamente diferentes puede resultar aconsejable y, de hecho, puede permitirnos adoptar una nueva filosofía de vida. El punto crucial es saber cuándo hay que cambiar y cuándo hay que seguir el propio camino.

Al principio de su carrera, Warren adoptó el enfoque de su mentor, Ben Graham, conocido como "*deep value*": comprar activos de bajo valor cuando se ponen a la venta, especialmente cuando es posible adquirir empresas por menos de su liquidez neta. Por ello, a menudo se reían de él por "recoger colillas". Al cabo de un tiempo, bajo la presión de su socio, Charlie Munger, optó por dar más importancia a empresas más prestigiosas si estaban protegidas por "fosos" y tenían un alto "*pricing power*", es decir, cierta libertad a la hora de determinar el precio de venta, dirigidas por grandes personalidades y podían adquirirse a precios razonables (pero no necesariamente de liquidación).

Un aspecto característico de la actitud de Warren fue mantenerse alejado durante mucho tiempo de las empresas que requerían grandes cantidades de capital, pero fue capaz de superar tal prejuicio para comprar la compañía ferroviaria Burlington Northern Santa Fe, tan pronto como se hizo evidente su debilidad económica tras el colapso financiero de 2008, y basándose en las perspectivas de un aumento de la mayor demanda de transporte ferroviario.

Una filosofía debe proporcionar una guía, pero no debe ser rígida. Como muchas otras cosas relacionadas con la inversión, se trata de un dilema difícil de manejar. Warren no rehúye el reto, a su manera: no le interesa seguir cada nueva moda del momento, pero al mismo tiempo no permite que sus propias actitudes mentales le mantengan pegado a la barrera.

Es frío. Muchos de los obstáculos y dificultades para lograr el éxito en una inversión dependen en cierta medida de las emociones humanas. La principal razón del fracaso de la teoría del mercado eficiente es que los inversores rara vez se atienen a la necesaria objetividad. Cuando los precios suben, muchos se vuelven codiciosos, confiados y eufóricos, dispuestos a seguir comprando en lugar de recaudar y obtener beneficios. Cuando los precios caen, se deprimen y se asustan, empezando a vender a precios de liquidación en lugar de comprar. Lo peor de todo es probablemente la terrible tendencia a juzgar los propios resultados en función de los de los demás, y a permitir que la envidia del éxito ajeno impulse a correr riesgos adicionales solo porque otros lo hacen: la envidia suele ser razón más que suficiente para llevar a las personas a seguir al rebaño en inversiones de las que no saben nada. Warren parece completamente inmune a estas emociones. No se siente especialmente eufórico cuando sus activos se revalorizan, ni abatido cuando bajan de valor, y ciertamente es él quien decide lo que constituye su propio éxito, no el público ni los medios de comunicación. No le importa si los demás piensan que está equivocado o que tiene razón, o si sus decisiones le dejan en buen lugar o no: por ejemplo, no se inmutó cuando, a principios de este siglo, se le tachó de "anticuado" por no participar en lo que resultó ser la burbuja tecnológica. Lo único que le importa es lo que él (y Charlie Munger) piensan... y si sus accionistas ganan dinero.

Lleva la contraria y es un iconoclasta. Mientras que el inversor medio cree que tiene que seguir al rebaño, a pesar de sus errores y emociones, los mejores inversores van a contracorriente, apartándose en ciertos momentos cruciales. Pero no basta con hacer lo contrario de lo que hacen los demás: hay que entender en qué estriba el error, qué debería hacerse en cambio, tener el valor de ir en dirección contraria (es decir, adoptar y mantener lo que David Swensen, de la Universidad de Yale, llama "posiciones incómodamente idiosincráticas"), estar dispuesto a parecer equivocado a los ojos de los demás hasta que el viento cambie de dirección, y esperar hasta tener razón.

A veces puede parecer que esta última fase no pasará nunca; como dice un viejo refrán: "El que se adelanta demasiado a su tiempo no se distingue del que se equivoca". Si reunimos todo ello, queda claro que no es una tarea fácil.

Obviamente, a Warren le resulta muy fácil llevar la contraria. De hecho, disfruta mucho con ello. Una vez me dijo que le habían ofrecido acciones que en el mercado costaban tanto como las flores y que en algún momento se habían convertido en malas hierbas: "Me gustaban más cuando eran malas hierbas". Los detractores prefieren comprar cosas que nadie quiere, y nadie sabe hacerlo como Warren.

Es anticíclico. Invertir significa tratar con el futuro y, a pesar de ello, muchos de los mejores inversores aceptan el hecho de que no pueden predecir lo que depara el "macrofuturo", es decir, la tendencia general de la evolución económica, los tipos de interés y las fluctuaciones del mercado. ¿Qué podemos hacer si en un determinado campo no somos capaces de hacer las cosas mejor que las personas que han decidido basar todo su negocio en él? Me parece que se pueden obtener considerables ventajas adoptando un comportamiento anticíclico.

Desde un punto de vista emocional, es fácil invertir cuando la economía se recupera, las empresas registran mayores beneficios, los precios suben y el riesgo se ve recompensado. Pero el secreto para obtener una rentabilidad superior a la media no estriba desde luego en comprar activos que se revalorizan. Por el contrario, los mejores negocios se consiguen comprando cuando la economía y las empresas están en crisis: es entonces cuando es más probable que los precios del mercado subestimen el valor real. Pero eso tampoco resulta nada fácil.

Warren ha demostrado repetidamente su preferencia por las inversiones realizadas en los peores momentos del ciclo económico, cuando el optimismo es el recurso que más falta. Su inversión de 10.000 millones de dólares en los días más oscuros de la crisis de 2008 por el 10 % de las acciones preferentes de Goldman Sachs y General Electric, y su adquisición de Burlington Northern por 34.000 millones de dólares en 2009, son emblemáticas. Con mirada retrospectiva, la sabiduría de estas inversiones resulta hoy evidente, pero ¿cuántos habrían actuado con tanta decisión cuando los temores de un colapso financiero estaban por las nubes?

Tiene una visión a largo plazo y la volatilidad no le preocupa. A lo largo de mis cuarenta y cinco años de experiencia en el sector, el horizonte temporal de los inversores no ha hecho más que acortarse. En parte, ello es consecuencia sin duda de la atención que los medios de comunicación prestan a las inversiones y a sus resultados (que en los años sesenta era prácticamente nula), transmitida a los inversores y a sus clientes, y de la tendencia a las liquidaciones anuales nacidas como consecuencia de los incentivos de fin de año pagados por los fondos de cobertura. Pero si muchas personas permiten que los prejuicios y los rumores infundados influyan en sus pensamientos y acciones, hay quienes pueden aprovecharse de ellos. Así es como la excesiva preocupación de la mayoría de los inversores por los resultados anuales y trimestrales crea oportunidades de ganancias para quienes piensan a largo plazo.

Una famosa declaración de Warren es que su "*holding period*", el periodo de retención de acciones, es "eterno" y que prefiere "un feo, sucio y malo 15 % anual a un fácil 12 %". Esta actitud le permite mantener ideas valiosas durante períodos más largos, organizando los beneficios y permitiendo que las ganancias crezcan sin ser gravadas, en lugar de pagar dividendos cada año, y por lo tanto pagar impuestos continuamente. También le ayuda a evitar reestructuraciones empresariales en tiempos de crisis, permitiéndole por el contrario aprovecharse de ellas. En lugar de insistir en la liquidez y aprovechar las oportunidades para abandonar las inversiones, por su forma de actuar está claro que Warren está más que contento de asumir inversiones de las que no sería posible deshacerse.

No teme apostar a lo grande por sus mejores ideas. Durante mucho tiempo, la diversificación ha desempeñado un papel crucial en la llamada gestión prudente de las inversiones. En pocas palabras, sirve para reducir la probabilidad de que se produzcan grandes pérdidas concretas (y de que se le reproche a uno el mantener una participación excesiva en partidas deficitarias). Sin embargo, si bien un alto grado de diversificación reduce la probabilidad de daños causados por inversiones deficitarias, también reduce la probabilidad de ganancias potenciales por parte de las exitosas.

Como en otras ocasiones, el punto de vista de Warren sobre la diversificación difiere de la opinión corriente: "Nuestra estrategia nos impide adherirnos al dogma de la diversificación. Muchos gurús concluirían que se trata de una estrategia más arriesgada que la de los inversores más tradicionales. Estamos convencidos de que una política de concentración de la cartera reduce ciertamente el riesgo si al mismo tiempo aumenta, como debería, tanto el compromiso del inversor hacia un negocio concreto, como su nivel de satisfacción respecto a las características económicas de ese negocio antes de la compra".

Warren es consciente de que las grandes ideas no ocurren muy a menudo y por eso mantiene un alto nivel de exigencia: solo invierte en las mejores y, cuando encuentra una, apuesta fuerte. Esto significa que mantiene un intenso vínculo con las empresas y las personas en las que cree: no compra algo solo porque otros lo hacen y teme que les vaya bien sin él, y se niega a diversificar con compras que le entusiasman menos solo para atenuar las consecuencias de los errores, es decir, para practicar lo que él llama "des-empeoramiento". Está claro que todos estos elementos son indispensables si se quiere tener alguna posibilidad de lograr resultados superiores a la media, pero esto no quita que sean la excepción y no la regla en la gestión de carteras.

No le plantea un problema el mantenerse inactivo. Son demasiados los inversores que actúan como si siempre hubiera cosas importantes que hacer, o quizá piensen que tienen que dar la impresión de que son lo suficientemente inteligentes como para encontrar siempre inversiones brillantes. Las oportunidades de inversión interesantes son acontecimientos excepcionales... y por definición eso significa que no se dan todos los días.

Warren tiene fama de estar dispuesto a quedarse fuera del mercado incluso durante largos periodos, rechazando una oferta tras otra hasta que se presenta la oportunidad adecuada. Es famoso por su analogía con Ted Williams, uno de los mejores bateadores del béisbol, que se situaba en el plato con el bate sobre el hombro esperando el lanzamiento perfecto. Es la imagen perfecta para describir a quienes solo invierten cuando la inversión es imperdible. ¿Y quién puede defender que los buenos negocios aparecen continuamente y que siempre es un buen momento para invertir?

Por último, no tiene miedo a perder su trabajo. Muy pocos inversores son capaces de tomar todas las decisiones que consideran correctas. Muchos se ven condicionados por su propia falta de voluntad para comprar propiedades que no tienen suficiente liquidez, que son controvertidas o muy poco seguras, o para vender activos que se están apreciando y que "todo el mundo" está seguro de que seguirán subiendo y para concentrar sus carteras en algunas escasas ideas que consideran mejores. ¿Por qué? Porque tienen miedo a equivocarse y a las posibles consecuencias.

Los "agentes" que gestionan el dinero de otros tienen miedo de que decisiones precipitadas les expongan al despido por parte de los accionistas, o a ser abandonados por sus clientes. Por eso "suavizan" su comportamiento, haciendo solo lo que puede considerarse prudente y no controvertido. Es esa clase de comportamiento que hizo observar a John Maynard Keynes: "El sentido común enseña que, para la reputación de uno, es preferible fracasar convencionalmente que tener éxito de forma no convencional". Pero esto produce un curioso quebradero de cabeza: si no estás dispuesto a tomar una decisión tan audaz que te cree problemas si fracasas, es imposible tomar una que realmente marque la diferencia si tienes éxito. Los grandes inversores son personas capaces de acompañar sus convicciones intelectuales con su comportamiento. En resumen, tienen el valor de ser brillantes.

Como es lógico, Warren no teme ser despedido por su "jefe". Su posición es tan permanente como lo puede ser su capital: no depende de los clientes que pueden retirar su inversión, ordenando la venta a precios de liquidación, como puede ocurrirle a un gestor financiero normal en tiempos de crisis. Este simple hecho juega un papel importante en el éxito de cualquier gran inversor, y estoy seguro de que no es una coincidencia el que Warren haya organizado sus actividades de esta manera, pasando de un fondo de cobertura a una estructura corporativa como Berkshire Hathaway. No hubiera aceptado otra cosa.

Naturalmente, Warren Buffett tiene muchas otras características típicas de un gran inversor. Es una persona motivada, disciplinada y decidida; trabaja duramente; se apaña muy bien con las cuentas y es una persona extremadamente lógica; es un voraz consumidor de información, que absorbe tanto de sus lecturas como del trato con personas a las que respeta; y, llegado a ese punto, invierte por el gusto de resolver el sofisticado problema intelectual que presenta este oficio, no por fama o dinero. Estoy seguro de que estas últimas cosas son la consecuencia de su trabajo, no su propósito.

En teoría, muchos otros podrían haber logrado lo que Warren Buffett ha conseguido en los últimos sesenta años. Las características que he enumerado son raras, pero no únicas. Y cada una de ellas nos parece sagrada: ¿quién podría discutir una sola? La cuestión es que muy pocas personas son capaces de exhibirlas todas al mismo tiempo. Es su combinación —más ese "algo" intangible extra que hace que una persona sea especial— lo que ha permitido a Warren alcanzar un éxito tan excepcional aplicando el método Warren Buffett.

Howard Marks

Introducción a la segunda edición estadounidense

Cuando Robert Hagstrom publicó por primera vez *El método Warren Buffett* en 1994, el libro se convirtió rápidamente en una especie de fenómeno, que ha vendido más de un millón de ejemplares hasta la fecha (2004). Una popularidad y una fortuna que atestiguan por sí solas la perspicacia de sus análisis y el valor de sus consejos.

Siempre que se habla de Warren Buffett, es fácil verse aturdidos y abrumados por la magnitud de las cifras. Mientras que la mayoría de los inversores razonan en términos de centenares o incluso miles de dólares, Buffett se mueve en un mundo de millones y miles de millones, pero eso no significa que no tenga nada que enseñarnos. Más bien todo lo contrario. Si observamos detenidamente su rendimiento pasado y presente, e identificamos los criterios que subyacen a sus estrategias, podemos aspirar a modelar nuestras decisiones sobre las suyas.

Esta es la contribución más profunda y duradera del libro de Robert: durante años y años ha estudiado detenidamente las acciones, palabras y decisiones de Buffett, y luego ha buscado patrones regulares que ha destilado en este volumen, extrayendo 12 puntos, 12 principios inmutables a los que Buffett ajusta su filosofía en cada circunstancia, periodo y mercado. De la misma manera, esos principios pueden servir de guía a otros inversores.

El valor de la obra de Robert a lo largo del tiempo es la lucidez con la que aborda los distintos temas: aunque el libro trata de técnicas de inversión, el núcleo de la discusión son en realidad sus principios. Y los principios no cambian. Es como si oyera a Warren decir con una sonrisa socarrona: "Precisamente por eso se llaman principios".

Y los últimos diez años han demostrado esta verdad fundamental de manera flagrante. En ese periodo, el mercado de valores ha cambiado varias veces: hemos asistido a una enorme burbuja que hizo rica a mucha gente, un posterior y rápido desplome que produjo un largo y pesado periodo "Oso" (a la baja) antes de que al final, en la primavera de 2003, el mercado tocara fondo y comenzara a recuperarse. Entre tanto, la actitud de Warren Buffett hacia la inversión no ha cambiado nunca, ni ha dejado de seguir los principios expuestos en este libro:

- Pensar en la compra de acciones como si fuera la compra de una parte de una empresa.
- Reunir una cartera escogida con una rotación limitada.
- Invertir solo en lo que puede entender y analizar.
- Exigir un margen de seguridad entre el precio de compra y el valor a largo plazo de la empresa.

Como siempre, los inversores de Berkshire Hathaway cosechan los beneficios de este enfoque sólido y consistente. Desde el inicio de la recuperación en 2003, la cotización de Berkshire Hathaway ha subido unos 20.000 dólares por acción: más del 30 %, superando absolutamente el rendimiento del mercado en su conjunto durante el mismo periodo.

Existe una clara línea de pensamiento de inversión orientada al valor que comienza con Benjamin Graham, continúa con Warren Buffett y sus contemporáneos, hasta una nueva generación de profesionales como Robert Hagstrom. Buffett fue el discípulo más conocido de Graham, y suele aconsejar el estudio del libro de Graham

The Intelligent Investor: una recomendación que yo también respaldo. Al igual que estoy convencido de que este libro de Robert comparte una característica distintiva con ese texto ya clásico: sus consejos pueden que no os hagan ricos, pero desde luego no os llevarán a la pobreza. Comprender y aplicar cuidadosamente las técnicas y los principios expuestos en estas páginas os convertirá en mejores inversores.

Bill Miller
Presidente y director de inversiones de LMM, LLC

Introducción a la primera edición estadounidense

A principios de 1989, una tarde entre semana, sonó el teléfono en casa. Nuestra hija Annie, de 11 años, contestó y me dijo que era Warren Buffett. Era evidente que se trataba de una broma. La voz en el teléfono empezó diciéndome: "Soy Warren Buffett, de Omaha [como si pudiera confundirlo con algún otro Warren Buffett]. Acabo de leer su libro, que es maravilloso, y me gustaría citar una de sus frases en el informe anual de Berkshire. Siempre he querido escribir un libro, pero nunca me he decidido". Hablaba muy rápido, en un tono claramente entusiasta, y en 15-20 segundos debió de decir cuarenta palabras por lo menos, incluyendo un par de carcajadas. Inmediatamente dije que sí y seguimos hablando durante 5 o 10 minutos. Recuerdo que concluyó diciendo: "Si alguna vez pasa por Omaha y no viene a verme, su nombre será maldecido en todo Nebraska".

No deseando en absoluto que mi nombre fuera maldecido en Nebraska, unos seis meses después le tomé la palabra. Warren Buffett me acompañó personalmente a recorrer cada metro cuadrado de sus oficinas (lo que no le llevó mucho tiempo, ya que en su conjunto podría caber en media pista de tenis), y saludé a todos los empleados. En ningún lugar parecía haber un solo ordenador o una pantalla con las cotizaciones bursátiles. Al cabo de una hora, más o menos, fuimos al restaurante donde, siguiendo su consejo, disfruté de un increíble filete y de mi primera Cherry Coke desde hacía treinta años. Hablamos de nuestros primeros trabajos, de béisbol y de bridge, e intercambiamos algunas anécdotas sobre empresas y negocios en los que tuvimos participaciones en el pasado. Warren habló o respondió a preguntas sobre acciones u otras propiedades de Berkshire (sin llamar nunca a su empresa "Berkshire Hathaway").

¿Por qué ha sido Warren Buffett el mejor inversor de la historia? ¿Cómo es como persona, accionista, ejecutivo y propietario de empresas enteras? ¿Qué tiene de particular el informe anual de Berkshire Hathaway, por qué le dedica tanto trabajo y qué podemos aprender de él? Para intentar responder a estas preguntas, revisé los cinco últimos informes anuales, los primeros que presentó como presidente (los de 1971 y 1972 solo tenían dos páginas cada uno), y hablé con él personalmente. También conocí y hablé con otras nueve personas que habían trabajado, a distinto nivel, con Warren Buffett durante los treinta años anteriores: Jack Byrne, Robert Denham, Don Keough, Carol Loomis, Tom Murphy, Charlie Munger, Carl Reichardt, Frank Rooney y Seth Schofield. En lo que a sus características personales se refiere, todas las respuestas coincidieron: Warren Buffett es, ante todo, un hombre extremadamente satisfecho; le encanta todo lo que hace, conocer a gente y hablar con ellos, leer cantidades industriales de informes trimestrales y anuales, así como muchos periódicos y revistas. Como inversor es disciplinado, paciente, flexible, valiente, seguro de sí mismo y decidido. Siempre está buscando inversiones con poco o ningún riesgo y, además, es muy bueno calculando probabilidades y asignando calificaciones de riesgo. Creo que su habilidad proviene de un amor inherente por la aritmética, de su pasión y entrega al juego del bridge y, en última instancia, de una larga experiencia en la suscripción y aceptación de altos niveles de riesgo en seguros y reaseguros. También está dispuesto a asumir riesgos con una baja probabilidad de pérdida total de la inversión y de obtener importantes beneficios. Reconoce los errores y los fracasos y no se disculpa por ellos.

Le gusta tomarse el pelo a sí mismo y felicitar a sus socios en términos objetivos.

Warren Buffett es un gran estudioso y un maravilloso oyente, capaz de captar los elementos clave de una empresa o de un tema complejo con gran rapidez y precisión. Puede tomar la decisión de no invertir en menos de dos minutos, y concluir que es el momento de efectuar una compra importante tras unos días de investigación. Siempre está preparado, porque como escribió en uno de sus informes anuales: "Noé no empezó a construir el arca cuando ya había empezado a llover". Como directivo, no tiene la costumbre de llamar a un director de área o al director general de una empresa, pero se muestra más que contento si ellos lo hacen a cualquier hora del día o de la noche para informarle de algo o pedirle consejo. Una vez que ha adquirido una participación o incluso una empresa entera, se convierte en su mayor defensor y caja de resonancia. Como le gusta repetir utilizando una metáfora de béisbol: "En Berkshire no tenemos la costumbre de explicar a 400 bateadores cómo sostener un bate de béisbol".

Dos ejemplos de la disposición de Warren Buffett para aprender y adaptarse son las intervenciones en público y el uso de los ordenadores. En los años cincuenta, invirtió 100 dólares en un curso para hablar mejor de Dale Carnegie: "No para que no me tiemblen las rodillas mientras hablo en público, sino para seguir haciéndolo mientras me tiemblan las rodillas". En la reunión anual de Berkshire, ante más de 2.000 personas, Warren Buffett se presentó en el escenario junto a Charlie Munger y, sin apuntes, dio una auténtica conferencia y respondió a las preguntas de los presentes sin nada que envidiar a oradores como Will Rogers, Ben Graham, Phil Fisher, David Letterman y Billy Crystal. Para mejorar su bridge, Warren aprendió a utilizar un ordenador en 1994 para unirse a uno de esos grupos en línea y jugar con otras personas, repartidas por todo el país, y es posible que en el futuro decida aprovechar alguno de los cientos de servicios de información y recopilación de datos sobre empresas disponibles en la red con fines de inversión.

Warren Buffett siempre hace hincapié en que el "factor de inversión" fundamental es determinar el valor intrínseco de una actividad determinada y luego pagar un precio justo. No se interesa nunca por cuál ha sido su rendimiento de la bolsa en el pasado reciente, ni la que se espera que sea en el futuro inmediato. En 1988 y 1989 compró más de mil millones de acciones de Coca-Cola después de que la acción se hubiera revalorizado más de cinco veces en los últimos seis años, y más de quinientas veces en los sesenta anteriores. En los tres años siguientes multiplicó por cuatro su inversión y está decidido a ganar aún más dinero en los próximos cinco, diez y veinte años. En 1976 entró en GEICO con una participación muy importante, después de que la acción hubiera caído de 62 a 2 dólares y la opinión general era que acabaría reduciéndose a cero.

¿De qué manera puede aplicar el inversor medio los métodos de Warren Buffett? Para empezar, Buffett nunca invierte en sectores que no comprende a fondo o que quedan fuera de su "área de competencia". Con el tiempo, todo el mundo puede desarrollar y reforzar un área de especialización en un campo en el que esté involucrado profesionalmente, o que le resulte interesante estudiar y explorar. Al fin y al cabo, no se trata de acertar muchas veces en la vida, como dice Warren cuando afirma que, en sus 40 años de carrera, han sido unas doce las decisiones que han marcado la diferencia.

Por ejemplo, es posible reducir en gran medida el riesgo centrándose en unas pocas empresas o propiedades si esto obliga a los inversores a ser más cautelosos y cuidadosos en la búsqueda: por regla general, más del 75 % de las participaciones en acciones ordinarias de Berkshire están representadas por no más de cinco valores. Uno de los principios que se repite con más frecuencia en este libro es el de comprar participaciones en empresas valiosas cuando se hallan temporalmente en dificultades, o cuando el mercado bursátil está a la baja y ofrece los mejores títulos a precios convenientes. Hay que dejar de empeñarse en predecir la bolsa, la economía, los tipos de interés o los resultados de las elecciones y, sobre todo, deja de tirar el dinero con gente que se gana la vida con esto. Es preferible estudiar los simples hechos, las condiciones financieras, evaluar las perspectivas de la empresa y comprar cuando todas estas condiciones sean favorables. Muchas personas invierten como si se pasaran toda la noche jugando al póquer sin mirar siquiera las cartas que tienen en la mano.

Pocos inversores habrían tenido la información y el valor de comprar GEICO a 2 dólares por acción, o Wells Fargo o General Dynamics cuando estaban en crisis y la gente bien informada afirmaba que solo traerían problemas. Pero Buffett también compró acciones de Capital Cities/ABC, Gillette, Washington Post, Affiliated Publications, Freddie Mac o Coca-Cola (que por sí sola produjo beneficios para Berkshire Hathaway de más de 6.000 millones de dólares o, lo que es lo mismo, el 60 % de los 10.000 millones de dólares de acciones que poseen los accionistas); todos ellos casos de empresas, grupos y marcas importantes o dominantes en sus respectivos campos, excelentemente gestionados y con un historial de rentabilidad consolidada.

Warren Buffett elabora el informe anual de Berkshire pensando también en el público en general, para ayudar a los interesados a ser mejores inversores; desciende por ambos lados familiares de editores de periódicos, su tía Alice dio clases en una escuela pública durante más de treinta años y a él también le gusta tanto enseñar como escribir sobre negocios, y sobre inversiones en particular. A los veintiún años fue profesor en la Universidad de Nebraska en Omaha, y en 1955, mientras trabajaba en Nueva York, impartió un curso sobre el mercado de valores en la Scarsdale High School. Durante una década, entre los años sesenta y setenta, dio conferencias gratuitas en la Creighton University, y en 1977 formó parte de un comité presidido por Al Sommer Jr. que proporcionaba valoraciones a la Securities and Exchange Commission sobre la divulgación de información empresarial. Después de ese encargo, el informe anual de Berkshire adoptó un formato más parecido al de las relaciones para accionistas que había elaborado de 1956 a 1969. A partir de principios de los años ochenta, los informes de Berkshire explicaban a los accionistas el rendimiento de la cartera de la empresa y las nuevas inversiones, redefiniendo las normas del mercado de seguros y reaseguros y, a partir de 1982, informaban sobre los criterios de adquisición aplicables a las propiedades potencialmente atractivas para la propia Berkshire. El informe abunda en ejemplos, analogías, anécdotas y metáforas sobre los pros y los contras de una adecuada inversión en acciones. Warren Buffett fijó un elevado estándar para el rendimiento futuro de Berkshire al establecer como objetivo a largo plazo un incremento anual del 15 % en su valor intrínseco, algo que pocas personas —y nadie desde 1956 hasta 1993, excepto él— han logrado. También ha señalado que hoy resulta especialmente difícil, pero que no hay escasez de oportunidades y que la liquidez de Berkshire disponible para invertir es alta y aumenta cada año. Su confianza puede resumirse en las últimas ocho palabras de la página 60 del informe anual de junio de 1993: "Berkshire no ha pagado un dividendo líquido desde 1967".

Warren Buffett siempre ha declarado que le encantaría escribir un libro sobre la forma de invertir, y solo podemos esperar que algún día lo haga. Hasta entonces, sus informes anuales cumplen una función similar, no muy diferente a la de los autores de novelas por entregas del siglo XIX Edgar Allan Poe, William Thackeray y Charles Dickens. Los informes anuales de Berkshire Hathaway de 1977 a 1993 constituyen idealmente los primeros diecisiete capítulos de ese libro. Mientras tanto, tenemos *El método Warren Buffett*, donde Robert Hagstrom recorre la carrera de Buffett y presenta ejemplos de cómo han evolucionado su técnica y sus métodos de inversión, junto con las personalidades que han participado en este proceso. El libro también entra en detalle sobre las decisiones cruciales que han llevado a los resultados sin precedentes de Buffett, además de ilustrar el pensamiento y la filosofía de un inversor que ha producido valor y ganado dinero de forma constante a lo largo del tiempo, utilizando herramientas que en teoría están disponibles para cualquiera, independientemente de sus ingresos.

Peter S. Lynch

Introducción

Mi padre, Philip A. Fisher, estaba orgulloso de que Warren Buffett hubiera hecho suyas algunas de sus opiniones, así como de su antigua y cordial relación. Si mi padre estuviera vivo, habría aprovechado la oportunidad de compartir algunas de las buenas experiencias que vivió durante décadas con una de las pocas estrellas del mundo empresarial tan brillantes como para eclipsar su propia fama. Mi padre apreciaba sinceramente a Warren Buffett y consideraba un honor que hubiera decidido adoptar algunas de sus ideas. Murió a la edad de noventa y seis años, exactamente tres meses antes de que yo recibiera una carta inesperada en la que me preguntaban si estaría interesado en escribir sobre él y Warren Buffett para este libro. Así que espero ofrecer a los lectores de *El método Warren Buffett* una visión lo más personal posible acerca de una parte muy importante de la historia económica, así como algunas reflexiones sobre la mejor manera de utilizar este libro verdaderamente maravilloso.

No hablaré mucho de Buffett, pues ya es el tema principal y Robert Hagstrom lo hace con estilo y precisión. Es bien sabido que mi padre fue una importante influencia para Warren Buffett, una influencia, como escribe Hagstrom, que se ha manifestado con mayor claridad en el pensamiento de Buffett en los últimos años. Por su parte, a medida que fue conociendo mejor a Warren Buffett, mi padre apreciaba cada vez más en él características y cualidades que consideraba fundamentales para un inversor de éxito, pero que son poco frecuentes entre los profesionales.

Hace cuarenta años, en un mundo con herramientas de información relativamente primitivas para los estándares actuales, cuando Warren Buffett fue a conocerlo, mi padre tenía sus propios métodos para recopilar información. A lo largo de las décadas, había ido creando poco a poco su propio círculo de conocidos entre profesionales a los que respetaba y que lo conocían lo suficiente como para entender lo que le interesaba y lo que no, y que estaban dispuestos a compartir ideas y opiniones con él. Para ello, decidió que se reuniría una vez por lo menos con cada joven profesional, y si le gustaba, volverían a verse y se conocerían cada vez mejor. Rara vez se reunía con una persona dos veces... sus estándares eran muy altos. Desde su punto de vista, cualquiera que no mereciera un "10" era un "0", y una vez que se formaba un juicio negativo sobre una persona, esta simplemente quedaba borraba para siempre, como si ya no existiera: el tiempo es corto, y él daba a cada posible conocido solo una oportunidad.

El joven Warren Buffett fue uno de los pocos, de los poquísimos, que impresionaron a mi padre lo suficiente como para merecer una segunda reunión, y muchas más después. Mi padre era un juez sagaz y severo de las personas y sus habilidades... como ha habido muy pocos. Estaba convencido de que su carrera se basaba en su capacidad para evaluar a las personas. Esa era una de sus mejores cualidades, y la razón más importante por la que daba tanta importancia a las evaluaciones cualitativas de la gestión en el análisis bursátil. Siempre se sintió muy orgulloso de haber dado un "10" a Warren Buffett antes de que se hiciera tan merecidamente famoso.

La relación entre los dos era lo suficientemente sólida como para sobrevivir a algún que otro desliz de mi padre, que le llamaba "Howard" (nombre del padre de Buffett) cuando se equivocaba. Lo que sigue es una anécdota muy peculiar que nunca se ha contado, y que dice mucho de los dos.

Mi padre era un hombre pequeño con una gran mente que trabajaba muy rápido y, por amable que fuera, a menudo se mostraba nervioso y agitado, incluso inseguro. También era una persona extremadamente de costumbres, que seguía estrictamente los preceptos del catecismo porque le daban sensación de seguridad. También le gustaba dormir, porque cuando dormía no estaba ni nervioso ni inseguro. Cuando no podía evitar que su mente diera vueltas por la noche, lo que ocurría a menudo, en lugar de contar ovejas recurría a estratagemas mentales, como repetir de memoria los nombres y distritos de todos los miembros del Congreso hasta quedarse dormido.

A partir de 1942, empezó a memorizar el nombre de Howard Buffett y a asociarlo con Omaha, repitiéndolo noche tras noche durante más de diez años. Su mente asociaba y relacionaba automáticamente las palabras “Omaha”, “Buffett” y “Howard” mucho antes de conocer a Warren. Y más tarde, cuando la carrera de Warren empezó a despegar y su estrella a brillar, pasaron otros veinte años antes de que mi padre pudiera desconectar totalmente “Buffett” y “Omaha” de “Howard”. Esto le molestaba enormemente, porque no podía controlar este mecanismo y porque tenía en gran estima a Warren Buffett, cuya amistad apreciaba. Papá sabía muy bien quién era Warren Buffett, pero en conversaciones informales solía decir frases como: “Ese joven brillante de Omaha, Howard Buffett”. Cuanto más lo decía, más difícil le resultaba corregir el error. Era un hombre de costumbres y muy regular, y regularmente frustrado.

Un día, a primera hora de la mañana, justo antes de que ambos se conocieran, mi padre estaba más que decidido a no equivocarse y a decir “Howard” en lugar de “Warren”, cosa que hizo en un momento dado, llamando a Warren “Howard”. Si el interesado se dio cuenta, no lo mencionó y desde luego no corrigió a mi padre. Esto siguió ocurriendo ocasionalmente a lo largo de los años setenta hasta que, en los ochenta, mi padre consiguió por fin eliminar “Howard” de las frases sobre Warren Buffett, algo de lo que se sentía especialmente orgulloso. Años más tarde, le pregunté si alguna vez había hablado con Warren de ello, y me dijo que no, que nunca lo había hecho porque le avergonzaba mucho.

La relación entre ambos nunca se resintió: se regía sobre una base mucho más sólida, y uno de sus puntos fuertes fue la filosofía que compartían y según la cual ambos buscaban la compañía y la cooperación de personas honestas y capaces. Por ejemplo, la frase de Warren Buffett, "No vamos a decirles a 400 bateadores cómo tienen que sujetar el bate", refiriéndose al control de los negocios de los directivos de Berkshire Hathaway, procede directamente de la biblia personal de Philip Fisher: "Busca al mejor, intenta no equivocarte y luego no pierdas el tiempo diciéndole lo que tiene que hacer".

A lo largo de los años, mi padre quedó cada vez más impresionado por la forma en la que Warren Buffett se ha transformado gradualmente en un inversor basándose en fundamentos sin ataduras. Década tras década, Buffett ha hecho cosas que nadie habría podido predecir viendo su historial, y las ha hecho muy bien. En el sector de los inversores profesionales, la mayoría de las personas adquieren un determinado estilo a partir de su experiencia, de forma empírica, y luego nunca cambian. Por ejemplo, compran acciones con un bajo ratio "*Price/Earnings*" ("precio/beneficio", PER en castellano), o de marcas punteras en tecnología o algo parecido. Una vez que se forman un determinado tipo de experiencia y oficio, nunca, o solo marginalmente, cambian. Por el contrario, década tras década, Warren Buffett ha adoptado siempre y con regularidad nuevos enfoques y estrategias, y siempre ha sido imposible predecir cuál sería su siguiente movimiento. Su primer enfoque, estrictamente orientado al valor de las acciones, no sugería su preferencia de los años setenta por las "franquicias" y, del mismo modo, no habría sido posible predecir a partir de sus primeros planteamientos que se pasaría a los productos de consumo con un PER superior a la media del mercado en los años 80. Su capacidad de cambio —y de hacerlo con éxito— podría proporcionar material para otro libro. Muy a menudo, las personas que intentan evolucionar simplemente no pueden, y fracasan. Según mi padre, Buffett no fracasó porque nunca perdió de vista quién era y su propia identidad: siempre se mantuvo fiel a sí mismo.

Mi padre siempre tenía a mano una copia de *Si*, el célebre poema de Rudyard Kipling, que me leía y citaba una y otra vez. Yo, por mi parte, lo tengo hoy en mi escritorio como una forma de sentirme cerca de él. Era una persona insegura pero absolutamente tenaz, y era normal que se dirigiera a la gente en un tono "kiplingiano", explicando cómo debían tomarse muy en serio sus carreras e inversiones, pero también no tomarse demasiado en serio a sí mismos. Siempre aconsejaba a las personas que tuvieran en cuenta las críticas, pero que nunca se dejaran sojuzgar por ellas; o que nunca dejaran de desafiarse a sí mismos y a sus límites, pero que, pasara lo que pasara, no se juzgaran con demasiada dureza y, si estaban convencidos de haber fracasado, se obligaran a volver a intentarlo. Y siempre animaba a todo el mundo a dar "el siguiente paso", aunque ese paso estuviera aún por imaginar.

Ese aspecto de Warren Buffett, su capacidad para evolucionar de forma coherente con sus valores y su pasado —para dar el siguiente paso, aunque aún no lo haya imaginado— era lo que más admiraba mi padre. Avanzar siempre sin dejarse limitar por los vínculos, las frases, las convenciones del pasado. O por el orgullo. A juicio de mi padre, Buffett representaba algunas de las cualidades que Kipling hizo inmortales.

Por desgracia, siempre habrá un pequeño porcentaje —pero un gran número en términos absolutos— de individuos escépticos, envidiosos y estrechos de miras que son incapaces de construirse una vida por sí mismos y prefieren lanzar fango a los demás. Para estas almas desoladas, el propósito de la vida es generar dolor, ya que no pueden producir nada más. Antes de que termine toda carrera de éxito, habrá caído fango sobre cualquiera que haya logrado resultados, y si puede echar raíces, lo hará. Mi inseguro padre siempre esperaba que esto le ocurriera a cualquiera, incluso a él mismo, pero en el caso de aquellos a los que admiraba, esperaba que el fango acabara escurriéndose. Y cuando se lo lanzaran, confiaba en que aquellos a los que admiraba consideraran la crítica o la acusación sin sentirse juzgados por ella. Al estilo Kipling. Siempre y en todo momento a través de los ojos de Kipling.

En una carrera más larga que la de casi cualquier otro, Warren Buffett lo ha hecho muy bien: le han lanzado muy poco fango, que se le ha escurrido por completo. Un verdadero testamento personal: Kipling estaría contento con él, al igual que mi padre. Al final, todo deriva y nos lleva a los valores fundamentales de Buffett: siempre sabe exactamente quién es y cuáles son sus objetivos; no le pesan conflictos de intereses que puedan afectar sus principios, provocando un comportamiento indeseable. Y esa es la mejor parte de Warren Buffett que deberíamos intentar emular: entender quiénes somos.

El objetivo de esta introducción es también sugerir cómo podemos utilizar este libro. A lo largo de mi carrera me han preguntado por qué no me comporto o actúo más como mi padre, o como Warren Buffett. La respuesta es muy sencilla: yo soy yo, no ellos. Lo que tengo que hacer es sacar partido de mis posibles aspectos positivos: no soy capaz de evaluar a los demás con la habilidad de mi padre, y no soy un genio como Warren Buffett.

Es importante utilizar este libro para aprender, pero no para intentar ser o convertirse en Warren Buffett. No es posible, y el que lo intente se hará daño a sí mismo. En su lugar, es preferible utilizarlo para comprender sus ideas, y luego intentar integrarlas en nuestro propio enfoque de los negocios y la inversión. Solo podremos producir algo bueno a partir de nuestras propias ideas, al igual que las sugerencias que se encontrarán en este libro serán válidas si las asimilamos en nosotros mismos, sin cambiar nuestro comportamiento en nuestros intentos por ponerlas en práctica. Una persona que no sea ella misma será un mal inversor. En cualquier caso, puedo garantizarle que nunca podremos convertirnos en Warren Buffett, no importa lo que leamos o lo mucho que lo intentemos. Solo podemos ser nosotros mismos.

Esa es la lección más importante que aprendí de mi padre, que fue un gran maestro en muchos sentidos: no a ser él ni nadie más, sino a ser lo mejor que puedo ser, y a no dejar nunca de evolucionar y cambiar. La mejor lección que podemos aprender de Warren Buffett es aprender de él sin querer ser él. Si somos jóvenes, el mejor consejo en cuestión de inversiones es entender quiénes somos realmente. Si ya no somos tan jóvenes, es darnos cuenta de que en realidad somos mucho más jóvenes de lo que creemos, y debemos comportarte en consecuencia, un regalo poco común. Algo que resulta posible, porque es lo que Warren Buffett sigue haciendo, impertérrito, a una edad en la que la mayoría de la gente ya ha alcanzado la jubilación. Pensemos en él como un maestro, no como un modelo para imitar, y consideremos este libro como la mejor exposición posible de sus enseñanzas. Se puede aprender mucho, sentando las bases para el desarrollo de una filosofía de inversión personal exitosa.

Kenneth L. Fisher

Prólogo del autor

En junio de 1984, me inscribí en un curso de formación en Legg Mason Wood Walker, una empresa de inversiones de Baltimore. Durante dos semanas, asistí a presentaciones sobre inversión, análisis de mercado, normativas y técnicas de venta. En teoría, debería haber empezado mi carrera de agente de bolsa justo a continuación, pero no podía dejar de sentir que había cometido un terrible error.

La Legg Mason adoptaba la filosofía del "*value investing*", un enfoque que destacaba la importancia de establecer el valor exacto del objeto de inversión; su formación hacía gran hincapié en obras clásicas como *Security Analysis*, de Benjamin Graham y David Dodd, y *The Intelligent Investor*, también de Graham. Casi no pasaba un día sin que los veteranos de la empresa nos dieran sus opiniones y consejos sobre la bolsa y el mercado bursátil, incluyendo documentos como el *Value Line Investment Survey,* una revisión analítica de sus valores favoritos. Todas las empresas tenían las mismas características: un PER bajo, una relación precio/valor nominal baja y una alta rentabilidad por dividendo. A menudo, la empresa era muy poco atractiva para los estándares del mercado, como quedaba patente por un largo periodo de rendimiento de la acción inferior a los índices de mercado. Se nos decía una y otra vez que evitáramos los carísimos "*growth stocks*", los valores basados en el crecimiento y que nos centráramos en los valores "parias" con una relación riesgo/rendimiento mucho más favorable.

La lógica de este enfoque basado en "el valor" era absolutamente clara para mí, y los cálculos no eran difíciles. La *Value Line* era una práctica instantánea del balance y la rentabilidad de una empresa durante los veinte años anteriores: se abría con un gráfico del rendimiento de la acción, junto con los resultados, año a año. Pero por mucho que analizara estas cifras para una empresa, seguía pensando que faltaba algo.

Un jueves por la tarde, el día antes de que terminara el curso, el profesor me entregó un ejemplar del informe anual de Berkshire Hathaway, una empresa de la que nunca había oído hablar, igual que de su autor, Warren Buffett. Nos dijeron que leyéramos la carta del presidente a los accionistas y nos preparáramos para discutirla al día siguiente.

Aquella noche, en mi habitación de hotel, hojeé rápidamente el informe. Para mi decepción, me di cuenta de que no había fotos ni gráficos, y que solo la carta del presidente ocupaba casi veinte páginas. Suspirando, me dejé caer en mi sillón y empecé a leer. No es fácil describir lo que sucedió después, pero en el transcurso de esa noche mi visión de las inversiones cambió por completo.

Llevaba quince días manejándome con números, porcentajes y fórmulas, y me veía ahora leyendo acerca de empresas y de las personas que las dirigen. Buffett hablaba de Rose Blumkin, una inmigrante de ochenta años nacida en Rusia que había generado 100 millones en ventas para la cadena Nebraska Furniture Mart. Aprendí a conocer a Stan Lipsey, editor del *Buffalo News*, y a Chuck Higgins, de See's Candies, y descubrí los mecanismos económicos subyacentes a la gestión de un periódico y las ventajas competitivas de una marca de pastelería. A continuación, Buffett discutía los resultados operativos de la rama de seguros de Berkshire, que incluía la National Indemnity Company, y un tercio de GEICO. Pero no se limitaba a soltar cifras: Buffett me llevaba de la mano, guiándome a través de las sutilezas de los seguros, como las primas anuales, las reservas para las liquidaciones de siniestros, los "*combined ratio*" y las ventajas fiscales de los saldos aplazados. Por si fuera poco, Buffett también daba a los accionistas una especie de sencilla guía sobre cómo el valor intrínseco de la empresa podía superar su valor nominal mediante un truco de magia llamado "*economic goodwill*". Al día siguiente fui a clase completamente transformado. Las copias de *Value Line*, con sus interminables secuencias de dígitos, seguían allí, pero de repente sobre aquellos esqueletos numéricos se habían formado músculos, piel y, sobre todo, un propósito. En otras palabras, las empresas habían cobrado vida. En lugar de limitarme a los números, empecé a pensar en las empresas, en las personas que las dirigían y en los productos y servicios que daban lugar a las cifras que llenaban esas hojas.

Cuando empecé a trabajar a la semana siguiente, ya tenía una idea clara de mis objetivos y no me cabía ninguna duda sobre lo que me disponía a hacer. Iba a invertir el dinero de mis clientes en Berkshire Hathaway y en las acciones que tenía en su cartera. Cada vez que Warren Buffett dejaba caer una migaja de su mesa, yo me apresuraba a recogerla para mis clientes. Cuando Buffett compraba acciones, yo llamaba a la empresa en cuestión, solicitaba su último informe anual disponible, lo estudiaba con diligencia tratando de averiguar qué había visto él que otros habían pasado por alto. Antes de la llegada de Internet, a cambio de 25 dólares, la Securities and Exchange Commission te mandaba una copia de cualquier informe. Me hice con todos los informes de Berkshire Hathaway y, de paso, recopilé todos los periódicos, revistas y artículos en los que se mencionaba a Buffett. Hacía una copia de todo lo que hablaba de él y de Berkshire, y lo leía, lo estudiaba y lo almacenaba. Era como un niño que seguía a su ídolo futbolístico.

Unos años más tarde, el 11 de abril de 1998, se publicó en *Fortune* un artículo de Carol Loomis titulado "The Inside Story of Warren Buffett". Marshall Loeb, entonces jefe de redacción de *Fortune*, decidió que era el momento de trazar un perfil de Buffett, y sabía que Carol era la más adecuada para hacerlo. Hasta ese momento, la única información sobre Buffett era la que podía extraerse de sus mensajes como presidente a los accionistas y en el curso de su participación en la reunión anual de Berkshire Hathaway en Omaha. Pero los que sabían que Carol Loomis era también la persona que revisaba los informes de Berkshire también sabían que, si alguien podía escribir un perfil sobre Buffett, era ella. Me apresuré a ir al quiosco a por el que estaba seguro de que sería el último ejemplar de la revista que quedaba.

Carol declaraba que su objetivo era hacer un reportaje diferente, destacando a Buffett no solo como inversor, sino también como un "extraordinario hombre de negocios". El resultado no decepcionaba en absoluto: un artículo de 40.000 caracteres estupendamente escrito, que proporcionó a los adoradores de Buffett una visión cercana, casi íntima, del hombre al que ya se le conocía como el "Oráculo de Omaha". Carol aportaba muchos detalles, pero ninguno me resultó más impactante que tres breves frases cuidadosamente escondidas a lo largo del artículo.

"Lo que hago no está en absoluto fuera del alcance de nadie", afirmaba Buffett. "Invertir o gestionar es para mí esencialmente lo mismo: no hay que hacer cosas extraordinarias para obtener resultados extraordinarios".

Ahora bien, no estoy seguro de que todos los lectores sean capaces de atribuir esas palabras a la típica modestia del Medio Oeste. Buffett no es un fanfarrón, pero tampoco es alguien que disimule. Estaba seguro de que no habría pronunciado esa frase si no la creyera. Y si lo creía, como yo estaba convencido, significaba que era posible descubrir un camino, o más bien un mapa del tesoro, que nos permitiera entender la filosofía personal de Buffett sobre la inversión en general y la selección de títulos en particular. Esta fue la principal motivación para escribir *El método Warren Buffett*.

Llevo veinte años leyendo los informes de Berkshire, así como los de las empresas que ha ido adquiriendo a lo largo del tiempo y los numerosos artículos que se han escrito sobre Warren Buffett, lo que me ha llevado a comprender en cierta medida su forma de pensar sobre la compra y venta de acciones. Lo más importante que he aprendido es que Buffett siempre aborda cualquier transacción de la misma manera, ya sea una compra de valores o la adquisición de empresas enteras, ya sean públicas o privadas: hace más o menos las mismas cosas, en el siguiente orden. Para empezar, valora el tipo de empresa, las personas que la dirigen, sus parámetros económicos y su valor intrínseco, y en cada caso compara los resultados con lo que conoce y sus propios "*benchmark*", es decir, el rendimiento o la rentabilidad deseada. He llamado a esto "criterios de inversión" y los he dividido en cuatro categorías: criterios empresariales, criterios de gestión, criterios financieros y criterios de mercado. Originalmente, el objetivo de *El método Warren Buffett* era examinar las principales empresas y negocios que Buffett adquirió para Berkshire Hathaway, y tratar de averiguar si realmente estaban de acuerdo con los principios expresados en sus escritos y declaraciones. Estaba convencido de que, además de para mí, sería interesante para todos los inversores analizar detenidamente las creencias y estrategias de Buffett de acuerdo con las compras y decisiones tomadas por Berkshire a lo largo de los años, todo ello recogido en un único texto. Desde este particular punto de vista, creo haber logrado mi objetivo.

Antes de redactar la primera edición del libro, no conocía a Warren Buffett en persona, ni le había llamado o consultado durante el proceso de escritura. Obviamente, eso habría sido un valor añadido, pero tuve la suerte de recoger suficiente material de sus numerosos escritos sobre el tema de la inversión. A lo largo del libro, cité generosamente los informes anuales de Berkshire Hathaway y, en particular, los mensajes del presidente a los accionistas: Buffett me concedió entonces permiso para utilizar el material sometido a copyright, pero solo después de haber revisado el libro. Tal permiso no significa en absoluto que haya colaborado en la redacción, ni que haya puesto a mi disposición información confidencial o estrategias que no estuvieran ya en los documentos disponibles: casi todo lo que hace Buffett es de dominio público.

El principal reto del libro era demostrar o desmentir la afirmación de Buffett de que "lo que hago no está en absoluto fuera del alcance de nadie". Algunos críticos señalan que, a pesar de su éxito, la particular idiosincrasia de Buffett impide que su particular método pueda adoptarse a gran escala. Personalmente, no estoy de acuerdo. No cabe duda de que Buffett tiene rasgos idiosincrásicos —y ésta es una de las razones de su éxito—, pero trataré de demostrar que sus metodologías, una vez comprendidas en su totalidad, son aplicables tanto por inversores individuales como por institucionales. El propósito de este libro es ayudar a esos inversores a aplicar las estrategias que, en mi opinión, garantizaron su éxito a Buffett.

Dicho todo esto, no deja de haber escépticos, por supuesto. La mayor crítica que he recibido a lo largo de los años es que leer un libro sobre Warren Buffett no asegura a nadie obtener los mismos beneficios que él. En primer lugar, nunca he sugerido que tal cosa fuera posible. En segundo lugar, hace tiempo que me pregunto por qué alguien se le podría ocurrir algo así. Al fin y al cabo, si compra usted un libro que le dice cómo jugar al golf como Tiger Woods, seguro que no espera igualarle en el campo. Lee el libro porque está convencido de que contiene consejos y trucos que le permitirán jugar mejor. Lo mismo ocurre con *El método Warren Buffett*: si al leer el libro aprende algo que le ayude a trabajar mejor, entonces el libro habrá cumplido su objetivo. Teniendo en cuenta los mediocres resultados de la mayoría de la gente en la bolsa, una cierta mejora no es un resultado inalcanzable.

En una ocasión le preguntaron a a Buffett y a Charlie Munger, vicepresidente de Berkshire y "sparring y partner intelectual" de Buffett, si dos grandes mentes como las suyas estarían dispuestas a formar a una nueva generación de inversores. Y eso es exactamente lo que han hecho durante los últimos cuarenta años: los informes de Berkshire Hathaway son famosos por su claridad, su falta de formulaciones insulsas y su enorme valor educativo. Cualquiera que haya tenido la suerte de asistir a las reuniones anuales de Berkshire sabe lo instructivas que pueden llegar a ser.

La adquisición del conocimiento es como un viaje. A lo largo del suyo, Warren Buffett ha sabido recoger la mayor parte de la sabiduría de otros, empezando por Benjamin Graham y Phil Fisher, a los que añadió las numerosas lecciones que recibió de su socio Charlie Munger. En conjunto, estas experiencias han contribuido a conformar un mosaico de nociones que Buffett, a su vez, comparte generosamente con los demás, es decir, con aquellos que están dispuestos a hacer los deberes y aprender, con una mente abierta y rigurosa.

En la reunión de Berkshire Hathaway de 1995, Charlie Munger dijo: "Es extraordinaria la resistencia de algunas personas a aprender cosas". Y Buffett añadió: "Lo más asombroso es lo reacios que son a hacerlo incluso cuando el aprendizaje redunda en su propio interés". Luego, continuó en un tono más reflexivo: "La resistencia a pensar o a cambiar es siempre enorme. Una vez cité a Bertrand Russell, que decía: «Algunas personas prefieren morir antes que pensar. Y le ha pasado a muchos». Desde el punto de vista financiero, esto es absolutamente cierto".

En los veinte años transcurridos desde la primera edición de *El método Warren Buffett*, el ruido de fondo en el mercado de valores no ha dejado de crecer, y justo cuando parece que no puede aumentar más, se sale con un agudo ensordecedor. Los comentaristas de televisión, los periodistas financieros, los analistas y los estrategas del mercado no paran de hablar pisándose unos a otros, todos compitiendo por la atención de los inversores. Internet es una maravilla de la información moderna, en eso estamos todos de acuerdo, pero también ha dado libre acceso, o quizá deberíamos decir que ha proporcionado un altavoz gratuito, a cualquiera que tenga una opinión financiera: el resultado es que nos encontramos sumergidos por una avalancha de orientaciones y consejos.

Y, sin embargo, a pesar de semejante avalancha de información, los inversores siguen luchando con uñas y dientes por cada céntimo de sus beneficios, y algunos incluso se cuestionan, de vez en cuando, si merece la pena continuar. Las cotizaciones bursátiles se disparan de repente, para luego caer en picado con la misma rapidez. Los que acuden a la bolsa con la esperanza de invertir en la educación de sus hijos o en su jubilación acaban aturdidos por un mercado de valores en el que no parece haber nada seguro ni razonable, solo locura.

Muy por encima de la locura del mercado destaca la sabiduría y la experiencia de Warren Buffett: en un entorno que parece favorecer a los especuladores en detrimento de los inversores, sus consejos han resultado ser regularmente un salvavidas para millones de inversores. De vez en cuando, algunos no alineados gritarán "¡Pero si esta vez es diferente!", y ocasionalmente lo será. La política arroja sorpresas, la economía reacciona y la bolsa se hace eco de todo ello con oscilaciones ligeramente diferentes. Nacen nuevas empresas, otras maduran definitivamente, las sociedades evolucionan y se adaptan. Los cambios son constantes, pero los principios de inversión expuestos en este libro siguen siendo válidos. "Por eso se llaman principios", bromeó una vez Buffett.

Una lección concisa y poderosa del informe anual de 1996 es la siguiente: "El objetivo de un inversor debe ser simplemente comprar, a un precio razonable, una participación en una línea de negocio que sea sencilla de encuadrar y entender, cuyos beneficios ofrezcan la virtual certeza de ser mayores a cinco, diez y veinte años vista. Con el tiempo, veréis cómo pocas empresas son capaces de satisfacer estas demandas, así que cuando encontréis una debéis hacer buen acopio de sus acciones".

Sea cual sea el capital de inversión del que se disponga, sea cual sea la empresa o corporación que nos interese, no podríamos contar con un criterio mejor.

Robert G. Hagstrom
Villanova, Pensilvania

1

Un acontecimiento "5 sigma"

El mayor inversor del mundo

"Agárrate fuerte", dijo Buffett con una sonrisa socarrona. Era una mañana de primavera y se hallaba en un salón de Manhattan con Carol Loomis, una de sus amigas más antiguas y queridas. Autora de best-sellers y ganadora de numerosos premios periodísticos, Carol es una de las redactoras más experimentadas de *Fortune*, donde trabaja desde 1954, y está considerada como la experta por excelencia en Warren Buffett. Quienes conocen bien a Buffett saben que es ella la que revisa y edita los informes anuales de Berkshire Hathaway desde 1977.

Aquel día de primavera de 2006, Buffett le dijo a Carol que había cambiado de opinión sobre cómo y cuándo dejaría su patrimonio en acciones de Berkshire Hathaway. Como muchos otros, Carol sabía que, después de organizar pequeños legados para sus tres hijos, Buffett legaría el 99 % de su fortuna a obras de beneficencia, pero siempre había asumido que iría a la Fundación Buffett, creada por su difunta esposa, Susan. Ahora, sin embargo, informaba a Carol de que había cambiado de opinión: "Sé lo que quiero hacer y no hay razón para no moverse"[1].

De este modo, poco después del almuerzo del 26 de junio de 2006, Warren Buffett —entonces el segundo hombre más rico del mundo— se acercó al micrófono de la New York Public Library. El público estaba formado por centenares de personas entre las más ricas y adineradas de la ciudad, que le recibieron con un aplauso fragoroso. Tras unas palabras iniciales, metió la mano en el bolsillo y sacó cinco cartas. En cada una de ellas había una parte de su patrimonio, y lo único que faltaba era su firma. Las tres primeras cartas no fueron una sorpresa: las firmó como "papá" y se las entregó a su hija Suze, a su hijo mayor Howard y a su segundo hijo Peter. La cuarta carta se la entregó a un representante de la fundación de su difunta esposa. En total, esas cuatro cartas estipulaban la asignación de 6.000 millones de dólares[2].

La verdadera sorpresa fue la quinta carta. Buffett la firmó y se lo dio a la esposa de Bill Gates, el único hombre del planeta más rico que él. Con esa carta donó más de 30.000 millones de dólares en acciones de Berkshire Hathaway a la mayor fundación filantrópica del mundo, la Bill & Melinda Gates Foundation. Fue la mayor donación de la historia, superando con creces las de Andrew Carnegie (7.200 millones, en dólares actuales), John D. Rockefeller (7.100 millones) o John D. Rockefeller Jr. (5.500 millones).

En los días siguientes, no dejaron de avasallarle a preguntas. ¿Estaba Buffett enfermo, incluso moribundo? "No, absolutamente no", declaró, "nunca he estado tan bien". ¿El fallecimiento de su esposa ha tenido algo que ver con esta decisión? "Sí, pues sí", confesó Buffett. De hecho, se sabía que Susie heredaría su patrimonio, para la Buffett Foundation: "A ella le habría gustado. También le daba un poco de miedo, por el aumento de tamaño. Pero le habría gustado y lo hubiera hecho muy bien"[3].

Pero con la muerte de su esposa, Buffett cambió de opinión. Se dio cuenta de que la Bill & Melinda Gates Foundation era una organización impresionante, perfectamente preparada para manejar los miles de millones de dólares que le daría Buffett. No tendría que "pasar por todos los apuros y dificultades a los que se enfrentaría la Buffett Foundation al verse obligada a aumentar necesariamente sus dimensiones, y manejarán bien mi dinero de inmediato. ¿Qué es más lógico, si vas a hacer algo, que encontrar a alguien mejor preparado que tú para hacerlo?"[4].

Es la quintaesencia del pensamiento-Buffett. La racionalidad hecha carne. Como él mismo nos recuerda, en Berkshire Hathaway hay legiones de directivos que hacen esto o aquello, y que lo hacen mucho mejor de lo que él podría hacerlo. Del mismo modo, la Bill & Melinda Gates Foundation habría gestionado sus fondos mejor que él.

De su amigo, Bill Gates declaró: "Warren será recordado no solo como el mayor inversor de todos los tiempos, sino también como el mayor benefactor"[5].

Esto será casi indudable, pero es importante recordar que su generosidad y las obras de beneficencia derivadas son posibles sobre todo por su inigualable habilidad como inversor. Cuando Buffett entregó a Melinda Gates el cheque de 30.000 millones de dólares, me acordé inmediatamente de otro cheque, extendido cincuenta años antes, de 100 dólares, que representaba su inversión inicial en la Buffett Partnership Ltd.

Buffett siempre ha afirmado que le tocó "la lotería de los ovarios": está convencido de que las probabilidades de nacer en 1930 en Estados Unidos eran de aproximadamente 1:30. Nunca fue un gran corredor y, por tanto, nunca habría llegado a ser un buen jugador de fútbol. Y, a pesar de su habilidad para rasguear el ukelele, nunca habría sido un buen violinista. Pero estaba "configurado de una manera determinada" que le permitiría "prosperar en una gran economía capitalista, donde pasan un montón de cosas"[6].

"Mi buena suerte proviene de una combinación de factores: vivir en Estados Unidos, el gen de la suerte y el interés compuesto", ha declarado Buffett. "Mi buena suerte se ha visto favorecida por un sistema de mercado que a veces produce resultados distorsionados, pero que, en general, es útil para nuestro país." Para mantener las cosas en la justa perspectiva, Buffett nos recuerda humildemente que se encontró trabajando "en una economía que gratifica a los que salvan la vida a otros en el campo de batalla con una medalla, premia a un gran profesor con la gratitud de sus padres, pero recompensa a los que consiguen detectar acciones valoradas impropiamente con cifras que pueden ascender a miles de millones de dólares". A eso lo llama la distribución caprichosa del destino de "pajitas largas"[7].

Puede que todo eso sea verdad, pero en mi opinión Buffett ha sido el artífice de su propio destino, no la suerte. Esta es la historia de cómo Warren Buffett sacó la pajita larga.

La historia y los comienzos

Warren Edward Buffett nació el 30 de agosto de 1930 en Omaha, Nebraska, en la que era la séptima generación de su familia que vivía en esa ciudad. El primer Buffett que se estableció en Nebraska abrió una tienda de alimentos en 1869. Este fue también el negocio del abuelo de Warren, que una vez empleó a un joven Charlie Munger, futuro vicepresidente de Berkshire Hathaway. El padre de Warren, Howard, era banquero y agente de bolsa, y más tarde fue elegido congresista por el Partido Republicano.

Se ha dicho que Warren Buffett estaba fascinado por los números desde una edad temprana. Tal vez sea una ligera exageración, pero es un hecho conocido y bien documentado que cuando fue al jardín de infancia ya era una especie de calculadora automática. De niño, él y su mejor amigo, Bob Russell, se pasaban las tardes en el porche de la familia Russell mirando los números de las matrículas de los coches que pasaban. Cuando oscurecía, los dos amigos entraban en casa, abrían el *Omaha World-Herald* en el suelo y contaban cuántas veces aparecía cada letra en el periódico. A continuación, registraban los cálculos en un cuaderno, como si se tratara de información de alto secreto.

Uno de los juguetes favoritos del joven Buffett se lo regaló su tía Alice, que sentía un cariño especial por su encantador sobrino. Ella le hizo una propuesta irresistible: si se comía los espárragos, recibiría un cronómetro de regalo. A Warren le fascinaba la precisión de ese instrumento y lo utilizaba en muchas ocasiones, como en los juegos con canicas. Convocaba a sus dos hermanas en el baño, llenaba la bañera de agua y les pedía que dejaran resbalar las canicas por el borde. La bola ganadora era la que llegaba primero al tapón de desagüe, siguiendo la pendiente de la bañera. Buffett medía y registraba los tiempos de cada canica, con su cronómetro en mano.

Sin embargo, fue el segundo regalo de su tía Alice el que determinó definitivamente en Buffett, a la edad de seis años, su atracción no solo por los números, sino también por el dinero. Era el día de Navidad, y el pequeño Warren rasgó el papel de regalo y se ató con orgullo al cinturón lo que se convertiría en su objeto más querido: un "*money changer*" chapado en níquel, el típico monedero para guardar el cambio, para el que rápidamente descubrió muchas aplicaciones útiles. Para empezar, instaló una pequeña mesa en el porche de su casa y empezó a vender chicles a todos los que pasaban por allí. Después, empezó a vender bebidas puerta a puerta: compraba un paquete de seis latas de Coca-Cola en la tienda de su abuelo por 25 céntimos y revendió las latas individuales por 5 céntimos, lo que suponía una rentabilidad del 20 %. También vendía de puerta en puerta copias del *Saturday Evening Post* y de la revista *Liberty*, y repartía palomitas y cacahuetes en los partidos de fútbol cada fin de semana. En todas esas iniciativas, llevaba siempre su *money changer*, recibiendo dólares y dando el cambio[8].

Lo que hasta ese momento podía parecer una infancia idílica tomó un cariz completamente distinto cuando el padre de Warren llegó un día a casa y comunicó a la familia que el banco para el que trabajaba había quebrado. Su trabajo se había esfumado y sus ahorros también. La Gran Depresión había llegado a Omaha, así que el abuelo de Warren ayudó a Howard prestándole el dinero que necesitaba para mantener a su familia.

Afortunadamente, la desesperación no duró mucho: Howard Buffett volvió a ponerse de pie, anunciando la apertura de las oficinas de la Buffett, Sklenicka & Company en Farnam Street, la misma calle en la que Warren compraría un día una casa y abriría su propio negocio.

Aunque de corta duración, los efectos de la Gran Depresión en la familia Buffett fueron graves y afectaron profundamente al joven Warren. "Salió de esos primeros y durísimos años con la decidida determinación de hacerse muy, muy, muy rico", escribió Roger Lowenstein, autor de *Buffett: The Making of an American Capitalist*, "ya pensaba en ello incluso antes de cumplir los cinco años, y nunca ha dejado de hacerlo desde entonces"[9].

Cuando Warren cumplió diez años, su padre se lo llevó a Nueva York, un regalo que Howard hacía a todos sus hijos. "Le dije a mi padre que quería ver tres cosas", recuerda Buffett, "la Scott Stamp & Coin Company, la Lionel Train Company y la Bolsa"[10]. Tras un viaje nocturno en tren, Buffett y su padre llegaron a Wall Street, donde se reunieron con At Mol, un ejecutivo de la bolsa. "Después de comer, llegó un señor con un carrito con muchos tipos de hojas de tabaco", continúa Buffett, "confeccionó un puro allí mismo para Mol, quien eligió las hojas que quería una a una. Y pensé que eso era lo máximo, que no podía haber nada mejor que eso: un cigarro hecho a mano, a medida"[11].

Howard Buffett presentó después a su hijo a Sidney Weinberg, socio principal de Goldman Sachs, considerado entonces el hombre más famoso de Wall Street. En su despacho, Buffett quedó fascinado por las fotos y los documentos que colgaban de las paredes: tomó nota mentalmente de las cartas enmarcadas, todas ellas escritas por personajes famosos. Mientras Howard y Sidney hablaban de asuntos financieros, Warren completamente absorto en sí mismo, se paseaba de un lado a otro del despacho, mirándolo todo. Cuando llegó la hora de irse, Sidney Weinberg le pasó el brazo por encima del hombro y le preguntó en broma cuál era su título favorito. "Al día siguiente no lo recordaría", pensó Buffett más tarde, "pero yo nunca lo olvidé"[12].

Incluso antes de ir a Nueva York, Buffett ya estaba intrigado e interesado en las acciones y el mercado bursátil. Acudía a menudo a visitar a su padre a su oficina de bróker donde se quedaba mirando las acciones y los bonos que colgaban de la pared, como en el despacho de Weinberg, y bajaba con frecuencia los dos tramos de escaleras hasta la oficina de Harris Upham. Muchos corredores de bolsa le tomaron cariño a este niño travieso que nunca dejaba de hacer preguntas, y de vez en cuando permitían al pequeño Warren escribir los precios de las acciones en la pizarra.

Los domingos por la mañana, cuando la Bolsa abría durante dos horas, Buffett acudía a la oficina acompañado por sus tíos Frank Buffett y John Barber (hermano de su madre). Según Buffett, el tío Frank era el típico "oso", preocupado por las contracciones económicas, mientras que el tío John era un "toro", eternamente optimista sobre las tendencias alcistas del mercado. Siempre estaban compitiendo por la atención de Warren, contando historias sobre cómo pensaban que evolucionaría el mundo. Mientras tanto, Buffett observaba el tablero de Trans-Lux con los precios de las acciones, tratando de entender algo sobre esos precios en perpetuo cambio. Cada fin de semana, leía la columna "Trader" de *Barron's* (periódico financiero de referencia). Cuando terminó de leer todos los libros de la estantería de su padre, consumió literalmente todos los textos sobre inversión de la biblioteca pública y pronto empezó a seguir las cotizaciones por su cuenta, tratando de entender las configuraciones numéricas que discurrían ante sus ojos.

Nadie se sorprendió cuando, a los once años, Warren anunció que estaba dispuesto a comprar su primera participación bursátil. Sin embargo, la familia quedó algo turbada cuando Warren les informó de que quería invertir los 120 dólares que había acumulado vendiendo refrescos, cacahuetes y revistas. Al final, se decidió por Cities Service Preferred, uno de los valores favoritos de su padre, y convenció a su hermana Doris para que se uniera a él. Cada uno de ellos compró tres acciones, con una inversión total de 114,75 dólares. Warren había estudiado los movimientos de los precios y sabía lo que hacía.

Ese verano, el mercado de valores cayó, alcanzando un mínimo anual en junio, y los dos jóvenes Buffett vieron cómo sus acciones perdían un 30 %. No pasaba un día sin que Doris obsesionara a Warren, recordándole la pérdida. Cuando las acciones se recuperaron y alcanzaron los 40 dólares, Warren las vendió con una ganancia de 5 dólares por acción.

Para su disgusto, las Cities Service Preferred no tardaron en despegar y se dispararon hasta los 202 dólares. Buffett hizo las cuentas y, tras deducir las comisiones, había perdido un beneficio de más de 492 dólares. Como había tardado cinco años en ahorrar 120 dólares, calculó que había tirado a la basura veinte años de trabajo. Fue una lección dolorosa, pero en última instancia muy útil. Buffett juró que, para empezar, nunca se dejaría distraer por el precio que había pagado por una acción; es más, nunca más se conformaría con unos beneficios reducidos. A la sabia edad de once años, Buffett ya había aprendido una de las reglas más importantes: la paciencia (volveremos a hablar de esta cualidad en el capítulo 7).

En 1942, cuando Buffett tenía doce años, su padre fue elegido congresista y se trasladó a Washington con su familia. El cambio no fue fácil para el niño: triste y desesperadamente nostálgico, se le permitió volver a Omaha con su abuelo y su tía Alice durante un año. Al año siguiente, Warren le dio a Washington otra oportunidad.

Sin ninguna empresa de correduría "amiga" donde pasar el tiempo, los intereses de Buffett se desplazaron gradualmente del mercado de valores a la actividad empresarial: recorría dos trayectos diferentes cada día, repartiendo el *Washington Post* y el *Washington Times Herald*. En el instituto, el Woodrow Wilson High School, trabó amistad con Don Danly, quien se contagió rápidamente con el entusiasmo de Buffett por ganar dinero. Los dos juntaron sus ahorros y compraron unas máquinas de pinball usadas por 25 dólares cada una. Buffett convenció a un barbero para que colocara una de las máquinas en su tienda por la mitad de la recaudación y, al final del primer día, obtuvieron 4 dólares de beneficio. La Wilson Coin-Operated Machine Company amplió hasta siete sus máquinas de pinball, y pronto Buffett empezó a ganar 50 dólares a la semana.

Cuando se graduó en el instituto, Buffett se encontró con unos 9.000 dólares en ahorros procedentes de sus distintos proyectos. Rápidamente anunció que no veía ninguna razón para ir a la universidad, ya que interferiría con sus negocios. Su padre no estaba de acuerdo y, ese otoño, Buffett se vio matriculado en la Wharton School of Business and Finance, en la Universidad de Pennsylvania. A pesar de la importancia que ese centro daba a los negocios y a las finanzas, Buffett no quedó especialmente impresionado: "Digamos que no me entusiasmó demasiado", dijo más tarde, "no sentía que estuviera aprendiendo mucho"[13].

El programa hacía hincapié en la teoría, mientras que lo que le interesaba a Buffett eran los aspectos prácticos de los negocios: cómo se consigue el dinero. Tras dos años en Wharton (1947-1949), se trasladó a la Universidad de Nebraska, donde cursó catorce asignaturas en un año y se graduó en 1950. Todavía no tenía veinte años.

Mientras tanto, en Omaha, Buffett volvió a entrar en contacto con el mercado de valores. Empezó a recoger consejos de los brókeres que de verdad importaban y se suscribió a revistas y servicios de noticias. Desenterró sus viejas tablas de precios y estudió textos de análisis técnico. Aplicó el sistema de "point-and-figure" de McGee (un método para presentar datos financieros) y cualquier otro sistema que se le ocurriera, intentando averiguar lo que funcionaba. Entonces, un día, mientras rebuscaba en la biblioteca, se topó con un libro recién publicado: *El inversor inteligente*, de Benjamin Graham. "Fue como ver la luz", declaró más tarde[14].

El texto de Graham sobre inversión, junto con *Security Analysis* (1934), también escrito por Graham con David Dodd, influyó tanto en Buffett que abandonó Omaha por Nueva York, donde fue alumno suyo en la Graduate School of Business de la Columbia University. Graham predicaba la importancia de comprender plenamente el concepto del valor intrínseco de una empresa: creía que los inversores que lo estimaran con precisión y fueran capaces de comprar acciones a un precio más bajo, obtendrían beneficios en el mercado. Este enfoque matemático estaba sin duda en sintonía con el amor de Buffett por los números.

En el curso de Graham había veinte alumnos, muchos de ellos mayores que Buffett. Algunos ya trabajaban en Wall Street, y por las noches se paraban a discutir con Graham qué acciones estaban drásticamente infravaloradas, y al día siguiente volvían al trabajo y compraban las acciones que habían analizado la noche anterior.

Pronto quedó claro para todos que el alumno más brillante era Buffett, que a menudo levantaba la mano para responder antes de que Graham hubiera terminado su pregunta. También formaba parte de ese curso Bill Ruane, que más tarde fundaría el Sequoia Fund, junto con Rick Cunniff. Ruane recuerda que Graham y Buffett conectaron inmediatamente y que los demás estudiantes eran básicamente espectadores[15].

Al final, la nota de Buffett fue de "A+", la más alta, y la primera que Graham había otorgado en veintidós años de enseñanza.

Tras graduarse en la Columbia, Buffett preguntó a Graham si tenía un trabajo para él, pero la respuesta fue negativa. Al principio se sintió decepcionado por el rechazo, pero más tarde se enteró de que Graham-Newman prefería contratar a analistas judíos para compensar lo que se percibía como discriminación por parte de Wall Street. Impertérrito, Buffett regresó a Omaha, donde trabajó para la Buffett-Falk Company, la empresa de su padre. Partió lanza en ristre, recomendando títulos que cumplían con los requisitos de Graham, con quien se mantuvo en contacto, proporcionándole una idea tras otra sobre algunos valores. Luego, en 1954, Graham le llamó con novedades: el sesgo antigentil había sido dejado de lado y, si todavía estaba interesado en la Graham-Newman, había un sitio para él. No le había dado casi tiempo a decir "sí", y Buffett ya se había subido al primer avión para Nueva York.

Durante su permanencia en Graham-Newman, Buffett se sumergió totalmente en el pensamiento y la filosofía de su mentor. Además de Buffett, Graham contrató también a Walter Schloss, Tom Knapp y Bill Ruane. Schloss continuó su carrera gestionando inversiones para WJS Ltd. Partners durante veintiocho años. Knapp, licenciado en Química por Princeton, se convirtió en socio fundador de Tweedy, Browne Partners. Ruane, como ya se ha mencionado, fue uno de los fundadores del Sequoia Fund.

Para Buffett, Graham era más que un simple mentor. "Fue Graham quien trazó por primera vez y me proporcionó un camino fiable hacia esa ciudad fabulosa y a menudo prohibida que es la bolsa", escribió Roger Lowenstein, "sentó las bases metodológicas de la selección de valores, que antes de él era una pseudociencia más parecida a los juegos de azar"[16]

Desde el día en que Buffett compró sus primeras acciones a la edad de 11 años, se había pasado la mitad de su vida dedicado a estudiar los misterios del mercado bursátil. Alice Schroeder, autora de *The Snowball: Warren Buffett and the Business of Life*, traducido al español como *La bola de nieve: Warren Buffett y el negocio de la vida*, ha escrito: "La reacción de Warren fue la de un hombre que sale de la cueva en la que ha vivido toda su vida, parpadeando ante la luz del sol que por primera vez percibe como realidad". Según Schroeder, "la idea inicial de Buffett sobre las acciones era la que se derivaba de modalidad de formación de los precios con los que se negociaban los trozos de papel. Ahora comprendía que esos trozos de papel eran simplemente símbolos de una realidad subyacente"[17].

En 1956, dos años después de la llegada de Buffett, la empresa Graham-Newman se disolvió: Graham, que entonces tenía 61 años, decidió retirarse y, una vez más, Buffett volvió a Omaha. Armado con los conocimientos adquiridos, y con el apoyo financiero de familiares y amigos, creó una empresa de inversiones. Tenía veinticinco años.

Buffett Partnership Ltd.

La Buffett Partnership comenzó con siete socios comanditarios que aportaron colectivamente 105.000 dólares. Buffett era el socio comanditado y empezó con 100 dólares. Los socios comanditarios recibían un 6 % anual sobre la inversión inicial y el 75 % de los beneficios, mientras que el 25 % restante era para Buffett. Pero el propósito de la empresa era relativo, no absoluto: el objetivo de Buffett era superar en 10 puntos porcentuales al promedio industrial Dow Jones.

Aseguró a los accionistas que "nuestras inversiones se elegirán en función del valor, no de la popularidad de los valores", y que siempre intentará "reducir las pérdidas de capital (no las pérdidas de cotización a corto plazo) al mínimo posible"[18].

Al principio, la empresa seguía los principios de Graham y solo compraba acciones ordinarias por debajo de coste. Además, Buffett también practicó el "*merger arbitrage*", una estrategia de arbitraje de valores por la que se compran y venden al mismo tiempo dos empresas a punto de fusionarse para obtener un beneficio sin riesgo.

La Buffett Partnership tuvo un rendimiento sorprendente desde el principio. En sus primeros cinco años (1957-1961), durante los cuales el Dow Jones subió un 75 %, la empresa lo superó no en los 10 puntos previstos, sino en una media de 35.

A medida que la reputación de Buffett crecía, cada vez más gente le pedía que gestionara su dinero, y a medida que el número de inversores aumentaba, también lo hacía el número de empresas, hasta que en 1962 Buffett decidió reorganizarlo todo en una única estructura. La sede se trasladó de su vivienda al Kiewit Plaza de Omaha, donde aún hoy se encuentran sus oficinas. Al año siguiente, Buffett realizó una de sus inversiones más famosas, que impulsó su ya excelente reputación.

Uno de los peores escándalos empresariales de los años sesenta fue el que involucró a la Allied Crude Vegetable Oil Company de Tino De Angelis, que obtenía préstamos utilizando como garantía las existencias de aceite de cocina que producía. Aprovechando el sencillo hecho de que el aceite flota en el agua, De Angelis llevó a cabo su estafa: construyó una refinería en New Jersey, donde almacenó 139 colosales tanques para el aceite de soja. Llenó los depósitos con agua y vertió solo una pequeña cantidad de aceite para que subiera a la superficie. Cuando los inspectores encargados comprobaban las reservas, los trabajadores de Allied se subían a los depósitos, sumergían una varilla y daban una cifra falsa a los inspectores que se quedaban abajo. Cuando estalló el escándalo, se descubrió que Bank of America, Bank Leumi, American Express y otras empresas activas en el comercio internacional habían otorgado más de 150 millones de dólares en préstamos fraudulentos.

American Express fue una de las víctimas más destacadas del "escándalo del aceite": había despilfarrado 58 millones de dólares y sus acciones habían perdido más del 50 %. Si algo había aprendido Warren Buffett de Ben Graham era que cuando las acciones de una empresa fuerte y sana se venden por debajo de su valor intrínseco, hay que moverse sin dudarlo. Era consciente del agujero de los 58 millones, pero lo que no sabía era la reacción de los consumidores ante el escándalo. Así que se dio un paseo entre las cajas registradoras de los restaurantes de Omaha y vio que no había ningún descenso en el uso de la famosa Tarjeta Verde de American Express. También visitó varios bancos locales, donde descubrió que el escándalo financiero no había tenido ningún impacto en la venta de cheques de viaje de American Express.

Al volver a la oficina, Buffett invirtió inmediatamente 13 millones de dólares —un rotundo 25 % de los activos de la empresa— en acciones de American Express. En el transcurso de los dos años siguientes, las acciones triplicaron su valor y los socios obtuvieron un beneficio de 20 millones de dólares. Una operación de Graham —y Buffett— en estado puro de las de verdad.

En los primeros tiempos, Buffett se limitaba a comprar acciones infravaloradas y a ciertos anuncios de arbitraje de fusión como los ya explicados. Sin embargo, en su quinto año de actividad, compró su primera participación mayoritaria en una empresa industrial, la Dempster Mill Manufacturing Company, que producía equipos para agricultores. El siguiente paso fue la compra de acciones de una empresa textil en decadencia, Berkshire Hathaway, de la que adquiriría el control en 1965.

En el cálculo diferencial, un punto de inflexión en una curva es una posición en la que la curvatura cambia de signo (de positivo a negativo, o viceversa). También podemos encontrar ejemplos de ello en la vida de las sociedades, en la evolución económica, en las situaciones geopolíticas e incluso en las vicisitudes individuales. Creo que los años sesenta fueron el punto de inflexión de Buffett, con su evolución de inversor a empresario. También fue un periodo en el que el mercado se encontraba en su propio punto de inflexión. A partir de 1956, la estrategia de valoración esbozada por Graham, y puesta en práctica por Buffett, había dominado el mercado de valores, pero a mediados de la década de los sesenta se vislumbraba en el horizonte una nueva era. Fueron los llamados "años Go-Go", en los que "Go-Go" se refería a los "*growth stock*": años en los que el mercado empezó a dejarse llevar por la codicia, y se ganaba y perdía dinero a gran velocidad persiguiendo "performance stock", es decir, valores de rendimiento muy volátiles[19].

A pesar del cambio en la psicología del mercado, la Buffett Partnership siguió obteniendo resultados excepcionales. A finales de 1966, la ganancia era del 1.156 % (704 % para los socios comanditarios), y aplastó literalmente al Dow Jones, que creció un 123 % en el mismo periodo. A pesar de todo, Buffett estaba inquieto: aunque el mercado había bailado efectivamente al son de los principios de Graham, la nueva música que se interpretaba en la Bolsa no tenía mucho sentido para él.

Así que en 1969 decidió acabar con la sociedad de inversión: el mercado era excesivamente especulativo y las ocasiones de importancias eran cada vez más escasas, mientras que la Bolsa estaba dominada por valores *growth stock*. En boca de todos los inversores estaban los "Nifty Fifty", los cincuenta títulos más atractivos del momento. Nombres como Avon, Polaroid y Xerox, cuyas acciones cotizaban con beneficios altísimos. Buffett escribió a los accionistas confesando que no se sentía a la altura de la situación: «Sin embargo, tengo clara una cosa: no voy a abandonar un enfoque cuyos principios entiendo y domino, por muy difícil que sea de aplicar —incluso si significa renunciar a grandes y aparentemente fáciles beneficios— para adoptar uno que no entiendo del todo, que no he practicado con resultados satisfactorios y que podría producir grandes pérdidas de capital»[20].

Al principio de su actividad, Buffett se había fijado el objetivo de superar al Dow Jones en una media de 10 puntos al año. Entre 1957 y 1969, lo había "vencido" no por 10, ¡sino por 22 puntos! Cuando se disolvió la Buffett Partnership, cada inversor recibió su parte. Algunos recibieron un puñado de bonos públicos, otros buscaron un nuevo gestor para su capital. El único que Buffett recomendó fue Bill Ruane, su antiguo compañero de clase en Columbia: Ruane aceptó gestionar a algunos de los antiguos socios y así nació el Sequoia Fund. Otros, como Buffett, convirtieron su parte en acciones de Berkshire Hathaway. El capital de Buffett había alcanzado los 25 millones, suficiente para asegurarle el control de la empresa.

Cuando la Buffett Partnership se disolvió, muchos pensaron que la época dorada del *money changer* había quedado atrás, pero lo cierto es que no había hecho más que empezar.

Berkshire Hathaway

La empresa original se llamaba Berkshire Cotton Manufacturing y se había creado en 1889. Cuarenta años más tarde, sus distintas actividades, incluyendo varias otras plantas, la habían convertido en uno de los mayores grupos de fabricación textil de Nueva Inglaterra, que producía por sí mismo alrededor del 25 % de las necesidades de algodón del país y consumía el 1 % de la electricidad generada en la región. En 1955, Berkshire se fusionó con Hathaway Manufacturing para convertirse en Berkshire Hathaway.

El periodo que siguió a la fusión fue desastroso y en menos de diez años el valor en manos de los accionistas cayó un 50 %, mientras que las pérdidas operativas superaban los 10 millones. Durante los veinte años sucesivos, Buffett —junto con Ken Chace, que dirigía el grupo— se esforzó por poner orden en las plantas de Nueva Inglaterra, con resultados decepcionantes: los beneficios apenas alcanzaban los dos dígitos.

En los años setenta, los accionistas empezaron a cuestionar la conveniencia de seguir invirtiendo en el sector textil: Buffett no ocultaba las dificultades y en varias ocasiones dejó muy claro su punto de vista. Para empezar, las fábricas textiles eran la principal fuente de empleo de la zona; los empleados eran en su mayoría de mediana edad, con una experiencia y unas aptitudes poco reconvertibles; la dirección había demostrado un alto grado de entusiasmo; los sindicatos habían demostrado ser razonables y, sobre todo, Buffett estaba sencillamente convencido de que se podía ganar mucho dinero en el sector textil.

Sin embargo, dejó claro que esperaba un rendimiento positivo a cambio de una inversión modesta: "No voy a cerrar un negocio con una rentabilidad inferior a la del mercado solo para añadir una fracción de punto a nuestros beneficios. Creo, además, que incluso para una empresa con una rentabilidad excepcional no resultaría conveniente financiar un negocio crónicamente deficitario, ni siquiera de forma prospectiva. Adam Smith no estaría de acuerdo con la primera afirmación, ni Karl Marx con la segunda; quedarme en el medio es la única solución que me hace sentir cómodo"[21].

Así, en los años 80, Buffett se enfrentó a una serie de hechos. En primer lugar, por su propia naturaleza, la industria textil hacía improbable que se obtuvieran grandes beneficios: el producto no siempre era fácilmente distinguible del de sus competidores. Por otra parte, la competencia extranjera, con su mano de obra más barata, redujo aún más los márgenes de beneficio. En segundo lugar, para seguir siendo competitivas, las fábricas textiles necesitaban actualizaciones constantes y costosas, algo temible en un periodo de inflación y absolutamente desastroso en ausencia de rendimientos consistentes.

Buffett se enfrentó a una difícil elección. De haber realizado fuertes inversiones en la división textil para mantener su competitividad, los beneficios de Berkshire habrían sido bajos frente a una base de inversores en expansión. Si no reinvertía, las plantas acabarían siendo menos competitivas frente a otros productores nacionales. Y, de todos modos, la ventaja de los competidores extranjeros, con sus menores costes laborales, persistía.

A la altura de 1980, el informe anual revelaba un panorama sombrío para el grupo textil, y ese año perdió el prestigioso "puesto de honor" que lo situaba en la cabecera de la carta a los accionistas. Al año siguiente, ni siquiera aparecía. Al final, ocurrió lo inevitable: en 1985 Buffett cerró la empresa textil, poniendo fin a un negocio con cien años de actividad.

Sin embargo, la experiencia no fue un fracaso total. En primer lugar, Buffett había aprendido una importante lección sobre el reposicionamiento de las empresas: rara vez funcionaba. Además, a la división textil le había dado tiempo para ganar el suficiente dinero que permitió comprar una compañía de seguros, y esa es una historia decididamente más halagüeña.

Seguros

En marzo de 1967, Berkshire Hathaway adquirió por 8,6 millones de dólares la totalidad del capital social de dos compañías de seguros con sede en Omaha: la National Indemnity Company y la National Fire & Marine Insurance Company. Este fue el verdadero comienzo del asombroso éxito de Berkshire Hathaway.

Para apreciar plenamente este auténtico fenómeno, es esencial darse cuenta de la importancia de poseer el control de una compañía de seguros. En ocasiones puede resultar una buena inversión, otras veces no, pero siempre es un buen vector para otras inversiones. La prima pagada por los asegurados garantiza una liquidez constante, que las empresas invierten hasta que se hace necesario pagar los siniestros. Debido a la incertidumbre sobre el momento de esos pagos, las compañías de seguros suelen optar por invertir en *liquid commodities* (productos de liquidez elevada), principalmente *short-term fixed income securities* (valores de renta fija a corto plazo), *longer-date bonds* (bonos a largo plazo) y acciones. En otras palabras, Warren Buffett había adquirido no solo dos empresas modestas pero sanas, sino también un sólido "motor" para la gestión de sus inversiones.

En 1967, las dos compañías aseguradoras gestionaban una cartera de obligaciones de más de 24,7 millones y acciones por unos 7,2 millones. Al cabo de dos años, la cartera combinada se acercaba a los 42 millones: un logro notable para un experimentado cazador de acciones como Buffett, que ya había tenido cierto éxito en la gestión de la cartera de valores textiles. Cuando adquirió el control de Berkshire Hathaway en 1965, la empresa tenía 2,9 millones en valores negociables. Al final del primer año de gestión, Buffett había incrementado el capítulo de "títulos" hasta los 5,4 millones.

En 1967, el rendimiento del sector de la inversión fue tres veces superior al de todo el sector textil, que tenía una base de capital propio diez veces superior a la cartera de acciones ordinarias.

Se ha dicho que cuando Buffett entró en el sector de los seguros y abandonó la industria textil, no hizo otra cosa más que cambiar una materia prima por otra. Al fin y al cabo, las compañías de seguros, al igual que la industria textil, venden un producto indistinguible: las pólizas son productos estandarizados y cualquiera puede copiarlos. No hay derechos de autor ni patentes, ni ventajas geográficas o materiales que distingan unas de otras. Es fácil obtener los permisos necesarios y las primas son conocidas por todos. A menudo, el atributo más distintivo de una compañía de seguros es su personal, y la gestión de los distintos directivos puede tener un impacto crucial en los resultados. A lo largo de los años, Buffett ha añadido varias empresas al grupo de seguros de Berkshire. Una de esas compras, ahora bien conocida gracias a una astuta campaña publicitaria, fue GEICO. En 1991, Berkshire Hathaway poseía casi la mitad del capital flotante de GEICO. En los tres años siguientes, la empresa siguió obteniendo resultados sorprendentes, y la participación de Buffett aumentó. En 1994, Berkshire anunció que poseía el 51 % y se empezó a hablar en serio sobre la posibilidad de que GEICO se uniera a la gran familia de Berkshire Hathaway. Dos años después, Buffett extendió un cheque de 2.300 millones y GEICO fue adquirida en su totalidad.

Pero Buffett aún no había terminado. En 1998 pagó siete veces esa cantidad —unos 16.000 millones en acciones de Berkshire Hathaway— para comprar General Re, una compañía de reaseguros. Fue su mayor adquisición de siempre.

Con el tiempo, Buffett ha seguido comprando compañías de seguros, pero no cabe duda de que su adquisición más brillante tiene que ver con una persona: Ajit Jain, a quien confió la gestión del Berkshire Hathaway Reinsurance Group. Nacido en 1951, Ajit se graduó en ingeniería en el prestigioso Indian Institute of Technology, y trabajó para IBM durante tres años antes de matricularse en un curso de economía en Harvard. Aunque no tenía experiencia en seguros, Buffett supo reconocer de inmediato su inteligencia: en poco más de 20 años, a partir de 1985, Ajit elevó el capital flotante del grupo (primas recaudadas e indemnizaciones no pagadas) a 34.000 millones de dólares. Buffett dijo: "Ajit es capaz de asegurar cosas que nadie tiene ganas o capital de asegurar. Sabe actuar con habilidad, rapidez, decisión y, sobre todo, inteligencia, con un estilo único en el sector de los seguros"[22]. No pasa un día sin que Buffett y Ajit hablen en persona, y para dar una idea de la importancia de este último, en su informe anual de 2009, Buffett escribió: "Si Charlie, Ajit y yo nos encontramos alguna vez en un barco que se hunde y solo podéis salvar a uno de nosotros, salvad a Ajit".

Un hombre, una empresa

No es fácil describir a Warren Buffett. Físicamente es bastante del montón, y más parecido desde luego a un abuelo que a un titán empresarial. Intelectualmente, se le considera un genio, pero su trato normal con la gente se caracteriza por la más absoluta sencillez. Él mismo es sencillo, directo, abierto y honesto. Presume de una atractiva combinación entre sarcasmo sofisticado y humor grueso. Tiene un profundo respeto por la lógica de las cosas y el máximo desprecio por la estupidez. Prefiere las cosas sencillas y evita las complicadas.

Al leer sus informes, uno se sorprende de la naturalidad con que cita la Biblia, a John Maynard Keynes o a Mae West. Y la palabra clave es "leer": cada informe consta de no menos de sesenta o setenta páginas de densísima información. Nada de fotos, ni de gráficos de colores, ni de tablas. Las personas lo suficientemente motivadas —y disciplinadas— como para empezar a leer desde la primera página sin parar se ven recompensadas con una saludable dosis de perspicacia financiera, bromas de buen gusto y una sinceridad casi descarada. Buffett señala los puntos brillantes y oscuros de las actividades de Berkshire, porque cree firmemente que los accionistas de Berkshire son sus propietarios, y les dice todo lo que querría que le dijeran a él si estuviera en su lugar.

La empresa que dirige Buffett encarna perfectamente su personalidad, su filosofía empresarial (que a su vez está indisolublemente vinculada a la del inversor) y un estilo individual y único. Berkshire Hathaway, Inc. es una estructura compleja, pero no complicada. Solo hay dos actividades principales: las actividades empresariales y la cartera de valores, alimentada por los ingresos de las empresas no aseguradoras y por el capital flotante de los seguros. Todo ello está impregnado por la forma absolutamente directa de Warren Buffett de valorar las empresas y decidirse por una simple adquisición, por la compra de acciones o por la gestión de una empresa.

En la actualidad, Berkshire Hathaway se compone de tres grandes grupos: actividades de seguros (Insurance Operations); empresas y actividades industriales (Regulated Capital-Intensive Business), que incluyen la MidAmerican Energy y la red ferroviaria Burlington Northern Santa Fe; y operaciones industriales al por menor y servicios (Manufacturing, Services and Retailing Operations), con productos que van desde las piruletas a los aviones. En su conjunto, estos negocios generaron 10.800 millones de beneficios para Berkshire Hathaway en 2012 (en 1988, Buffett como persona física ganó 399 millones). Su cartera de inversiones tiene un valor de mercado de 87.600 millones, frente a una base imponible de 49.800 millones. Hace poco más de 20 años, en 1988, la cartera del inversor Buffett estaba valorada en 3.000 millones, frente a una base imponible de 1.300 millones.

En los últimos cuarenta y ocho años, desde que Buffett tomó el control de Berkshire Hathaway en 1965, el valor nominal de la empresa ha pasado de 19 a 114.214 dólares por acción, lo que supone un incremento anual compuesto del 19,7 %; en el mismo periodo, el índice 500 Standard & Poor's (S&P) ha aumentado un 9,4 %, incluyendo los dividendos. Se trata de una diferencia relativa de rendimiento del 10,3 %, lograda sistemáticamente durante casi cincuenta años consecutivos. Como ya he tenido ocasión de escribir, cuando echó el cierre a la Buffett Partnership, el chico del *money changer* no había hecho más que empezar.

Un acontecimiento "5 sigma"

Durante años y años, los estudiosos y los inversores profesionales han debatido la teoría que ahora se conoce como "el mercado eficiente". Esta controvertida teoría sostiene que analizar las tendencias bursátiles es una pérdida de tiempo porque toda la información disponible ya se refleja en los precios actuales. Los defensores de esta teoría afirman —solo medio en broma— que si lanza dardos a un cartel que recoja las cotizaciones de las acciones, los inversores profesionales no tienen menos probabilidades de acertar con el título adecuado que un experimentado analista bursátil tras pasarse horas estudiando el último informe anual o trimestral.

Y, sin embargo, los resultados y el éxito de algunas personas que "vencen al mercado" con regularidad, con Warren Buffett a la cabeza, parece refutar la teoría del mercado eficiente. Los teóricos de este último sostienen que no es la teoría la que está equivocada, sino individuos como Buffett que representan "acontecimientos 5 sigma", una expresión estadística que señala un hecho de tal rareza que en la práctica nunca se produce[23].

Sería fácil ponerse del lado de los que argumentan que se trata de una especie de excepción estadística. Nadie se ha acercado ni siquiera de lejos a su rendimiento como inversor, ya fuera durante los trece años de Buffett Partnership o a lo largo de casi medio siglo de rendimientos récord de Buffett Hathaway. Si tabulamos los datos relativos de los principales inversores profesionales, al observar que no han logrado superar a los principales índices de referencia, surge espontánea una pregunta: ¿es realmente inexpugnable el mercado bursátil o la culpa la tienen los métodos utilizados por la mayoría de los operadores?

Por último, no debemos olvidar las propias palabras de Buffett: "Lo que yo hago no está en absoluto fuera del alcance de nadie. Para mí, invertir o gestionar es básicamente lo mismo: no hay que hacer cosas extraordinarias para obtener resultados extraordinarios"[24]. Supongo que la mayoría de la gente atribuyen estas palabras a la típica modestia del Medio Oeste. Pero yo decidí tomarle la palabra, y ese es el tema de este libro.

2

La formación de Warren Buffett

Incluso un evento "5 sigma" con un alto cociente intelectual tiene que basarse en las enseñanzas de los que le precedieron, porque nadie puede prescindir del proceso de aprendizaje. Como veremos, la educación de Warren Buffett fue una síntesis de tres filosofías de inversión diferentes, desarrolladas por tres imponentes personalidades: Benjamin Graham, Philip Fisher y Charlie Munger.

La influencia de Graham es bien conocida y, de hecho, algunos dirían que se trata de la predominante, si no de la exclusiva. No resulta de extrañar, dado el modo en el que las vidas de los dos hombres se han entrelazado. Al principio, Buffett fue un ávido lector de Graham, luego fue su alumno, empleado, colaborador y, finalmente, su máximo promotor. Graham, a su vez, dio forma al talento sin cultivar de Buffett. Sin embargo, quienes consideran a Buffett como el producto exclusivo de las enseñanzas de Graham, desconocen la influencia de otros dos gigantes del pensamiento financiero: Philip Fisher y Charlie Munger. En este capítulo estudiaremos la aportación de ambos.

Benjamin Graham

Graham es considerado el decano del análisis financiero. Como señala Adam Smith (seudónimo de George Jerome Waldo Goodman, economista estadounidense): "Antes de él no existía la profesión de analista financiero, y después de él así es como se llama”[1]. Hoy se le recuerda sobre todo por dos célebres textos: *Security Analysis,* coescrito con David Dodd y publicado por primera vez en 1934, y *El inversor inteligente*, de 1949. *Security Analysis* sigue siendo importante por su sentido de la oportunidad: esta obra decisiva apareció pocos años después del crac bursátil de 1929, un acontecimiento mundial que tuvo un profundo impacto en el autor y moldeó profundamente sus ideas. Mientras que otros estudiosos trataron de explicar el suceso en términos económicos, Graham ayudó a la gente a restablecer las bases financieras y a tomar iniciativas rentables.

Ben Graham se licenció en Ciencias por la Columbia University en 1914, a la edad de 20 años. Dominaba el griego y el latín y tenía un profundo interés por las matemáticas y la filosofía. A pesar de esta educación alejada del mundo de los negocios, empezó a trabajar en Wall Street y su primer empleo fue de *messanger* (vendedor) para la firma de corredores de bolsa Newburger, Henderson & Loeb, colocando bonos y cotizaciones de acciones en una pizarra por 12 dólares a la semana. Más tarde fue ascendido y se encargó de la redacción de informes y pronto recibió una participación en la empresa. En 1919, a la edad de veinticinco años, sus ingresos anuales eran de 600.000 dólares, el equivalente a casi 8 millones de dólares en 2012.

En 1926, fundó una empresa de inversiones con Jerome Newman, y fue esta empresa la que contrató a Buffett, unos treinta años después. Graham-Newman sobrevivió al crac del 29, a la Gran Depresión, a la Segunda Guerra Mundial y a la Guerra de Corea y se disolvió en 1956.

Pocos saben que Graham se arruinó con el crac del 29 y que, por segunda vez en su vida (la primera fue a la muerte de su padre, cuando la familia se encontró en dificultades financieras), se arremangó y reconstruyó su fortuna. Encontró la inspiración, entre otras cosas, en su alma máter, donde había empezado a dar clases nocturnas. La seguridad de un puesto universitario dio a Graham la oportunidad de reflexionar y, junto con David Dodd, también profesor en la Columbia en aquella época, escribió lo que se convirtió en un tratado ejemplar sobre la actitud prudente ante la inversión.

Juntos, Graham y Dodd tenían más de quince años de experiencia en el sector. Tardaron cuatro años en redactar *Security Analysis*. Tras la publicación del libro en 1934, Louis Rich escribió en el *New York Times*: "Un fruto pleno, maduro, escrupuloso y completamente meritorio del análisis científico y la sagacidad empírica. Si alguna vez llega a ejercer una influencia propia, lo hará orientando al inversor a confiar en la concreción de los recursos y no en el mercado"[2].

En la primera edición, Graham y Dodd dedicaron mucha atención al fraude empresarial. No les faltaba material. Antes del *Securities Act* de 1933 y del *Securities Exchange Act* de 1934, la información sobre las empresas era totalmente inadecuada y a menudo engañosa. La mayoría de las empresas se negaban a revelar las cifras de ventas, y las valoraciones de los activos eran a menudo poco fiables, cuando no sospechosas. Este tipo de desinformación empresarial se utilizaba para manipular los precios, tanto en las ofertas públicas iniciales como en el mercado secundario financiero. Los dos *Securities Act* impusieron una reforma de las prácticas empresariales que fue lenta pero decisiva. En la tercera edición del libro, en 1951, se eliminó la sección sobre el fraude y en su lugar Graham y Dodd abordaron los problemas de la relación entre los accionistas y la dirección, especialmente las competencias de esta última y la política de dividendos.

En resumen, *Security Analysis* afirma que una cartera de acciones ordinarias bien formada y diversificada, basada en precios razonables, puede ser una inversión sólida; a continuación, Graham explica a los inversores, paso a paso, los fundamentos de su prudente enfoque.

El primer problema al que se enfrentó fue la falta de una definición única y global de "inversión". Citando al jurista Louis Brandeis, Graham observó que "inversión es una palabra con muchos significados". La cuestión, continuó, no es si el objeto de esta inversión es un título (y, por lo tanto, especulativo por definición), o una obligación (y, por lo tanto, una inversión). Si no es sólida, una obligación no puede considerarse una inversión por el mero hecho de serlo; ni un título con un precio determinado inferior al valor neto de los activos que representa puede considerarse una especulación, por el mero hecho de ser una acción. Lo que importa, concluye Graham, es la intención: una compra realizada con dinero prestado, con la esperanza de obtener un beneficio rápido, es una especulación independientemente del objeto de la compra. Dada la complejidad de la cuestión, Graham propuso su propia definición: "Llamaremos inversión a una actividad que, tras un análisis exhaustivo, garantiza razonablemente la seguridad del capital y un beneficio satisfactorio. Llamaremos actividades especulativas a las que no cumplen estas condiciones"[3]. Esta sencilla afirmación es un condensado de ideas que merece toda nuestra atención.

Para empezar, ¿qué se entiende por "análisis exhaustivo"? El punto de partida es una breve definición: "El estudio escrupuloso de la información disponible con el fin de sacar conclusiones basadas en principios consolidados y en la lógica"[4]. A continuación, describe el análisis como un proceso de tres fases: 1) descriptiva, 2) crítica y 3) selectiva. La primera consiste en recopilar datos factuales y presentarlos adecuadamente. La segunda, en examinar las normas adoptadas para comunicar la información: ¿se han presentado los hechos de forma correcta y adecuada? La última fase consiste en someter el análisis al juicio del interés efectivo del objeto de inversión.

Además, Graham insiste en un presupuesto: para poder hablar realmente de una inversión, deben cumplirse dos condiciones, un cierto grado de seguridad del capital y unas ganancias porcentuales satisfactorias. Sobre la primera premisa, advierte que la seguridad no puede ser absoluta; un acontecimiento inusual o improbable puede hacer que incluso una obligación sólida se hunda. Por lo tanto, el capital debe considerarse razonablemente a salvo de pérdidas.

También la idea de unas “ganancias satisfactorias” debe tratarse con cautela, porque la satisfacción es una noción subjetiva. Según Graham, la ganancia puede ser de cualquier magnitud, incluso arbitrariamente baja, siempre que el inversor actúe de manera consciente y se atenga plenamente a la definición de inversión. Una persona que realiza un análisis financiero sobre una base lógica sólida y que decide aceptar un determinado beneficio como razonable sin arriesgar la seguridad de su capital, es —según la definición de Graham— un inversor y no un especulador.

A lo largo de su carrera, Graham nunca dejó de reflexionar sobre el contraste entre inversión y especulación, una cuestión que siempre le preocupó. En los últimos años de su vida, vio con desesperación cómo los inversores institucionales se comportaban como especuladores. Poco después de la crisis de 1973-1974, Graham fue invitado a asistir a una reunión de gestores financieros organizada por la empresa Donaldson, Lufkin y Jenrette, y quedó profundamente perturbado por lo que escuchó: “No podía entender cómo la gestión del dinero por parte de las instituciones podía haber degenerado hasta tal punto: de la inversión sólida que era, a esta frenética lucha por obtener el máximo rendimiento en el menor tiempo posible”[5].

Tras la clara distinción entre inversión y especulación, la segunda aportación de Graham fue una metodología concreta para comprar acciones ordinarias como práctica de inversión no especulativa. Su método se basaba en la noción de margen de seguridad, un concepto claramente desarrollado a partir de la experiencia del crac del 29.

El problema de 1929 no era solo que la especulación se disfrazaba de inversión, sino que la propia inversión también era especulativa. Graham observó los peligros del optimismo desenfrenado e implacable basado en la historia pasada: alentados por los éxitos del pasado, los inversores se dejaban llevar sin freno, hacia perspectivas de crecimiento y prosperidad continuos, y empezaban a perder todo sentido de la proporción en sus evaluaciones de precios. Según Graham, la gente empezó a pagar cifras por los títulos completamente ajenos a cualquier expectativa matemática: el valor pasó a ser el asignado por el optimismo del mercado. En la cúspide de esta locura, la línea entre la inversión y la especulación empezó a difuminarse.

Como remedio contra este comportamiento arriesgado, Graham propuso una técnica de selección de títulos basada en el "margen de seguridad". Según este enfoque, los inversores que son optimistas sobre las perspectivas de crecimiento futuro de una empresa tienen dos métodos para añadir la acción a su cartera: 1) comprar acciones cuando el mercado está operando en general en un régimen de precios bajos (esto suele ocurrir durante una recesión, o un periodo de ajuste similar), o 2) cuando está cotizando a precios inferiores a su valor intrínseco, incluso en una situación de mercado no particularmente deprimida. En ambos casos, con el propio precio de compra se consigue un margen de seguridad.

La primera técnica —comprar solo durante los periodos de caída del mercado— tiene algunas dificultades inherentes. Para empezar, requiere que el inversor desarrolle algún tipo de fórmula para determinar cuándo el mercado está "caro" y cuándo está "barato". Uno se convierte así en prisionero de la necesidad de predecir los ciclos del mercado, lo que dista mucho de ser fiable. Además, cuando el mercado se encuentra en un estado de revalorización razonable, puede resultar difícil o imposible conseguir acciones ordinarias baratas. En esta situación, esperar una corrección del mercado antes de comprar puede resultar exasperante y, en última instancia, una estrategia perdedora.

Graham sugirió que las energías del inversor se centraran en la segunda técnica: identificar las acciones infravaloradas independientemente de la condición general del mercado. Para operar sistemáticamente según esta estrategia, era necesario un método para identificar estos valores, y el objetivo de Graham era desarrollar un enfoque cuantitativo que no existía antes del *Security Analysis.*

Graham redujo el concepto de inversión "sólida" a lo que denominó el margen de seguridad, con el que pretendía unificar las acciones y los bonos en un único enfoque de inversión.

En el caso de las obligaciones, no fue muy difícil establecer la noción de margen de seguridad: si, por ejemplo, un analista revisaba el historial operativo de una empresa y descubría que, por término medio, había ganado cada año cinco veces sus gastos fijos durante los cinco años anteriores, entonces sus bonos incluían un margen de seguridad. Graham no esperaba que los inversores estimaran los futuros ingresos de la empresa. Más bien, pensaba que, si la diferencia entre los beneficios y los gastos fijos era lo suficientemente grande, los inversores estarían protegidos de los descensos inesperados de la facturación.

El verdadero hallazgo de Graham fue adaptar esta noción a las acciones ordinarias. Su criterio era el siguiente: en una acción ordinaria contamos con un margen de seguridad si su precio de compra es inferior a su valor intrínseco. Y la siguiente pregunta obvia era: ¿cómo se determina el valor intrínseco? También en este caso, la respuesta de Graham fue una definición sencilla y clara: el valor intrínseco es "aquel valor establecido por los hechos". Los "hechos" incluyen los bienes de la empresa, los beneficios, los dividendos y cualquier evolución futura claramente definida. De ellos, Graham pensaba que el factor más importante era el potencial de *future earning power* (rentabilidad futura). Esto le llevó a elaborar una sencilla fórmula: el valor intrínseco de una empresa se establece estimando los beneficios futuros y multiplicándolos por un factor de capitalización adecuado. Este factor de capitalización —o multiplicador— depende de la *stability of earning* (estabilidad de ganancias), de los bienes, de la política de dividendos y de la condición (de salud) financiera.

A continuación, Graham añadió una calurosa recomendación: una de las limitaciones de este enfoque era la capacidad de calcular el futuro de la empresa, un cálculo que era inevitablemente inexacto. Factores futuros como el volumen de ventas, los precios de venta al público y los gastos son difíciles de estimar, lo que dificulta aún más la elección de un multiplicador.

No obstante, Graham estaba convencido de que el criterio del margen de seguridad podía aplicarse con éxito en tres ámbitos: 1) en la valoración de títulos tendencialmente estables, como obligaciones y acciones preferentes; 2) en el análisis comparativo; 3) en la selección de acciones, siempre que la diferencia entre el precio y el valor intrínseco sea suficiente. Obsérvese que Graham era consciente de que estaba pidiendo a su interlocutor que aceptara el hecho de que el valor intrínseco era una noción elusiva, ciertamente diferente del precio de mercado. En los orígenes, se pensaba que el valor intrínseco era esencialmente el valor nominal, es decir, la suma de los activos menos los pasivos. Esto llevó a la convicción de que se trataba de algo claramente definido. Sin embargo, los analistas no tardaron en darse cuenta de que el valor de una empresa no consistía simplemente en sus activos, sino también en los beneficios que producían. Por ello, Graham propuso que no era imprescindible establecer el valor intrínseco exacto: una primera aproximación, relativa al precio de venta, bastaría para estimar el margen de seguridad.

Con esto, Graham también nos recuerda que el análisis financiero no es una ciencia exacta. Algunos factores cuantitativos se prestan sin duda a un análisis detallado: balance, cuenta de resultados, activo y pasivo, beneficios y dividendos. Sin embargo, no debemos subestimar los parámetros cualitativos que son menos fáciles de analizar pero que son igualmente elementos fundamentales en la determinación del valor intrínseco. Dos de estos elementos son la competencia de la dirección y el sector de mercancía de la empresa. La pregunta para Graham era: ¿qué peso debemos darles, exactamente?

Ciertamente, alimentaba grandes dudas sobre el énfasis que había que dar a estos factores cualitativos. No es fácil medir el peso que debe darse a la valoración de los directivos, o al ámbito de las actividades de una empresa, lo que significa que es muy fácil conferirle una medición equivocada. Cualquier optimismo sobre los factores cualitativos se traduce fácilmente en multiplicadores más altos, y la experiencia de Graham le había convencido de que los inversores se estaban alejando gradualmente de los *hard asset* (bienes concretos o productos) hacia otros más intangibles y estaban más dispuestos a adoptar actitudes potencialmente arriesgadas. Graham llegó a la conclusión de que si una buena parte del valor intrínseco de una empresa estaba compuesto por factores cuantitativos, las pérdidas potenciales del inversor eran limitadas: los activos son medibles; los dividendos son medibles; los beneficios pasados y presentes son medibles. Cada uno de estos factores puede ilustrarse con cifras y verificarse con la experiencia.

Intente moverse con cautela, aconsejó Graham. Tome como punto de partida el valor neto de los activos: si compra, el riesgo se verá incrementado por el valor de liquidación. Si las proyecciones de crecimiento excesivamente optimistas no se materializan, nadie podrá ayudarle. Cuando un activo se percibe como una oportunidad rentable, y su gestión altamente cualificada espera obtener grandes beneficios en el futuro, empezarán a llegar solicitudes de compra de acciones por parte de un número cada vez mayor de inversores: “Así que [los inversores] comprarán, inflando el precio y haciendo que suba, junto con el valor de los beneficios futuros. A medida que más y más inversores se sientan atraídos por la perspectiva de beneficios, el precio levitará, independientemente del valor intrínseco, produciendo una burbuja cada vez mayor, que finalmente acabará estallando”[6].

Graham solía decir que uno de sus lastres era tener buena memoria. El recuerdo de las dos veces en su vida en las que se desplomó le empujaba hacia un enfoque inversor que priorizaba la protección del riesgo sobre el potencial de crecimiento.

Según él, había dos reglas principales. La primera es: “No pierda usted dinero”. La segunda: “No olvide la primera”. Graham resumió esta filosofía en dos directrices específicas y concretas que recogían la noción de un margen de seguridad: 1) una empresa debe comprarse por no más de dos tercios del valor neto de sus activos; 2) limitarse a títulos con una relación PER baja.

La primera regla se ajusta perfectamente a su particular sentido del presente y satisface su necesidad de criterios matemáticos precisos. Graham no reconocía valor alguno a las instalaciones, propiedades y equipos de la empresa, y restaba todos los pasivos a corto y largo plazo. Lo que quedaba era el activo circulante: si el precio del título estaba por debajo de este valor por acción, Graham empezaba a considerarlo una inversión atractiva. También señalaba que los resultados dependían asimismo del rendimiento plausible de un grupo de valores (diversificación), y no de los individuales.

Este es uno de los problemas de su enfoque: puede que no sea fácil identificar los valores que cumplen estas exigencias, especialmente durante los periodos de crecimiento. Reconociendo que puede no ser realista esperar a que el mercado cambie de rumbo, Graham desarrolló la estrategia de comprar acciones a precios absolutos bajos y con un PER bajo. También se apresuró a añadir que, al fin y al cabo, la empresa debía tener cierto valor patrimonial neto; es decir, no debía tener deudas superiores a su valor.

A lo largo de su carrera, Graham trabajó en diferentes variantes de este enfoque. Poco antes de su muerte, en 1976, comenzó a revisar la quinta edición de *Security Analysis* junto con Sidney Cottle. En ese momento, analizaba el rendimiento financiero de los valores que había comprado basándose en los siguientes criterios: una baja relación PER durante los diez años anteriores, un precio de las acciones a la mitad de su anterior máximo de mercado y, por supuesto, un valor neto de los activos positivo. Graham analizó valores que se remontaban a 1961 y obtuvo resultados muy alentadores.

A lo largo de los años, muchos otros han buscado atajos similares para determinar el valor intrínseco, y aunque el enfoque del PER de Graham sigue siendo en general el preferido, ahora sabemos que tomar decisiones basándose únicamente en pruebas contables no es suficiente para garantizar una rentabilidad atractiva. La mayoría de los inversores se basan hoy en la definición clásica de valor de John Burr Williams, desarrollada en *The Theory of Investment Value* (Harvard University Press, 1938): el valor de una inversión es su valor actual descontando sus ingresos futuros. Abordaremos el "modelo de dividendos" con más detalle en el capítulo 3.

Por ahora, limitémonos a observar que ambos métodos de Graham —comprar una acción por menos de dos tercios de su valor neto, o acciones con ratios de PER bajos— tienen una cosa en común. Los títulos que seleccionaba con estos criterios eran muy impopulares para las tendencias del mercado de la época y, sea cual sea el motivo, parecían apreciarse muy por debajo de su valor. Graham estaba firmemente convencido de que estas acciones "injustificadamente infravaloradas" eran compras atractivas.

Las ideas de Graham se basaban en supuestos concretos. Para empezar, estaba convencido de que el mercado suele depreciar las acciones, normalmente como resultado de un comportamiento emocional inducido por el miedo o la codicia. En el punto álgido de un periodo optimista, la codicia hace subir el precio de los valores más allá de su valor intrínseco, produciendo un mercado drogado. En otras ocasiones, el miedo hace que los precios se reduzcan, por debajo del valor intrínseco, produciendo un mercado infravalorado. La segunda hipótesis se basaba en un fenómeno estadístico conocido como *regresión hacia la media*, aunque Graham nunca utilizara esta expresión. Con más elocuencia, le gustaba citar al poeta Horacio: "Muchas [palabras] que ya han caído en desuso, renacerán, y muchas que ahora se honran, caerán" (Horacio, *Ars poetica*, 70-71). Sea cual sea el modo de expresarlo, de manera estadística o poética, Graham estaba convencido de que un inversor podía beneficiarse de las fuerzas correctoras de un mercado ineficiente.

Philip Fisher

Mientras Graham escribía *Security Analysis*, Philip Fisher comenzaba su carrera como asesor financiero. Tras licenciarse en la Graduate School of Business Administration de Stanford, Fisher trabajó como analista en el Anglo London & Paris National Bank de San Francisco. No habían pasado ni dos años cuando fue nombrado director del departamento de estadística del banco y, desde esa privilegiada posición, observó el crac bursátil de 1929. Más tarde, tras un breve e improductivo período en una empresa de correduría bursátil, Fisher decidió iniciar su propio negocio de consultoría, y el 31 de marzo de 1931 Fisher & Company comenzó a ofrecerse a potenciales clientes.

Crear una empresa de consultoría a principios de los años 30 podía parecer una locura, pero Fisher se dio cuenta de que tenía dos ventajas. En primer lugar, cualquier inversor que hubiera conservado su capital tras el crac debía de estar muy descontento con su corredor. Además, en plena Gran Depresión, los hombres de negocios tenían mucho tiempo libre.

En Stanford, uno de los cursos que seguía obligaba a Fisher a acompañar a uno de sus profesores en visitas periódicas a empresas de la zona de San Francisco. El profesor hablaba con los directivos de las empresas sobre sus distintos negocios y, a menudo, les ayudaba a resolver un problema inmediato. De vuelta a Stanford, Fisher comentaba con el profesor lo que había visto durante el día. "Esa hora a la semana", comentó Fisher más tarde, "fue la formación más importante que he recibido".[7]

A partir de todo esto, Fisher se convenció de que era posible obtener beneficios por encima de la media 1) invirtiendo en empresas con especial potencial y 2) trabajando junto a los directivos más capaces. Para identificar estas empresas en particular, Fisher desarrolló un sistema de valoración que describía una empresa a partir de las características de su sector específico y de su gestión.

El rasgo de una empresa que más impresionó a Fisher fue su capacidad de producir ventas y beneficios cada vez mayores a lo largo de los años, a un ritmo superior a la media del sector.[8] Para ello, según Fisher, debía contar con "suficientes productos o servicios que permitieran aumentar sustancialmente las ventas durante varios años consecutivos".[9] Fisher no estaba especialmente interesado en el crecimiento interanual, sino que consideraba el éxito de una empresa a lo largo de ciclos más largos. Era consciente de que los cambios en el ciclo económico afectarían a las ventas y a los beneficios, pero estaba convencido de que, década a década, encontraría dos tipos concretos de empresas capaces de crecer por encima de la media: 1) las “afortunadas y capaces”, y 2) las “afortunadas por ser capaces”.

La Aluminum Company of America (ALCOA) era un ejemplo del primer tipo. La empresa era “capaz” en virtud de la experiencia y habilidad de sus fundadores. Además, la dirección se las apañó para predecir los usos comerciales de sus productos y actuó de forma agresiva para capitalizar el aumento de las ventas en el mercado del aluminio. La empresa también fue “afortunada”, según Fisher, porque una serie de acontecimientos que escapaban a su control inmediato tuvieron un efecto positivo sobre la empresa y el mercado. El rápido desarrollo del transporte aéreo aumentó rápidamente la demanda, y por tanto las ventas, de aluminio, y ALCOA se benefició de las necesidades de la industria de la aviación más de lo que había previsto.

DuPont, por el contrario, era un buen ejemplo de empresa “afortunada por ser capaz”. Originalmente producía polvos explosivos, y si se hubiera limitado a este ámbito, habría obtenido resultados semejantes a los de cualquier empresa minera. Sin embargo, gracias a los conocimientos que la dirección había adquirido y puesto en práctica en este ámbito especializado, DuPont pudo lanzar nuevos productos, como el nailon y el celofán, que abrieron nuevos mercados y generaron miles de millones de dólares en ventas.

Según Fisher, la inversión en investigación y desarrollo es un factor importante para la sostenibilidad del crecimiento de las ventas por encima de la media, y estaba claro, señalaba, que ni DuPont ni ALCOA hubieran obtenido éxito a largo plazo sin un compromiso significativo en estas áreas. También las empresas no tecnológicas necesitan invertir en investigación para poder ofrecer mejores productos y servicios más eficaces.

Además de la investigación y el desarrollo, Fisher también se fijó en la red de distribuidores: una empresa podía ofrecer cuantos productos y servicios superiores quisiera, pero sin un “marketing inteligente”, la inversión en investigación y desarrollo nunca se traduciría en ingresos. Según Fisher, el papel de la red de distribuidores es ayudar a los clientes a comprender las ventajas reales de la adopción de los productos y servicios de la empresa. Esto se hace observando los hábitos de compra de los clientes potenciales y tratando de identificar los cambios en sus necesidades. De este modo, la estructura de ventas se convierte en el insustituible anillo de conjunción entre el mercado y la unidad de desarrollo.

Con todo, el potencial en sí mismo no era suficiente. Fisher estaba convencido de que incluso una empresa que pudiera producir un aumento de las ventas por encima de la media no era en sí misma una inversión adecuada si no podía generar beneficios para sus accionistas: "Todos los aumentos de las ventas del mundo no producirán un objeto atractivo de inversión a menos que los beneficios aumenten de forma correspondiente a lo largo de los años"[10]. Por ello, Fisher buscaba empresas que no solo produjeran productos y servicios de bajo coste, sino que mantuvieran estas características a lo largo del tiempo. Una empresa con un punto de equilibrio bajo está más capacitada para soportar un entorno económicamente deprimido y, en última instancia, tiene más probabilidades de sobrevivir que los competidores más débiles al reforzar su cuota de mercado.

Según Fisher, ninguna empresa puede seguir siendo rentable a menos que sea capaz de reducir sus costes de explotación y, al mismo tiempo, de analizar y comprender el coste de cada parte del proceso de producción. Para ello, tendrá que dotarse de una contabilidad y un análisis de costes adecuados. Controlar los costes de gestión también permitirá canalizar los recursos hacia los productos o servicios con mayor potencial. A continuación, los controles administrativos permitirán identificar problemas e imprevistos en las distintas actividades empresariales. Problemas o ineficiencias que deben considerarse como señales de alarma, una herramienta en defensa de la rentabilidad global de la empresa. Fisher es muy sensible al tema de la rentabilidad a causa de otra de sus preocupaciones: la capacidad de una empresa para crecer en el tiempo sin recurrir a la financiación con medios propios. Si la única forma de financiar el crecimiento fuera la venta de acciones, argumentaba Fisher, el mayor número de acciones en circulación compensaría cualquier beneficio que el crecimiento pudiera aportar a los accionistas. Una empresa con altos márgenes de beneficio estaría en mejores condiciones de financiarse, sin diluir la propiedad de los accionistas. Además, manteniendo un control adecuado de los costes fijos y de la disponibilidad para los gastos corrientes, se podrían gestionar mejor las necesidades de tesorería y evitar el recurrir a préstamos.

Fisher era consciente de que las mejores empresas no solo poseen características que dependen intrínsecamente del entorno en el que operan, sino que, lo que es igual de importante, están dirigidas por personas con capacidades de dirección superiores. Estos directivos están decididos a desarrollar nuevos productos y servicios que mantengan el aumento de las ventas a lo largo del tiempo, incluso cuando los actuales se hayan explotado por completo. Fisher también observó que muchas empresas tienen proyecciones de crecimiento atractivas porque su línea de productos permite mantenerlas durante varios años, pero pocas tienen políticas que aseguren beneficios constantes durante un periodo de diez a veinte años. "La dirección", argumentó, "debe desarrollar una política adecuada para lograr estos objetivos, y no debe dudar en subordinar el beneficio inmediato al beneficio a largo plazo que exige este planteamiento"[11]. Subordinar el beneficio inmediato no significa renunciar a él: un directivo capaz consigue aplicar los planes a largo plazo de la empresa sin perder de vista su gestión diaria.

Fisher también examina otro aspecto crucial: ¿puede la empresa confiar en una dirección cuya fiabilidad e integridad no se cuestionan en modo alguno? ¿Se comportan los directivos como verdaderos fideicomisarios de los accionistas, o su única preocupación es el beneficio personal?

Fisher sugiere que una forma de verificar sus intenciones es observar cómo se comunican con los accionistas. Todas las empresas, les vaya bien o no, se enfrentarán algún día a un periodo de dificultades imprevistas. Normalmente, cuando todo va bien, los directivos hablan con libertad, pero cuando surgen problemas algunos dejan de hablar con transparencia sobre las dificultades de la empresa. La forma en que la dirección reacciona ante los tiempos difíciles es un buen indicador de las personas a las que se confía el futuro de la empresa.

Para que una empresa tenga éxito, la dirección debe establecer también relaciones satisfactorias con todos los empleados, que deben estar convencidos de que su empresa es un buen lugar para trabajar. Los trabajadores deben sentirse tratados con respeto y equidad, mientras que los directivos deben estar convencidos de que los ascensos dependen de la capacidad y no del favoritismo.

A continuación, Fisher analizó también la calidad y la estructura del equipo directivo. ¿Tiene el director general un equipo valioso a su cargo? Y, sobre todo, ¿sabe delegar de forma efectiva para la gestión de las distintas partes del negocio?

Por último, Fisher examinó las características específicas de una empresa: los aspectos de producción y gestión y su comparación con los de otras empresas del mismo sector. En este estudio trató de entender qué podía explicar la superioridad de una empresa sobre sus competidores. En su opinión, los ratios financieros de una empresa no pueden justificar por sí solos la decisión de invertir en ella. Y el paso crucial para una inversión prudente era obtener toda la información posible sobre la empresa, a ser posible directamente de las personas que mejor la conocen. También admitió que este requisito los resumía todos, y que por tanto eran lo que hoy podríamos llamar "voces de pasillo". Si se maneja adecuadamente, según Fisher, esa clase de información puede ayudar a identificar inversiones importantes.

La recopilación de esas "voces de pasillo" llevó a Fisher a consultar al mayor número de personas posible. Habló con clientes y proveedores; se puso en contacto con antiguos empleados y consultores que habían trabajado para esas empresas en el pasado; entrevistó a investigadores universitarios, empleados de la administración y representantes de asociaciones comerciales. Así como a los competidores. Aunque los distintos ejecutivos preferían no hablar de sus propios negocios, Fisher constató que siempre tenían una opinión sobre sus competidores. «Es sorprendente», comentó, «lo preciso que puede ser el retrato de los puntos fuertes y débiles de una empresa a partir de una muestra significativa de las opiniones de quienes participan en ella de una u otra manera»[12].

La mayoría de los inversores son reacios a dedicar el tiempo y el esfuerzo que Fisher considera necesario para conocer y comprender a fondo una empresa. Desarrollar una red de conocidos y conseguir reuniones y entrevistas lleva mucho tiempo, y hacerlo para cada empresa que hay que analizar puede convertirse en una tarea sencillamente irrealizable. Fisher encontró una forma sencilla de reducir el impacto limitando drásticamente el número de empresas en las que tenía acciones. Siempre argumentó que prefería tener acciones en unas pocas empresas de primera línea que en muchas empresas medias. Así, sus carteras no solían incluir más de diez valores, de los cuales tres o cuatro representaban el 75 % de toda la gestión.

Fisher estaba convencido de que para hacer una inversión con éxito solo había que hacer bien dos o tres cosas. La primera era invertir en empresas cuya actividad encajaba el ámbito de su especialidad, y recordaba cómo sus primeros errores se debieron a «ir más allá de los límites de mi experiencia. Invertía en sectores completamente diferentes: estaba convencido de que conocerlos a fondo, pero no tenía los conocimientos adecuados en todos ellos"[13].

Charlie Munger

Cuando Warren Buffett abrió su negocio en 1956, tenía un capital de poco más de 100.000 dólares. Cada año, uno de sus objetivos más importantes era convencer a nuevos inversores para que sumarse a él. En una ocasión, Buffett estaba dando su habitual discurso, preciso y minucioso, a sus vecinos, el doctor Edwin Davis y la señora Davis, cuando el doctor Davis le interrumpió y le dijo bruscamente que le iban a confiar 100.000 dólares. Cuando Buffett le preguntó por qué, Davis respondió: «Me recuerdas a Charlie Munger»[14].

Aunque ambos se criaron en Omaha y tenían varios conocidos en común, Buffett y Charlie no se conocieron hasta 1959. Por aquel entonces, Charlie se había trasladado a California, y cuando regresó a Omaha tras la muerte de su padre, el Dr. Davis decidió que había llegado el momento de que los dos jóvenes se conocieran, y organizó un encuentro en un restaurante para cenar. Fue el comienzo de una asociación extraordinaria.

Charlie era hijo de un abogado y nieto de un juez federal; había abierto un exitoso bufete en Los Ángeles, pero sentía ya un fortísimo interés por el mercado de valores. En esa primera cena, los dos encontraron muchos temas de los que hablar, acciones incluidas. Desde entonces, se mantuvieron en contacto, y Buffett insistía a menudo en que Charlie dejara de ejercer la abogacía y se concentrara en la inversión. Durante un tiempo, Charlie hizo ambas cosas: en 1962 abrió su propio negocio de gestión de dinero, similar al de Buffett, mientras seguía manteniendo su estudio legal. Después de tres años de éxito, dejó el bufete, aunque uno de los despachos sigue llevando su nombre.

Repasaremos rápidamente el rendimiento de la empresa de Charlie en el capítulo 5, pero por ahora es significativo señalar que su empresa en Los Ángeles y la de Buffett en Omaha tenían un enfoque similar: ambas buscaban comprar a un precio inferior al valor intrínseco, y ambas lograban resultados sorprendentes. No es de extrañar que ambos acabaran haciéndose con las mismas acciones: al igual que Buffett, Charlie empezó comprando títulos de Blue Chip Stamps a finales de los años 60, hasta llegar a ser su presidente. Cuando Berkshire y Blue Chip Stamps se fusionaron en 1978, Charlie se convirtió en vicepresidente de Berkshire.

La relación de trabajo entre Charlie y Buffett no se formalizó mediante un acuerdo real, sino que evolucionó a lo largo de los años hasta convertirse en algo quizá aún más estrecho y simbiótico: incluso antes de que Charlie entrara en el consejo de administración de Berkshire, ambos habían tomado muchas decisiones importantes juntos, y a menudo hablaban a diario, por lo que poco a poco sus actividades de trabajo fueron entrelazándose cada vez más.

En la actualidad, Charlie sigue siendo vicepresidente de Berkshire Hathaway y es, a todos los efectos, socio al mismo nivel y alter ego de Buffett. Para entender la sintonía entre ambos, basta con contar el número de veces que Buffett afirma que "Charlie y yo hemos hecho esto o decidido aquello o considerado aquello" o "creemos que", como si "Charlie y yo" fuera el nombre de un solo individuo.

Lo que aportó Charlie a la colaboración entre ambos fue una gran perspicacia financiera, conocimientos jurídicos y una perspectiva intelectual muy diferente a la de Buffett. Charlie está sinceramente interesado en muchos ámbitos del conocimiento, como la ciencia, la historia, la filosofía, la psicología y las matemáticas, y está convencido de que en cada uno de estos campos hay ideas y conceptos importantes que, con la preparación adecuada, podemos y debemos aplicar a todas nuestras actividades, incluidas las decisiones financieras. Para acumular esta "sabiduría", según Charlie, necesitamos construir una red de modelos mentales que engloben las grandes ideas formuladas en el mundo[15]. Para apreciar plenamente la profundidad cultural y amplitud de inquietudes de Charlie, merece la pena leer su maravilloso *Poor Charlie's Almanack: The Wit and Wisdom of Charles T. Munger* (Donning Co. Publishers, Virginia Beach, 2005).

En su conjunto, todas estas vertientes de pensamiento —preparación financieros, conocimientos jurídicos y curiosidad por otras disciplinas— acabaron creando una filosofía de inversión muy diferente a la de Buffett. Mientras que este último, en su inquebrantable devoción por Ben Graham, perseguía la búsqueda de valores baratos, Charlie estaba más en sintonía con los principios esbozados por Phil Fisher, y en su opinión era preferible pagar el precio adecuado por una excelente empresa que un excelente precio por la empresa adecuada.

Charlie ayudó a Buffett a cruzar el Rubicón de la inversión orientada al *deep-value investing* (inversión en valores a precios de ganga) y comenzó a considerar la compra de negocios de alto valor añadido, comenzando así la historia de la adquisición de See's Candies por parte de Berkshire.

En 1921, una abuela de setenta y un años llamada Mary See abrió una pequeña panadería en Los Ángeles, vendiendo postres de chocolate de su propia invención. Con la ayuda de su hijo y su socio, el negocio creció lentamente hasta convertirse en una pequeña cadena de tiendas en California. Sobrevivió a la Gran Depresión, al racionamiento de azúcar durante la Segunda Guerra Mundial y a la feroz competencia con una estrategia que nunca cambió: no comprometer la calidad del producto.

Unos cincuenta años después, See's se había convertido en la principal cadena en su género en la Costa Oeste, y los herederos de Mary See decidieron que era hora de pasar página. A Chuck Huggins, que se había incorporado a la empresa treinta años antes, se le encomendó la tarea de encontrar al mejor comprador y gestionar la venta. Se presentaron varios pretendientes, pero no se anunció ningún compromiso.

A finales de 1971, un asesor de Blue Chip Stamps, de la que Berkshire Hathaway era entonces el accionista mayoritario, propuso que Blue Chip comprara See's. El precio que se pedía era de 40 millones de dólares, pero como See's tenía una liquidez de 10 millones, el precio era en realidad de 30 millones. Sin embargo, Buffett seguía siendo escéptico: se trataba de una valoración tres veces superior al valor nominal de la empresa, un precio decididamente alto para los estándares de Graham.

Charlie convenció a Buffett de que era un buen negocio: Buffett ofreció 25 millones y los vendedores aceptaron. Esta fue la primera gran desviación de Buffett de la filosofía de Graham, según la cual solo se debía comprar una empresa cuando el precio era inferior a su valor nominal. Fue el comienzo de un terremoto en la mente de Buffett, que reconoció abiertamente que fue Charlie quien le empujó en una nueva dirección. "Fue la primera vez", observó más tarde, "que pagamos por la calidad"[16]. Diez años después, Buffett recibió una oferta de 125 millones por See's: cinco veces el precio de compra de 1972. Lo rechazó.

Una de las razones de la longevidad de la relación entre Buffett y Charlie es que ninguno de los dos está dispuesto a transigir cuando se trata de los principios de base, y ambos tienen las cualidades necesarias para dirigir empresas de alto valor. Para los accionistas de Berkshire Hathaway, dos directivos que velan por sus intereses y les ayudan a obtener beneficios en todos los ámbitos imaginables de la economía son una verdadera bendición. Gracias a la opinión de Buffett sobre la jubilación obligatoria, en la que no cree, durante más de treinta y cinco años se han beneficiado no de un cerebro, sino de dos.

Una combinación de influencias intelectuales

Poco después de la muerte de Graham en 1976, Buffett se convirtió en el abanderado designado de su visión del *value investing*, del que el propio Buffett se convirtió en realidad en sinónimo[17]. Y es fácil ver por qué: fue el más conocido de los discípulos de Graham, y el propio Buffett nunca dejó pasar ninguna oportunidad de reconocer su deuda intelectual con el maestro. Todavía hoy, Buffett sigue considerando a Graham como la única persona, después de su padre, que ha tenido una influencia decisiva en su vida como inversor[18], e incluso ha puesto su nombre a su primogénito: Howard Graham Buffett. ¿Cómo concilia entonces Buffett su ascendencia intelectual con compras como las de Washington Post Company (1973), Capital Cities/ABC (1986), Coca-Cola Company (1988) e IBM (2011)? Ninguna de estas empresas habría superado el riguroso análisis financiero de Graham, y sin embargo Buffett invirtió generosamente en cada una de ellas: esto se debe a que, ya en 1965, se había dado cuenta de las limitaciones de la estrategia bursátil de Graham[19]. Según Buffett, la estrategia de Graham de comprar acciones a precios tan bajo hace que el más mínimo "contratiempo" en el funcionamiento de la empresa faculte a los inversores para vender sus acciones con beneficios: Buffett lo llamaba el enfoque de la "colilla". Caminando por la calle, un inversor ve una colilla en el suelo y la recoge para darle una última calada. Será una calada de poco valor, pero por lo que cuesta, habrá merecido la pena. Según Buffett, para que la estrategia de Graham funcione sistemáticamente, alguien tiene que desempeñar el papel de liquidador, ya que, de lo contrario, algún otro inversor se verá tentado a comprar títulos de vuestra empresa, haciendo subir el precio de la acción. Más concretamente: si pagamos 8 millones por una empresa con 10 millones de activos, obtendremos un buen beneficio si los activos se realizan al mismo tiempo. Si, por el contrario, el ciclo económico del sector en el que opera la empresa es negativo y se tarda diez años en liquidarla, el riesgo de una rentabilidad inferior a la media es real: "El tiempo es el amigo de los mejores negocios y el enemigo de los mediocres"[20]. Por lo tanto, si el inversor no tiene la oportunidad de liquidar oportunamente las empresas menos dinámicas y realizar la diferencia entre el precio de compra y el valor de mercado de sus activos, con el tiempo la rentabilidad de la operación no superará el rendimiento medio del sector.

Tras los errores de los primeros tiempos, Buffett comenzó a alejarse de las enseñanzas de Graham: "He evolucionado", confió una vez, pero "no de mono a hombre o de hombre a mono, las cosas son algo más complicadas"[21]. Empezaba a apreciar la naturaleza cualitativa de ciertas empresas, frente a los aspectos cuantitativos de otras, pero seguía buscando oportunidades. "Mi condena es una formación marcada por las economías de las cadenas cortas de fabricación para la agricultura (Dempster Mill Manufacturing), los grandes almacenes de tercera categoría (Hochschild-Kohn) y la manufactura textil de Nueva Inglaterra (Berkshire Hathaway)"[22]. En un intento de explicar su dilema, Buffett cita a Keynes: "El problema no es tener nuevas ideas, sino abandonar las antiguas". Como él mismo reconoce, su evolución se retrasó por el gran valor de lo que aprendió de Graham.

En 1984, hablando a los estudiantes de la Columbia University con motivo del 50º aniversario de la publicación de *Security Analysis*, Buffett explicó cómo un gran grupo de inversores de éxito reconoce a Ben Graham como su patriarca intelectual[23]. Graham formuló la teoría del margen de seguridad, pero desde entonces cada uno de sus alumnos ha desarrollado diferentes formas de aplicarla para determinar el valor de una empresa. Sin embargo, el motivo recurrente es siempre el mismo: la búsqueda de alguna diferencia entre el valor del activo y su coste. Quienes quedan sorprendidos con las compras de Coca-Cola e IBM no pueden distinguir entre teoría y método. Está claro que Buffett se adhiere a la teoría del margen de seguridad a ultranza, aunque a menudo se ha apartado claramente de la metodología de Graham. Según él, la última vez que fue relativamente fácil obtener beneficios utilizando los métodos de Graham fue durante la caída a mínimos del mercado entre 1973 y 1974.

No hay que olvidar que, en la valoración de los títulos, Graham no tenía en cuenta las particularidades del negocio, ni los recursos y capacidades de la dirección, y su análisis se limitaba a los comunicados e informes de la empresa. Si había una probabilidad matemática de obtener beneficios, porque el precio de las acciones era inferior al valor de los activos de la empresa, Graham compraba.

Es evidente que, si el legado de Graham se hubiera limitado a esto, Buffett no sentiría tanta consideración hacia él. Pero la teoría del margen de seguridad era tan profunda y crucial que eclipsó las debilidades de la metodología de Graham; e incluso hoy, Buffett sigue suscribiendo y aplicando su idea básica, casi sesenta y cinco años después de haberla leído por primera vez. Incluso hoy, no duda ni un momento en recordárselo a todo el mundo: “Creo que las tres palabras realmente importantes siguen siendo ‘margen de seguridad’”[24].

Además de ese concepto, que representa el verdadero marco intelectual del pensamiento de Buffett, Graham le proporcionó las herramientas para entender la locura de seguir las fluctuaciones del mercado de valores. Como explicaba, las acciones pueden ser objeto de inversión o de especulación, y esta última es una manifestación del miedo y la codicia. Son estas emociones, presentes en la mayoría de los inversores, las que hacen que las acciones fluctúen muy por encima o, lo que es más importante, muy por debajo del valor intrínseco de la empresa. Graham enseñó a Buffett que si podía aislarse de la emoción del mercado bursátil podría explotar el comportamiento irracional de otros inversores.

De Graham, Buffett aprendió el pensamiento independiente: si llegas a una conclusión lógica sobre la base de un análisis sólido y fiable, no debes cambiar de opinión solo porque los demás no estén de acuerdo: "Uno no tiene razón o está equivocado solo porque las masas estén de acuerdo o no", escribió Graham, "uno tiene razón porque los datos y el razonamiento son correctos"[25].

Bajo muchos puntos de vista, Phil Fisher era todo lo contrario a Ben Graham. Fisher estaba convencido de que, para tomar decisiones acertadas, los inversores debían obtener toda la información necesaria, y eso significaba investigar y analizar todos los aspectos de la empresa. Había que ir más allá de los números y estudiar y entender el negocio en sí, porque sus peculiaridades eran importantes. También había que comprender las características de la dirección, porque de ellas podía depender el valor de la empresa. Animaba a averiguar todo lo posible sobre el sector en el que operaba la empresa y sobre sus competidores, utilizando todas las fuentes de información posibles. No es casualidad que Buffett haya desarrollado una amplia red de contactos a lo largo de los años, que le ha resultado muy útil en la valoración de diferentes negocios.

Por último, Fisher enseñó a Buffett a no sobrevalorar la diversificación. Estaba convencido de que era un error enseñar a los inversores que poner los huevos en muchas cestas diferentes reducirían el riesgo. Estaba convencido de que el exceso de diversificación de una cartera era un peligro, porque no se pueden vigilar todos los huevos en todas las cestas. Según él, el verdadero riesgo para los inversores consiste en invertir demasiado en una empresa que no conocen bien, y el riesgo de comprar valores que no han tenido tiempo de conocer a fondo es mucho mayor que el de una diversificación limitada.

Las diferencias entre Graham y Fisher son evidentes. Graham, el analista cuantitativo, hacía hincapié en los elementos que podían medirse: activos, beneficios y dividendos. Su investigación se limitaba a los documentos y comunicaciones de la empresa, y no perdía el tiempo con los clientes, los competidores o los directivos.

El enfoque de Fisher estaba en el extremo opuesto del espectro: como típico analista cualitativo, concedía importancia a los elementos que pensaba que aumentarían el valor de la empresa, especialmente las previsiones de la evolución futura y las características de la dirección. A Graham solo estaba interesado en comprar acciones baratas, Fisher en empresas con potencial para aumentar su valor intrínseco a largo plazo; estaba dispuesto a llegar hasta donde fuera, y a realizar largas y arduas entrevistas con tal de tener retazos de información que le ayudaran a afinar el proceso de selección.

Tras leer el libro de Phil Fisher, *Common Stocks and Uncommon Profits*, Buffett se puso en contacto con el autor. "Cuando nos conocimos, me impresionaron mucho tanto el hombre como sus ideas", dijo más tarde. "Al igual que Ben Graham, Fisher era una persona de aspecto modesto y espíritu generoso, y un maestro extraordinario. Los enfoques de inversión de Graham y Fisher son diferentes, por supuesto, pero "son paralelos"[26]. Tomándonos la libertad de parafrasear esta definición, podríamos decir que en Warren Buffett en lugar de discurrir en paralelo, se encajan: su filosofía es una combinación de análisis cualitativo de la empresa y su gestión (como predicaba Fisher), y de análisis cuantitativo del precio y el valor (según Graham).

Buffett dijo una vez: "Me considero un 15 % Fisher y un 85 % Benjamin Graham"[27]. Este comentario se cita a menudo, pero es muy importante recordar que se hizo en 1969. En los últimos años, Buffett se ha ido acercando poco a poco a la filosofía de Fisher, que consistía en comprar selectivamente unas pocas acciones y mantenerlas durante un periodo de varios años. Creo que si actualizara su declaración, el reparto se acercaría hoy al 50/50.

Por otro lado, Charlie es la encarnación misma de las teorías cualitativas de Fisher. Desde el principio, concedió gran importancia al valor añadido de una actividad, y al buen sentido que puede tener pagar el precio justo por ella. Sin embargo, en algunos aspectos importantes, Charlie es una especie de eco moderno de Ben Graham.

Muchos años antes, Graham le había explicado a Buffett el papel de las emociones en la inversión: los errores a los que inducen a quienes toman decisiones irracionales basadas en ellas, y las oportunidades que representan para quienes consiguen evitar esta trampa. Gracias a su interés por la psicología, Charlie desarrolló estos argumentos y acuñó el término "la psicología del error de valoración", una noción que exploraremos más a fondo en el capítulo 6 y que no deja nunca de enfatizar y de cultivar como parte integral del proceso de toma de decisiones de Berkshire. Se trata, sin duda, de una de sus contribuciones más importantes.

La devoción de Buffett por Ben Graham, Phil Fisher y Charlie Munger es comprensible. Graham le proporcionó las bases intelectuales para invertir —el concepto de margen de seguridad— y le ayudó a gestionar sus emociones para aprovechar las fluctuaciones del mercado. Fisher le enseñó una metodología moderna y operativa que le ha permitido identificar buenas inversiones a largo plazo y gestionar una cartera seleccionada a lo largo del tiempo. Charlie le ayudó a apreciar las ganancias derivadas de la compra y conservación de activos valiosos. En tal sentido, Charlie le instruyó sobre los errores psicológicos que la gente suele cometer al tomar decisiones financieras. No es difícil entender la perplejidad que a menudo circunda las decisiones de Buffett si uno se da cuenta de que representa la síntesis de estos tres hombres.

"No basta con poseer una inteligencia viva", escribió Descartes, "lo más importante es aplicarla bien". La aplicación es lo que distingue a Buffett de otros gestores: muchos de sus colegas son extremadamente inteligentes, disciplinados y motivados. Buffett destaca por encima de todos ellos por su capacidad para integrar las estrategias de estos tres sabios en un enfoque único y coherente.

3

El momento de la compra

LOS DOCE PRINCIPIOS INMUTABLES

Según Buffett, no hay diferencia sustancial entre comprar una empresa entera o solo una parte de ella, en forma de acciones o de bonos. De las dos opciones, personalmente siempre ha preferido la primera, porque le permite intervenir en el elemento más crítico de una empresa: la asignación del capital. Por el contrario, comprar únicamente acciones ordinarias tiene la gran desventaja de no garantizar el control, por más que para Buffett eso se compense con dos ventajas concretas: en primer lugar, el campo de batalla en el que elegir estas inversiones "no controlables" —la bolsa— es mucho más amplio; en segundo lugar, el mercado bursátil suele generar muchas más oportunidades. En cualquier caso, Buffett sigue invariablemente la misma estrategia: busca empresas que cree que puede entender y analizar a fondo, con proyecciones positivas a largo plazo, gestionadas por personas honestas y competentes y, por último —cuestión muy importante—, son empresas que están disponibles a precios atractivos.

"Cuando realizamos una inversión", declara, "nos consideramos analistas empresariales, no analistas de mercado o macroeconómicos, ni siquiera analistas bursátiles"[1]. Eso significa que Buffett trabaja ante todo desde el punto de vista del hombre de negocios. Analiza la empresa en cuestión de forma global, examinando los aspectos cualitativos y cuantitativos de la gestión, la situación financiera y el precio de compra.

Si repasamos las compras de Buffett y buscamos elementos comunes, podemos identificar una serie de reglas básicas, o principios, que guían sus decisiones. Si extrapolamos estos principios y los analizamos detenidamente, encontramos que se agrupan de forma natural en **cuatro** categorías:

1. **criterios empresariales**: tres características básicas de la empresa en cuestión;
2. **criterios de gestión**: tres cualidades importantes que debe tener un directivo experto;
3. **criterios financieros**: cuatro decisiones financieras a las que debe atenerse la empresa;
4. **criterios de mercado**: dos líneas maestras interrelacionadas en el análisis de precios.

No todas las compras de Buffett se ajustan a los doce principios, pero en conjunto forman el núcleo profundo de su método de inversión, y son sin duda alguna los que Buffett sigue en su gestión de Berkshire Hathaway. Las mismas características que busca en las empresas que compra son las espera ver cada día cuando entra en la oficina.

Criterios empresariales

Para Buffett, las acciones son una abstracción[2] y él mismo nunca piensa en términos de teorías de mercado, conceptos macroeconómicos o tendencias del sector. Basa sus decisiones únicamente en cómo "funciona" una empresa o sector de negocios concreto y está convencido de que si la gente se siente atraída por una inversión a causa de motivos superficiales y no de sus características básicas, es más probable que entre en pánico ante el primer problema y decida abandonar, sufriendo probablemente pérdidas. En cambio, Buffett trata de aprender todo lo que puede sobre la inversión, y lo hace centrándose en tres aspectos fundamentales de una empresa:

1. debe ser sencilla y comprensible;
2. debe tener una historia operativa coherente;
3. debe contar con proyecciones positivas a largo plazo.

PRINCIPIOS DEL MÉTODO WARREN BUFFETT

1. Criterios empresariales

LA ACTIVIDAD:

- ¿Es sencilla y comprensible?
- ¿Tiene un historial de funcionamiento coherente?
- ¿Tiene proyecciones favorables a largo plazo?

2. Criterios de gestión

LA DIRECCIÓN:

- ¿Actúa de forma racional?
- ¿Es transparente hacia los accionistas?
- ¿Sabe resistirse al imperativo institucional?

3. Criterios financieros

- Centrarse en el rendimiento del capital, no en los beneficios por acción.
- Calcular el *owner earning*, el beneficio del propietario.
- Buscar siempre empresas con altos márgenes de beneficio.
- Por cada dólar ganado, asegurarse de que la empresa ha creado al menos un dólar de valor de mercado.

4. Criterios de mercado

- ¿Cuál es el valor de la empresa?
- ¿Puede adquirirse con un margen significativo respecto a su valor?

Sencillo y comprensible

El punto de vista de Buffett es que el éxito financiero de los inversores está relacionado con la comprensión que llegan a alcanzar sobre sus inversiones. Este es un rasgo distintivo de los inversores "orientados al negocio", en contraposición a los numerosos individuos que compran y revenden rápido, sin cesar.

A lo largo de los años, Buffett ha sido propietario de una amplia gama de negocios en muchas áreas diferentes. Algunas eran empresas que él controlaba, de otras era o es un accionista minoritario, pero en cada caso es siempre muy consciente de cómo operan todas ellas en el mercado. En otras palabras, Warren Buffett entiende las economías de entrada y salida, el flujo de caja, las relaciones laborales, la flexibilidad de precios y los requisitos de asignación de capital de cada participación de Berkshire.

Buffett es capaz de mantener este alto nivel de competencia porque limita deliberadamente la gama a las empresas que están al alcance de su comprensión cultural y financiera. Su lógica es rigurosa: si posees o participas en una empresa (como propietario o accionista) que no comprendes del todo, nunca podrás esperar interpretar de forma fiable su desarrollo o tomar las decisiones correctas.

El éxito en la inversión no depende de lo mucho que se sepa, sino del realismo con que se defina lo que no se sabe: "Invierte en tu área de experiencia", es el mantra de Buffett, "no importa tanto la extensión como la precisión con que puedas definir sus parámetros".[3]

Una historia operativa coherente

Buffett evita no solo las complicaciones, sino también la compra de empresas que están saliendo de un periodo de dificultades, o que están a punto de cambiar de dirección debido al fracaso de proyectos anteriores. Por experiencia, sabe que los mayores beneficios se consiguen con empresas que llevan varios años ofreciendo el mismo producto o servicio: en esencia, los cambios sustanciales aumentan la probabilidad de cometer grandes errores en la gestión del negocio.

"Por lo general, los grandes cambios y los grandes beneficios no suelen ir de la mano", dice Buffett[4]. Desgraciadamente, la mayoría de la gente invierte como si fuera verdad lo contrario: los inversores suelen sentirse atraídos por las empresas que están experimentando un rápido cambio, o por las que atraviesan un periodo de reorganización. Por alguna razón desconocida, explica Buffett, tienden a encapricharse tanto con el futuro que ignoran la realidad de hoy.

Básicamente, a él no le importan en exceso las acciones o la cotización del momento y le importan mucho más las empresas que, en su opinión, pueden tener éxito y producir beneficios a largo plazo. Y aunque predecir el futuro nunca será una actividad a prueba de errores, un historial regular también es relativamente fiable. Cuando una empresa puede presumir de resultados constantes a lo largo del tiempo, año tras año, con el mismo producto, no es descabellado suponer que esos resultados persistirán.

Buffett también tiende a evitar las empresas que se afanan por resolver situaciones complicadas: la experiencia le ha enseñado que los cambios de rumbo rara vez revierten los resultados. En otras palabras, puede ser más rentable comprar un negocio establecido a un precio razonable que gastar mucho menos en uno que sea complicado de gestionar.

"Charlie y yo nunca hemos llegado a aprender a resolver los problemas de las empresas que fracasan", admite, "lo que hemos aprendido a hacer es evitarlos. Los éxitos que hemos alcanzado se deben a que hemos sido capaces de centrarnos en encontrar obstáculos de medio metro que podíamos esperar superar, no porque hayamos aprendido a saltar los de dos metros[5]".

Proyecciones favorables a largo plazo

Buffett divide el mundo empresarial en dos partes desiguales: un pequeño grupo de empresas exitosas y de gran valor, la mayoría de las cuales no merece la pena comprar. Su definición de "franquicia" es la de un negocio que proporciona un producto o servicio 1) que es necesario o solicitado, 2) que no tiene sustituto inmediato y

3) cuyo precio no está regulado de ninguna manera. Estas características permiten a la empresa mantener el nivel de precios y subirlo ocasionalmente sin temor a perder cuota de mercado o volumen de ventas. Esta flexibilidad en la gestión de los precios es uno de los rasgos distintivos de una gran empresa, que le permite obtener una rentabilidad superior a la media.

"Los títulos que nos gustan son las que producen altos rendimientos en relación con el capital invertido", dice Buffett, "y de los que se puede esperar que sigan haciéndolo con toda probabilidad"[6]. Y añade: "Lo que intento entender es si existe una ventaja competitiva a largo plazo y si se mantendrá a lo largo del tiempo"[7].

Tanto individual como colectivamente, estos negocios de rango superior excavan lo que Buffett llama un "foso", un factor que confiere a una empresa una ventaja clara sobre otras y que la protege de la competencia. Cuanto más amplio y defendible sea el foso, mejor: "La clave para invertir", explica, "estriba en establecer la posible ventaja competitiva, si la hay, de cada empresa singular y, lo que es más importante, la solidez y duración de esa ventaja. Los productos o servicios que están 'rodeados' por fosos amplios y defendibles son los que recompensarán a los inversores. Para mí, lo más importante es establecer la amplitud del foso que rodea a una empresa: no pido nada mejor que un enorme castillo rodeado de un foso lleno de pirañas y cocodrilos"[8].

Por último, Buffett nos confía una de sus preciosas perlas de sabiduría: "la definición de una empresa superior es aquella que será superior durante veinticinco o treinta años"[9].

Por el contrario, una empresa mediocre ofrece productos prácticamente indistinguibles de los de sus competidores, los llamados "bienes indiferenciados". Hace años, estos productos de base eran el petróleo, la gasolina, loa productos químicos, el cobre, la madera, el trigo y el zumo de naranja. Hoy en día, los ordenadores, los coches, las líneas aéreas, los bancos y las compañías de seguros han adoptado las mismas características y se presentan a través de las peculiaridades de la mercancía. A pesar de los colosales presupuestos destinados a la promoción, no consiguen diferenciar sus productos de forma significativa.

Las empresas que comercian con estas mercancías son, por lo general, poco rentables y "candidatas al problema"[10]. Sus productos no se diferencian sustancialmente de los de los demás y solo pueden competir sobre la base del precio, lo que obviamente reduce los beneficios: la forma más fiable de aumentar la rentabilidad es convertirse en un proveedor de bajo coste. La única otra forma de obtener un beneficio decente es durante los períodos de oferta limitada, circunstancia extremadamente difícil de predecir. Una forma de establecer la rentabilidad a largo plazo de este tipo de empresas, señala Buffett, es a través de la relación entre dos periodos: "años de escasa oferta / años de oferta abundante", una cifra que, por lo demás, suele ser inferior a uno: "lo que realmente aprecio es la fortaleza económica en un sector que entiendo perfectamente y del estoy convencido de que perdrará"[11].

Criterios de gestión

Durante el periodo de evaluación de una nueva inversión, o de una posible adquisición, Buffett analiza la calidad de su gestión, que considera de gran importancia.

Afirma que las empresas o participaciones que compra Berkshire deben estar dirigidas por gestores honestos y competentes a los que pueda admirar y en los que le sea posible confiar. "No nos interesa trabajar con personas que no posean estas características", explica, "por muy atractivas que sean las perspectivas del negocio. Nunca hemos hecho buenos negocios con malas personas"[12].

Buffett nunca escatima los elogios hacia los gestores que valora y admira. Año tras año, los lectores de la carta del presidente en el informe anual de Berkshire se encuentran con cálidos elogios reservados a quienes dirigen los distintos negocios del grupo. También es igual de escrupuloso con la gestión de las empresas cuyas acciones está valorando. En particular, se pregunta si tienen estas tres características:

1. ¿Actúa de forma racional?
2. ¿Es transparente hacia los accionistas?
3. ¿Es capaz de resistir el imperativo institucional?

El mayor elogio de Buffett a un directivo es que se comporte, sin excepción, como si fuera el propietario de la empresa: son esos los directivos que no pierden de vista el objetivo principal de la empresa, es decir, aumentar su valor para el accionista, y que toman decisiones racionales para conseguirlo. Buffett también admira a los gestores que se toman muy en serio su tarea de informar a los accionistas, con transparencia y sin reticencias, y que tienen el coraje de no ceder al llamado "imperativo institucional", es decir, seguir el comportamiento imperante en el sector.

RACIONALIDAD

La tarea más importante de la dirección es la asignación del capital de la empresa, porque eso es lo que con el tiempo determina el valor en manos de los accionistas. Decidir qué hacer con los beneficios —reinvertirlos en la empresa o distribuirlos entre los accionistas— es, en opinión de Buffett, un ejercicio de lógica y racionalidad. "Según Buffett, la racionalidad es el estilo distintivo de su gestión de Berkshire, y es lo que parece no encontrar en otras empresas", escribió Carol Loomis en *Fortune*[13].

El problema de la asignación está estrechamente relacionado con el momento del ciclo de vida económico en el que se encuentra la empresa. Esto se debe a que, a lo largo del camino y del tiempo, las tasas de crecimiento, las ventas, los beneficios y la liquidez cambian drásticamente. En la fase de desarrollo, una empresa pierde dinero mientras está ocupada desarrollando productos y ganando cuota de mercado. En la siguiente fase, la de crecimiento rápido, llega a ser rentable, pero cabe la posibilidad de que no sea sostenible, y para financiarse no solo tenga que dejar de distribuir beneficios, sino también pedir préstamos o emitir obligaciones. En la tercera etapa, la de madurez, el crecimiento se ralentiza y la empresa empieza a generar más dinero del que necesita para su desarrollo y funcionamiento. En la última parte de su vida, asistimos al declive: las ventas y los beneficios disminuyen, aunque estos continúan y no llegan a cero. En las fases tercera y cuarta —pero sobre todo en la tercera— se plantea la cuestión de cómo repartir esos beneficios.

Si al reinvertirlos en la empresa conseguimos generar un incremento de valor por encima del valor de mercado y del coste del capital, seguramente el único comportamiento lógico es no distribuirlos. Del mismo modo, reinvertirlos en la empresa a menos del coste medio del capital es totalmente irracional. Y también es bastante común.

Una empresa que obtiene beneficios con inversiones que no superan la media del mercado, pero que también genera más liquidez que la que necesita, tiene tres opciones ante sí: puede 1) ignorar el problema y seguir reinvirtiendo a tasas inferiores a la media; 2) "comprar crecimiento"; o bien, 3) devolver el dinero a los accionistas. Es en estas intersecciones de posibilidades donde Buffett examina con la máxima atención las decisiones de gestión, ya que es aquí donde está llamado a actuar racionalmente, o no.

Normalmente, los gerentes que siguen reinvirtiendo a pesar de una rentabilidad inferior a la del mercado lo hacen creyendo que se trata de una situación temporal y que, con una gestión adecuada, la mejorarán. Y quizá los accionistas se dejen hipnotizar por sus predicciones. Si una empresa ignora este problema, el efectivo se convertirá cada vez más en un recurso inútil y ocioso, y el valor de las acciones empezará a caer.

Una empresa con malos resultados financieros y de liquidez, y con un bajo valor de las acciones atraerá a los *corporate raider*, es decir los especuladores, lo que significa el principio del fin para la dirección a cargo. Para protegerse a sí mismos, los directivos suelen elegir la segunda opción: "comprar crecimiento" en forma de adquisición de otra empresa.

El anuncio de un plan de adquisición produce el efecto de entusiasmar a los accionistas y de disuadir a los especuladores. Sin embargo, Buffett es escéptico respecto a las empresas que necesitan comprar crecimiento. Para empezar, el crecimiento tiene un alto coste en el sentido de que a menudo está sobrevalorado. En segundo lugar, la necesidad de integrar y fusionar una nueva empresa se presta a cometer errores que podrían costar caro a los accionistas.

En opinión de Buffett, el único comportamiento sensato y responsable para las empresas con una acumulación de efectivo que no puede reinvertirse con una rentabilidad superior a la media es distribuir ese dinero a los accionistas. Se puede hacer de dos maneras: activando o aumentando un dividendo, o bien recomprando acciones.

Una vez recibidos los dividendos, los accionistas pueden decidir si los invierten en otra parte, en busca de mayores rendimientos. A primera vista, esto suena bastante bien, y muchos ven un aumento de los dividendos como un signo de empresas saludables. Según Buffett, esto solo es cierto si los inversores son capaces de obtener más por su dinero de lo que la empresa habría sido capaz de generar para ellos si hubieran optado por reinvertir.

Si a veces no resulta fácil comprender el verdadero significado de los dividendos, mucho menos lo es con el segundo mecanismo de distribución de beneficios a los accionistas: la recompra de acciones. Esto se debe a que, en algunos aspectos, los beneficios para los accionistas son menos directos, menos tangibles y menos inmediatos.

Buffett está convencido de que cuando se decide recomprar, la ventaja es doble. Si la acción se está vendiendo por debajo de su valor intrínseco, la recompra es puro sentido común: si el precio es, digamos, de 50 dólares y el valor intrínseco se estima en 100 dólares, cada vez que se decide recomprar, por cada dólar que se gasta se obtienen dos dólares "intrínsecos", y este tipo de transacciones pueden ser extremadamente rentables para los accionistas que siguen a bordo.

Además, Buffett afirma que, al adquirir las acciones disponibles en el mercado, la dirección está demostrando que tiene en cuenta los intereses de los accionistas, en lugar de una necesidad imperiosa de ampliar la estructura de la empresa. Este tipo de comportamiento envía señales claras al mercado, atrayendo a otros inversores interesados en una empresa bien gestionada que trabaja para aumentar el valor para el accionista. Así, los accionistas se ven ser recompensados dos veces: primero, al comprar en el mercado y, segundo, cuando el interés de los inversores produce un rendimiento positivo de sus títulos.

Transparencia

Buffett tiene en muy alta estima a los gestores que comunican los resultados empresariales de forma completa y correcta a los accionistas, que admiten los errores al igual que comparten los éxitos, y que se comportan con la máxima transparencia en todos los aspectos. En particular, respeta a los directivos que consiguen comunicar los resultados de la empresa sin esconderse detrás de los "*generally accepted accounting principles*" o GAAP, principios de contabilidad generalmente aceptados en los EE. UU.

"Lo importante", dice Buffett, "es informar de los datos —ya sean GAAP, no GAAP, extra-GAAP— que permitan a los lectores con conocimientos financieros responder a tres preguntas cruciales: 1) Indicativamente, ¿cuál es el valor de la empresa? 2) ¿Qué probabilidad hay de que cumpla sus compromisos futuros? 3) Dadas las condiciones en las que se han visto trabajando, ¿los directivos están haciendo un buen trabajo?"[14]. Buffett también admira, y mucho, a quienes tienen el valor de hablar abiertamente de los fracasos. Con el tiempo, todas las empresas cometen errores, por grandes o pequeños que sean. Considera que son demasiados los directivos que transmiten los hechos con excesivo optimismo en lugar de explicar honestamente las cosas tal y como son, persiguiendo quizá sus propios objetivos a corto plazo, pero desde luego, a largo plazo, los de nadie.

Por lo tanto, la mayoría de los informes anuales no dejan de ser —dicho sea sin rodeos— un farol. Por eso, cuando escribe para Berkshire Hathaway, Buffett es extremadamente directo y transparente sobre los resultados económicos y de gestión, tanto buenos como malos. A lo largo de los años, siempre ha admitido las dificultades que encontró tanto en el sector textil como en el de los seguros y los fallos de su propia gestión en estos ámbitos. En el informe de 1989 inauguró la costumbre de enumerar formalmente los fracasos, bajo el título "Errores de los primeros veinticinco años (versión abreviada)". Dos años más tarde, el título se había convertido en "El error del día" y Buffett confesaba no solo los errores que había cometido, sino también las oportunidades que había perdido por no haber operado correctamente.

Según sus críticos, la publicación de sus errores es vagamente hipócrita por parte de Buffett: después de todo, dadas las dimensiones de su participación en Berkshire Hathaway, nunca carga con el temor a ser despedido. Esto es sin duda cierto, pero al dar públicamente un ejemplo de transparencia, Buffett ha creado, de manera discreta, un nuevo enfoque de la importante práctica de la información empresarial. Ciertamente, está convencido de que esto beneficia al directivo al menos tanto como al accionista: "El director general que engaña en privado puede seguir haciéndolo en público"[15]. Buffett atribuye a Charlie Munger el mérito de haberlo ayudado a comprender la importancia de estudiar los propios errores, en lugar de centrarse únicamente en los éxitos.

El imperativo institucional

Si afrontar y discutir los errores significa ganar en sabiduría y credibilidad, ¿por qué tantos informes anuales son meros boletines que solo recogen los éxitos? Si la asignación de capital es una cuestión tan sencilla y lógica, ¿por qué suele resolverse casi siempre bastante mal? Buffett ha aprendido sobre el terreno que la respuesta es una fuerza invisible que ha bautizado como "imperativo institucional": la tendencia "al estilo de los lemmings" (en sus supuestos suicidios de masa), por parte de los ejecutivos de las empresas a imitar el comportamiento de otros, por muy tonto o irracional que sea.

En su momento, fue el descubrimiento más sorprendente de su carrera. En la escuela le habían enseñado que los ejecutivos experimentados eran personas honestas e inteligentes que tomaban decisiones racionales de forma espontánea. Una vez en el mundo laboral, tuvo que aprender que "cuando el imperativo institucional entra en juego, muy a menudo la racionalidad suele mandarse a hacer gárgaras"[16].

Buffett está convencido de que esta es la causa de algunas situaciones bastante graves y tristemente comunes: "1) [La organización] se resiste a cualquier cambio en la gestión actual; 2) a medida que la empresa se expande, se materializan proyectos empresariales o adquisiciones que agotan los fondos disponibles; 3) cada capricho empresarial del jefe, por extraño que sea, es rápidamente respaldado por detallados estudios estratégicos de rentabilidad elaborados por sus "tropas afines"; y, por último, 4) el comportamiento de las empresas "colegas", sea que se hallen en proceso de expansión, de adquisición, en predisposición de compensaciones o lo que sea, es imitado ciegamente[17].

Buffett aprendió rápidamente la lección. Un día, Jack Ringwalt, director de National Indemnity, que Berkshire adquirió en 1967, hizo lo que parecía un movimiento audaz. Mientras la mayoría de las compañías de seguros suscribían pólizas con plazos garantizados y producían rendimientos inadecuados —o peor aún, pérdidas—, Ringwalt se autoexcluyó del mercado y se negó a suscribir nuevas pólizas. Buffett se dio cuenta de lo acertado del gesto e hizo lo mismo. En la actualidad, todas las compañías de seguros de Berkshire operan según el mismo principio: que todos hagan una cosa no significa que sea lo correcto.

¿Por qué es tan potente el imperativo institucional que afecta a tantas actividades? La respuesta es simple: la naturaleza humana. Los directivos no quieren quedar como unos tontos que, por ejemplo, acusan unas pérdidas trimestrales vergonzosas cuando otros del mismo sector tienen beneficios, aunque todos se dirijan al precipicio con absoluta certeza, como tantos lemmings. Tomar decisiones poco convencionales o cambiar de dirección nunca es fácil, pero un ejecutivo con las habilidades de comunicación adecuadas debería ser capaz de convencer a su propietario de que acepte menores beneficios a corto plazo y un cambio de estrategia si con el tiempo produce mejores resultados. Buffett aprendió que la incapacidad de resistir el imperativo institucional no suele deberse al propietario, sino a la cerrazón mental de los directivos para aceptar el cambio. E incluso cuando esto sucede, la aplicación de las decisiones necesarias resulta ser a menudo una tarea demasiado difícil, y muchos sucumben a la tentación de comprar una nueva empresa en lugar de tratar en detalle las cuestiones financieras implicadas en el problema del momento.

¿Por qué se comportan así? Buffett ha identificado tres factores que son especialmente importantes en condicionar el comportamiento de los directivos:

1. Muchos directivos no pueden controlar su afán por hacer cosas y esta hiperactividad suele encontrar una salida en las nuevas adquisiciones;
2. muchos directivos comparan constantemente las ventas, los beneficios y su propia remuneración con los de otras empresas, del mismo y de otros sectores. Estas comparaciones provocan inevitablemente formas de hiperactividad;
3. muchos directivos tienen una percepción exagerada de sus propias capacidades.

Otro problema bastante común, como hemos visto, es la insuficiente capacidad de asignación. A menudo los directores generales ocupan ese puesto gracias a las habilidades que han adquirido en otras áreas de la empresa, como la producción, el marketing, el desarrollo o las tareas administrativas. Tienen poca experiencia en la gestión del capital, por lo que recurren a empleados, consultores o bancos de inversión; y es en este punto donde, inevitablemente, el imperativo institucional entra en los mecanismos de decisión. Si un gerente está empeñado en realizar una adquisición que tiene que conseguir una rentabilidad del 15 % para justificar la inversión, las tropas afines informarán fácilmente de que ese negocio concreto puede dar una rentabilidad del 15,1 %.

Por último, una explicación del imperativo institucional es simplemente la imitación ciega. Supongamos que el director general de la empresa D decide por su cuenta: "si las empresas A, B y C hacen todos lo mismo, debe ser mejor para nosotros hacerlo también".

El destino común de todos ellos es fracasar, no por avaricia o estupidez, sino porque la dinámica institucional de este tipo de imperativos hace difícil resistirse a un comportamiento con resultados ineludibles. Ante un grupo de estudiantes, Buffett leyó una vez una lista de treinta y siete empresas bancarias. Todas ellas habían fracasado, a pesar de que se daban todas las condiciones para un éxito razonable: el volumen de operaciones en la Bolsa de Nueva York se había multiplicado por quince; los directivos de las empresas eran muy trabajadores y muy inteligentes, todos ellos muy motivados para triunfar. Sin embargo, todos acabaron mal. Buffett hizo una pausa, luego miró a la sala y dijo con voz severa: "Piénsenlo. ¿Cómo es posible este resultado? Se lo diré yo: imitación ciega de otros"[18].

CÓMO EVALUAR LA GESTIÓN

Buffett sería el primero en admitir que evaluar a los ejecutivos según los tres conceptos de racionalidad, transparencia e independencia de razonamiento es más difícil que los resultados financieros por sí solos, por la sencilla razón de que los seres humanos son más complicados que los números.

Según muchos analistas, la medición de la actividad humana es una práctica inevitablemente vaga e imprecisa: sencillamente, no podemos hacerlo respecto a la gestión de una empresa con ningún grado de certeza, y por tanto intentarlo es un ejercicio inútil. Sin punto decimal, parecen decir, no hay nada que medir. Otros piensan que el valor de la gestión se refleja fielmente en las cifras de rendimiento de la empresa —como las ventas, los márgenes de beneficio y el ROE, *return on equity*, rentabilidad del capital propio)— y que no se necesitan otros "baremos". Ambos puntos de vista tienen cierta validez, pero, en mi opinión, ninguno de ellos es suficiente para anular la premisa original: la razón por la que debemos invertir tiempo en la evaluación de la gestión es que puede permitirnos ver las primeras señales de los futuros resultados financieros. Analizando de cerca las palabras y los comportamientos de los directivos, se pueden recoger pistas útiles sobre la valoración global del trabajo del grupo, mucho antes de que sus actividades se reflejen en los informes financieros o en las cotizaciones de los periódicos. Para conseguirlo, hay que profundizar, y esto puede ser suficiente para desanimar a los perezosos o pusilánimes. Esto es lo que hará que ellos pierdan y tú ganes.

Buffett ofrece algunos consejos sobre cómo reunir la información necesaria. Para empezar, analiza los informes de las empresas que se remontan a varios años atrás, prestando especial atención a las declaraciones de la dirección sobre las estrategias futuras, para compararlas luego con los resultados actuales: ¿en qué medida se han realizado sus planes? Compara también las estrategias del pasado con las de hoy: ¿han cambiado? Buffett también sugiere que puede ser útil comparar los informes anuales de la empresa que nos interesa con los de empresas similares que operen en el mismo sector. Encontrar duplicados exactos no es fácil, pero comparar los resultados también puede revelar algo interesante.

Hay que decir que la gestión por sí sola no basta para interesar a Buffett. Por muy válidos que sean, sus inversiones no se basan solo en activos humanos, porque sabe que hay condiciones en las que incluso el más brillante y hábil de los gestores no será capaz de salvar una empresa en problemas. Buffett ha tenido la suerte de trabajar junto a algunos de los mejores gestores del mundo empresarial estadounidense, como Tom Murphy y Dan Burke en Capital Cities / ABC, Roberto Goizueta y Donald Keough en Coca-Cola, y Carl Reichardt en Wells Fargo. Sin embargo, señala también que "si los coges y los pones a trabajar en un barco que hace agua por todas partes, no habrá mucha diferencia"[19]. Y añade: "Cuando un directivo con una reputación brillante se hace con una empresa de la que se sabe que tiene unos cimientos poco sólidos, es la reputación de la empresa la que sale intacta"[20].

Criterios financieros

Buffett evalúa la excelencia de gestión y económica según unos criterios basados en unos pocos principios, típicamente suyos. Para empezar, no se toma demasiado en serio los informes anuales y prefiere centrarse en las medias de los últimos cinco años. Como observa con agudeza, las posibilidades de beneficios interesantes no surgen necesariamente en el tiempo que tarda la tierra en dar la vuelta al sol. También tiene poca paciencia con los juegos de manos financieros que generan cifras sorprendentes a finales de año, pero que tienen muy poco valor real. En cambio, prefiere guiarse por los siguientes cuatro principios:

1. concentrarse en la **return on equity** (ROE, rentabilidad del capital propio) no en los beneficios por acción;
2. determinar una buena aproximación al valor calculando el **owner earning** (beneficio del propietario);
3. trabajar en empresas con altos **márgenes de beneficio**;
4. respetar la **regla del dólar**: por cada dólar distribuido, asegúrese de que la empresa ha generado al menos otro dólar de valor de mercado.

1. Return on equity

Los analistas suelen medir los resultados anuales de las empresas por su *earning per share* (EPS, en castellano, beneficio por acción). ¿Ha aumentado el EPS en el último año? ¿Ha superado la empresa las expectativas? ¿Son satisfactorios los beneficios?

Según Buffett, el EPS es una pista falsa. Dado que la mayoría de las empresas guarda una parte de los beneficios del año anterior con el fin de aumentar la base de capital, no ve por qué debería haber tanto alboroto por un EPS récord. No hay nada espectacular en una empresa cuyo EPS aumenta un 10 % si, al mismo tiempo, la base de ingresos también ha aumentado un 10 %. Es exactamente igual que reunir ahorros y dejar que se acumulen los intereses. Como medida de los resultados empresariales, Buffett prefiere el *return on equity*, que es la relación entre *operating earnings* (los beneficios operativos) y el *shareholder equity* (capital accionario)

Sin embargo, para poder utilizarlo, es necesario hacer varias aclaraciones. Para empezar, todos los valores negociables, es decir, que cotizan, deben valorarse a precio de coste y no a precio de mercado, porque los valores globales del mercado en su conjunto pueden influir mucho en el *shareholder equity* de una empresa determinada. Por ejemplo, si la Bolsa sube mucho durante el año, aumentando así el patrimonio neto de la empresa, un rendimiento operativo realmente excelente quedaría eclipsado por el elevado denominador del ratio. A la inversa, la caída de los precios de las acciones reduce el *shareholder equity*, y los malos resultados operativos parecerían mejores de lo que son.

En segundo lugar, hay que vigilar los efectos que pueden tener las partidas inusuales en el numerador del ratio. Por ejemplo, Buffett excluye todas las ganancias y las *capital gain and losses* (plusvalías y minusvalías), así como todas las partidas no rutinarias que podrían aumentar o disminuir los beneficios de explotación.

Su objetivo es aislar el rendimiento anual particular de una empresa concreta para llegar a la medida en que la dirección ha tenido éxito en su tarea de generar beneficios, trabajando de forma conjunta con las actividades empresariales del capital empleado. Este es, según él, el mejor indicador de los resultados económicos de la gestión.

Además, Buffett está convencido de que una empresa debe obtener beneficios con poca o ninguna deuda. Sabe perfectamente que es posible aumentar los beneficios incrementando la relación entre la deuda y el capital, pero no se deja impresionar por ello. "Los buenos negocios o las buenas decisiones", dice, "producirán resultados satisfactorios sin recurrir al apalancamiento financiera"[21]. Además, las empresas muy endeudadas se vuelven vulnerables en períodos de desaceleración económica. Buffett prefiere cometer posibles errores financieros antes que comprometer la propiedad de los accionistas de Berkshire, aumentando el nivel de riesgo asociado a la deuda.

A pesar de su actitud conservadora, Buffett no tiene fobia alguna al endeudamiento. Por el contrario, prefiere pedir dinero prestado en previsión de futuras necesidades, en lugar de hacerlo en respuesta a una necesidad confirmada. En su opinión, lo ideal sería que el momento de las adquisiciones coincidiera con la disponibilidad de efectivo, pero la experiencia nos dice que suele ocurrir lo contrario. El dinero barato tiende a hacer subir los precios de los activos, mientras que la falta de liquidez y los tipos de interés más altos aumentan los costes de los préstamos y a menudo deprimen el valor de los activos.

Así, cuando se presentan los mejores precios para una adquisición, podemos confiar en que el coste del dinero (con tipos de interés altos) disminuya el atractivo de la transacción. Por eso, explica, las empresas deben gestionar los activos y la deuda de forma independiente.

La filosofía de pedir dinero prestado con la esperanza de encontrar una buena oportunidad más adelante penalizará los beneficios a corto plazo; por supuesto, Buffett solo lo hace cuando se siente razonablemente seguro de que los beneficios de la futura inversión compensarán y, de hecho, superarán el coste de la deuda. También hay otra consideración que hacer: como la disponibilidad de oportunidades realmente interesantes es obviamente limitada, Buffett exige que Berkshire esté siempre preparada: "Aunque solo quieras disparar a los elefantes rápidos de vez en cuando", explica, "será mejor que lleves un arma contigo todo el tiempo"[22].

Buffett no hace ninguna sugerencia específica sobre los niveles de deuda que considera compatibles o inadecuados, lo cual es completamente comprensible: diferentes empresas, en función de su flujo de caja, pueden sostener y gestionar deudas muy diferentes. Lo que nos dice es que una buena inversión debe ser capaz de generar beneficios satisfactorios, sin recurrir a la financiación externa. Las empresas que necesitan endeudarse para obtenerlos deben ser vistas con recelo.

2. Owner earning

Según Buffett: "Lo primero que hay que entender es que no todos los beneficios son iguales"[23]. Para las empresas con activos elevados en relación con los ingresos, los beneficios corren el riesgo de convertirse en una especie de espejismo, a causa de la tasa de inflación, que suele afectar a esa clase de negocios. De ello se desprende que los beneficios nominales solo pueden servir al analista si pueden considerarse una aproximación al flujo de caja previsto por la empresa.

Pero Buffett advierte que tampoco es la herramienta ideal para medir el valor y, de hecho, corre el riesgo de llevar a engaño a los inversores. El flujo de caja es una medida adecuada para las empresas con grandes inversiones iniciales y gastos menores en lo sucesivo, como la construcción inmobiliaria, la minería y las empresas de cable. Las empresas manufactureras, en cambio, necesitan un suministro constante de capital y el flujo de caja no representa una medida fiable.

Por lo general, el flujo de caja se define como los ingresos después de impuestos, más amortizaciones y otras partidas no monetarias. El problema de esta definición es que ignora un dato económico, el llamado "Capex" (de "Capital Expenditure", es decir, el gasto en capital): ¿hasta qué punto la empresa tendrá que recurrir a sus beneficios para comprar nueva maquinaria, renovar las instalaciones y cualquier otra inversión necesaria para mantener su posición y volumen de negocio? Según Buffett, en los Estados Unidos la gran mayoría de las actividades requieren un Capex aproximadamente igual al programa de amortización. Los gastos de capital pueden aplazarse durante uno o dos años, pero si no se realizan, la empresa decaerá inevitablemente: son partidas de gastos equiparables a los costes laborales o a las utilidades.

La popularidad de las métricas de flujo de caja alcanzó su punto álgido durante el periodo de las adquisiciones financiadas con deuda, porque los precios exorbitantes que se pagaban por un activo se justificaban por el flujo de caja. Buffett está convencido de que todo lo que gira en torno al flujo de caja "es utilizado por los vendedores de empresas e instrumentos financieros en un intento de justificar lo injustificable, y luego vender lo invendible". Cuando los beneficios son insatisfactorios en comparación con la deuda y el coste asociado de una acción basura, o justifican el precio absurdo de una acción, entonces es muy conveniente centrarse en el flujo de caja"[24]. Con todo, eso no debería hacerse a menos que uno esté dispuesto a sustraer el Capex necesario.

En lugar del flujo de caja, Buffett prefiere utilizar lo que denomina "*owner earning*" (una noción muy cercana al "beneficio del accionista"): los ingresos después de impuestos, más la amortización, menos el Capex y cualquier otra partida de capital necesaria para las operaciones. También admite que los ingresos de los propietarios no son la medida exacta que exigen muchos analistas, porque a menudo las futuras inversiones en capital solo pueden estimarse. Aun así, citando a Keynes, prefiere tener vagamente razón que estar claramente equivocado.

3. MÁRGENES DE BENEFICIO

Al igual que Philip Fisher, Buffett es muy consciente de que las mejores empresas del mundo pueden ser malas inversiones si sus gestores no consiguen convertir las ventas en beneficios. No hay ningún "secreto de la rentabilidad": todo consiste en controlar los costes. La experiencia le ha enseñado que los gestores de proyectos caros tienden a añadir continuamente partidas de gastos, mientras que los de proyectos de bajo coste siempre intentan recortarlos.

Buffett, personalmente, tiene muy poca paciencia con los directivos que permiten que los costes aumenten sin control, y que suelen ser los que después tienen que realizar una reestructuración para reajustarlos a las ventas. Cada vez que una empresa anuncia un programa de reducción de costes, Buffett entiende que la dirección no ha sido consciente del daño que los gastos podían causar a la propiedad. "El gerente que es bueno de verdad no se levanta por la mañana y dice 'hoy voy a recortar gastos', igual que no se levanta con la intención de respirar"[25]. Buffett subraya los logros de algunos de los mejores ejecutivos con los que ha trabajado, gracias a la constante reducción de gastos innecesarios: Carl Reichardt y Paul Hazen en Wells Fargo, o Tom Murphy y Dan Burke en Cap Cities/ABC. Estos profesionales, "odian cualquier gasto innecesario y lo controlan con todas sus fuerzas, tanto cuando los beneficios están en niveles récord como cuando están sometidos a presión"[26].

El propio Buffett puede ser muy severo cuando se trata de costes y gastos innecesarios: sabe cuáles son las necesidades exactas de personal para un determinado negocio, y está profundamente convencido de que por cada dólar que gana con las ventas hay un nivel adecuado de gastos. Es extremadamente cuidadoso y sensible con los márgenes de beneficio de Berkshire.

Berkshire Hathaway es una empresa con características únicas. No tiene un departamento jurídico, ni un departamento de relaciones públicas o de relaciones con los inversores. No hay oficinas de planificación estratégica llenas de licenciados en empresariales que traman fusiones y adquisiciones. Los gastos después de impuestos de Berkshire suponen menos del 1 % de los beneficios de explotación, mientras que empresas del mismo tamaño tienen gastos corporativos diez veces superiores.

4. La regla del dólar

Hablando en general, el mercado bursátil es la respuesta a la siguiente pregunta: ¿cuánto vale esta empresa concreta? Buffett parte de la base de que, si ha elegido una empresa con perspectivas positivas a largo plazo, dirigida por gestores capaces y que simpatizan con la propiedad, todo ello se reflejará en un aumento del valor de mercado. Lo mismo, explica, se aplica a los beneficios retenidos. Si la empresa los utiliza de forma improductiva durante un periodo determinado, al final el mercado hará disminuir (comprensiblemente) el valor de las acciones. A la inversa, si la empresa logra unos beneficios superiores a la media frente a una ampliación de capital, eso se reflejará en un aumento del precio de las acciones.

La cuestión, con todo, presenta también otros matices: como sabemos, aunque la Bolsa registre los valores de mercado de forma relativamente fiable a largo plazo, los precios pueden variar mucho en el curso de un año por razones ajenas al valor de la empresa. De esta forma, Buffett ideó una prueba rápida para medir no solo el atractivo económico de una empresa, sino también si la dirección ha logrado su objetivo de generar valor para los accionistas: la "regla del dólar". En otras palabras, el aumento de valor debería, como mínimo, igualar los beneficios retenidos, dólar por dólar. Si es más alto, mejor. Al final, Buffett concluye: "Dentro de este colosal escenario, nuestro trabajo consiste en identificar un activo con características económicas que permita transformar cada dólar de beneficio en al menos un dólar de valor de mercado"[27].

Criterios de mercado

Todos los principios aplicados en los criterios examinados hasta ahora conducen a una única cuestión: comprar o no acciones de una determinada empresa. Llegados a este punto, todo aquel que se plantee esta cuestión tendrá que evaluar dos elementos: ¿representa la empresa un valor? ¿Es ahora el mejor momento para comprarlo? En otras palabras, ¿el precio es bueno?

El precio se forma en el mercado bursátil. El valor lo determina el analista, tras sopesar y tener en cuenta toda la información disponible sobre la conducta, la gestión y las finanzas de la empresa. El precio y el valor no son necesariamente lo mismo: si el mercado bursátil fuera siempre eficiente, los precios se alinearían instantáneamente con lo que exige la información conocida. Como es natural, eso no ocurre —al menos no siempre— y los precios de las acciones fluctúan por encima y por debajo del valor de la empresa por distintas razones, no todas ellas racionales.

En teoría, el comportamiento de un inversor viene determinado por las diferencias entre el precio y el valor: si el precio de una empresa es inferior al valor por acción correspondiente, un inversor racional comprará acciones de esa firma. Por el contrario, si el precio es superior al valor, el inversor lo dejará correr. A medida que la empresa evoluciona en el curso de su vida económica, el analista reevaluará su valor con respecto al precio de mercado y comprará o venderá acciones en consecuencia.

En resumen, la inversión racional se forma en torno a dos cuestiones:

1. ¿Cuál es el **valor de la empresa**?
2. ¿Es posible comprarlo a un **precio conveniente**, es decir significativamente menor?

1. Determinar el valor de la empresa

A lo largo del tiempo, los analistas financieros han utilizado diversas fórmulas para calcular el valor intrínseco de una empresa. Cada uno es partidario de un criterio u otro: bajo PER, valores actuariales bajos, alta rentabilidad por dividendo. Según Buffett, sin embargo, el mejor sistema fue el que desarrolló hace más de setenta años John Burr Williams, en su libro *The Theory of Investment Value*. Parafraseando a Williams, Buffett sostiene que el valor de una empresa se calcula a partir del flujo de caja neto esperado durante la vida de la empresa, descontando el tipo de interés adecuado. "Valoradas de esta manera", dice Buffett, "todas las empresas, desde los fabricantes de calesas hasta los operadores de telefonía, se vuelven económicamente comparables"[28].

Según Buffett, este ejercicio matemático es muy parecido a la valoración de un bono. Un bono se caracteriza por un cupón y una fecha de vencimiento que determina su flujo de caja futuro. Sumando todos los cupones y dividiendo el resultado por la tasa de descuento correspondiente (el tipo de interés en la fecha de vencimiento) se obtiene el precio. Para establecer el valor de un activo, el analista estima los cupones (el flujo de caja del beneficio del propietario), que se generarán durante un determinado periodo de tiempo en el futuro, y luego los descuenta todos para reconducirlos al presente.

Para Buffett, valorar una empresa no es difícil si se utilizan las variables adecuadas: la evolución de los flujos de caja y la tasa de descuento correcta. Según él, la predictibilidad del flujo de caja futuro debería adquirir un grado de certeza similar al de los cupones de un bono. Si la empresa es lo suficientemente sencilla y comprensible en sus fundamentos, y ha operado en el mercado con una duradera capacidad de producir beneficios, Buffett podrá establecer su flujo de caja futuro con un alto grado de precisión. Si no puede, ni siquiera intentará valorar la empresa. Esta es la distinción fundamental de su enfoque.

Tras estimar el flujo de caja futuro, Buffett aplica la tasa de descuento. A muchos les sorprenderá que para él sea simplemente el de los bonos del Tesoro estadounidenses a largo plazo. Probablemente es lo más parecido a una tasa sin riesgo.

Según los economistas, para obtener una mejor tasa de descuento, habría que añadir a la de los bonos a largo plazo una "prima de riesgo de la renta variable" (*equity risk premium*), que refleje la incertidumbre de los futuros flujos de caja de la empresa. Pero, como veremos más adelante, Buffett rechaza la propia idea de la prima de riesgo de las acciones, que considera un añadido artificial a la fijación de precios de los activos de capital, un modelo de los mercados financieros que a su vez asume la volatilidad de los precios como medida del riesgo. En pocas palabras, cuanto mayor sea la volatilidad de los precios, mayor será la prima de riesgo de las acciones.

Según Buffett, sin embargo, la propia idea de que la volatilidad de los precios constituye una medida del riesgo no tiene sentido. Según él, el riesgo empresarial se reduce, no se elimina, concentrándose en negocios con beneficios grandes y predecibles: "Doy mucho valor a la 'certeza'. Si se elige ese camino, la propia idea de un factor de riesgo no tiene sentido para mí. El riesgo viene cuando no se sabe lo que se está haciendo"[29]. Como es natural, el flujo de caja de una empresa no puede predecirse con el mismo grado de certeza que el pago del cupón de un bono del Tesoro, pero Buffett no es partidario, sin embargo, de añadir factores de riesgo en forma de varios puntos porcentuales en las primas, simplemente porque el valor de una acción tiene una variabilidad mucho mayor que el mercado de valores en general. En todo caso, si ignorar el riesgo incomoda al inversor, puede compensarlo introduciendo un mayor margen de seguridad en el precio de compra.

Por último, ocurre a veces que los tipos de interés a largo plazo se vuelven absurdamente bajos. Durante estos periodos, se sabe que Buffett se vuelve más cauto y añade un par de puntos porcentuales al tipo carente de riesgo, de manera que pueda representar mejor la situación.

Los críticos de Buffett argumentan que la estimación del flujo de caja dista mucho de ser obvia, y que el proceso de selección del tipo de descuento da lugar a errores de valoración no marginales. Para ello, han desarrollado y utilizado métodos empíricos para la determinación del valor.

Algunos, a los que llamaremos "inversores en valor", se basan en una relación PER y precio-valor nominal bajos y en una alta rentabilidad de los dividendos. Han analizado una y otra vez con escrupulosidad el significado de esas relaciones, llegando a la conclusión de que es necesario identificar y comprar exactamente las empresas que cumplen estos requisitos. Otros sostienen que hay que preferir las empresas con una tasa de crecimiento de los beneficios superior a la media del mercado; los llamaremos "*growth investor*" o "inversores orientados hacia el crecimiento". Por lo general, las *growth company* tienen altos ratios de PER y bajos dividendos, exactamente lo contrario de lo que buscan los inversores en valor.

Los inversores interesados en el valor suelen tener que elegir entre un criterio de "valor" y otro de "crecimiento". Buffett admite haber participado en este tipo de tira y afloja cultural, pero cree que todo el debate entre estas dos escuelas de pensamiento carece hoy de interés. Ambos están inextricablemente ligados: el valor es el valor presente descontado del flujo de caja futuro; el crecimiento es solo un cálculo para determinar el valor.

El aumento de las ventas, de los beneficios y de los activos puede hacer crecer el valor de una inversión, pero también disminuirla. Lo aumenta cuando el rendimiento de la inversión es superior a la media, suponiendo que cada dólar invertido genera al menos un dólar de valor de mercado. Por el contrario, para una empresa con un bajo rendimiento respecto al capital invertido, el crecimiento puede perjudicar a los accionistas. Por ejemplo, la historia de las compañías aéreas se ha caracterizado por un crecimiento increíble, pero la incapacidad de estas empresas para producir rendimientos decentes ha acarreado dificultades a la mayoría de los accionistas.

Cualquiera de estos métodos tiene sus defectos, como Buffett nos resume: "Si un inversor quiere comprar realmente algo por lo que vale y opera, por lo tanto, con el objetivo de aumentar el valor de su inversión... independientemente de si hay crecimiento o no, de si tiene beneficios volátiles o estables, de si tiene un precio alto o bajo en relación con los beneficios actuales y el valor nominal, la elección que hay que hacer es la inversión más barata resultante del cálculo del flujo de caja descontado"[30].

2. COMPRAR A PRECIOS CONVENIENTES

Concentrarse en empresas con características atractivas —simples, con sólidos resultados económicos, dirigidas por gestores que piensan en los accionistas— no es suficiente por sí mismo para garantizar el éxito de la inversión. Para empezar, hay que comprar a precios razonables, y luego la empresa tiene que estar a la altura de las expectativas. Si cometemos errores, nos advierte Buffett, puede deberse a una de las siguientes razones: 1) por pagar el precio equivocado, 2) por juzgar mal la gestión, o 3) debido a una tendencia inesperada del sector. El caso más común, señala, es un error de cálculo en la tercera situación.

El objetivo de Buffett no es solo identificar activos rentables por encima de la media, sino también adquirirlos a precios lo más bajos posibles por debajo de la valoración: la importancia de comprar una acción solo cuando la diferencia entre el precio y el valor ofrece un margen de seguridad es una de las enseñanzas de Graham.

El principio del margen de seguridad resulta de gran utilidad en dos sentidos. Para empezar, protege contra el riesgo de una caída del precio: si se calcula un valor ligeramente superior al precio de la acción, no debe comprarse. El razonamiento de Buffett es que si el valor intrínseco del activo cayera, aunque fuera ligeramente, debido a un error en la estimación del flujo de caja, el precio de las acciones acabaría cayendo también, quizás por debajo de lo que se hubiera pagado. Pero si el margen entre el precio de compra y el valor intrínseco es lo suficientemente grande, el riesgo de que el valor intrínseco caiga disminuye. Si Buffett compra una empresa por un 25 % menos de su valor intrínseco, y éste cae posteriormente un 10 %, el precio de compra original seguirá proporcionando una rentabilidad adecuada.

En segundo lugar, el margen de seguridad ofrece oportunidades para obtener ganancias muy elevadas en el precio de las acciones. Si Buffett puede identificar correctamente una empresa capaz de obtener beneficios superiores a la media, el valor a largo plazo de las acciones aumentará de forma constante, mientras que el precio de las acciones reflejará la rentabilidad de la empresa. Si una empresa gana regularmente un 15 % sobre el capital, el precio de sus acciones superará al de una empresa que gane un 10 % cada año. Además, si al amparo del margen de seguridad Buffett consigue comprar con un descuento importante respecto al valor intrínseco, Berkshire cobrará una prima extra cuando el mercado corrija el precio. "El mercado, como el Señor, ayuda a los que se ayudan a sí mismos", le gusta repetir a Buffett, "pero a diferencia del Señor, no perdona a los que no saben lo que hacen"[31].

Anatomía de una cotización a largo plazo

Para los lectores que les resulte más fácil seguir la información visualmente, hemos elaborado el gráfico de la figura 3.1, que ilustra de manera sintética muchos de los ingredientes del enfoque de Buffett.

Un negocio atractivo (columna central) producirá, con el tiempo (eje de abscisas), un valor creciente para el accionista (eje de ordenadas) siempre que se adquiera a buen precio (columna de la izquierda) y las decisiones de la dirección (columna de la derecha) eviten el cierre, produzcan resultados superiores a los del mercado y aumenten el valor de la empresa.

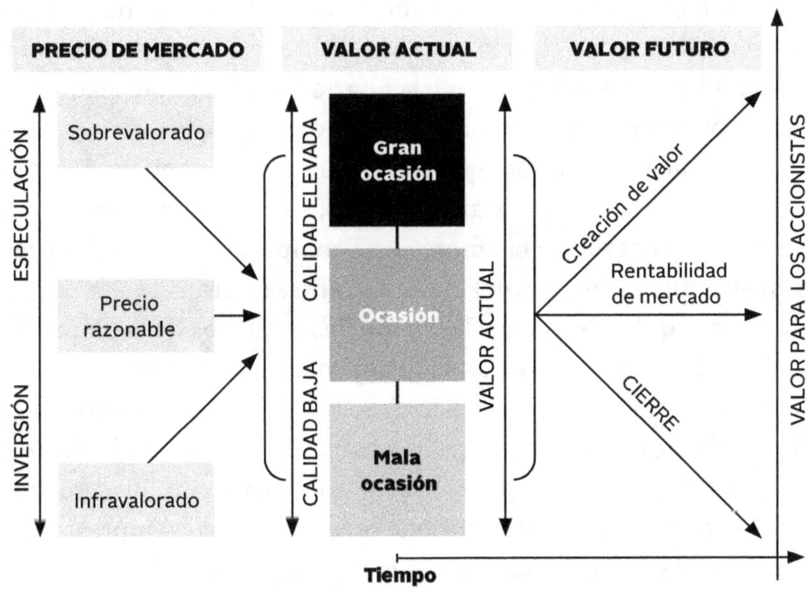

Figura 3.1 - Anatomía de una cotización a largo plazo

En el capítulo 4 veremos estos criterios en acción en algunos casos típicos.

El inversor inteligente

El rasgo más típico y característico de la filosofía de inversión de Buffett es su lúcida convicción de que quienes poseen acciones de una empresa controlan la empresa, no trozos de papel. La idea de adquirir acciones sin un conocimiento real de las operaciones de la empresa —productos y servicios, inventarios, efectivo para gastos corrientes, necesidades de capital para inversiones (por ejemplo, maquinaria e instalaciones), coste de las materias primas, relaciones laborales— le resulta inconcebible e incluso inmoral.

En la conclusión de *The Intelligent Inversor*, Benjamin Graham escribe: "La inversión es tanto más inteligente cuanto más emprendedora es". A Buffett le gusta repetir que estas palabras "son las diez más importantes jamás escritas sobre la inversión». Los inversores tienen una opción: pueden decidir actuar como emprendedores, con todo lo que ello implica, o dedicar su tiempo a intercambiar trozos de papel por ser parte del juego; o por cualquier otra razón que no sea el criterio basilar de los negocios.

Los titulares de acciones ordinarias que se creen simples tenedores de documentos están, de hecho, alejados y aislados de los asuntos financieros de la empresa: se comportan como si los precios siempre cambiantes del mercado representaran el valor de sus títulos más que el balance y la cuenta de resultados de la empresa, escogiendo o descartando las acciones como si fueran naipes. Para Buffett esto es el colmo de la locura. Su punto de vista es que no hay diferencia entre ser propietario de una empresa y ser propietario de una parte de ella, y que debe aplicarse la misma mentalidad en ambos casos. "Soy mejor inversor que otros porque soy empresario", confiesa, "y soy mejor empresario porque soy inversor"[32].

A menudo se le pregunta a Buffett qué tipo de empresas comprará en el futuro. Para empezar, evitará las empresas que negocian con activos indiferenciados y que tienen ejecutivos en los que no confía lo suficiente. En cambio, buscará adquirir un tipo de negocio que entienda perfectamente, que posea una estructura y unos fundamentos económicos sólidos y que esté dirigido por gestores fiables: "Una buena empresa no es necesariamente una buena compra, pero es un buen lugar para encontrarla"[33].

4

Cómo comprar acciones

NUEVE CASOS EJEMPLARES

A lo largo de los años, las compras de acciones de Buffett han pasado a formar parte del folclore de Berkshire Hathaway, y detrás de cada inversión hay una historia única y particular. La compra de la Washington Post Company en 1973 fue muy diferente de la compra de GEICO en 1980. Y ciertamente, la inversión de 500 millones de dólares en Capital Cities, que a su vez ayudó a Tom Murphy a comprar la American Broadcasting Company, fue algo muy diferente a los mil millones de dólares invertidos en la Coca-Cola Company. Cada una de estas compras de acciones difería en todo de las inversiones realizadas años después en Wells Fargo, General Dynamics, American Express, IBM y Heinz. Pero para los que esperamos entender el pensamiento de Buffett en profundidad, todas estas compras de acciones tienen un rasgo importante en común: nos permiten observar sus criterios empresariales, de gestión, financieros y de mercado en acción.

Con la excepción de Cap Cities, todas estas empresas permanecieron en la cartera de Berkshire y siguieron prosperando. Solo Washington Post Company y General Dynamics no aparecen en la lista de las mayores participaciones del holding.

En este capítulo analizaremos cada una de estas adquisiciones en su contexto histórico, lo que nos permitirá estudiar el pensamiento de Buffett en el momento de la inversión, en su relación con la sociedad, el mercado y la bolsa.

Washington Post Company

En 1931, el *Washington Post* era uno de los cinco periódicos publicados en la capital del país. Dos años más tarde, el Post —que no podía afrontar el coste del papel— entró en concurso de acreedores. Ese mismo verano, el periódico salió a subasta y fue adquirido por el financiero Eugene Meyer por 825.000 dólares. Durante las dos décadas siguientes, Meyer mantuvo el periódico hasta que volvió a ser rentable, y en 1954 lo adquirió Philip Graham, un brillante abogado educado en Harvard que convenció a Meyer para que comprara un periódico rival, el *Times-Herald*. Más tarde, Graham compró el semanario *Newsweek* y dos cadenas de televisión antes de su trágico suicidio en 1963. A Graham se le atribuye el mérito de haber transformado el *Washington Post* de simple periódico a grupo multimedia.

Tras su muerte, el control pasó a Katharine Graham. No tenía experiencia previa en la gestión de un gran grupo, pero aprendió rápidamente. Gran parte de su éxito suele atribuirse a su sincero apego al *Post*: durante años había observado a su padre y a su marido en sus difíciles intentos de mantener el periódico en activo, y había llegado a la conclusión de que lo que necesitaba eran decisiones, no más cuidados. "Pronto aprendí que las cosas, sencillamente, nunca están quietas", declaró, "hay que tomar decisiones[1]. Y tomó sin duda dos decisiones que tuvieron profundas repercusiones para el periódico: contratar a Ben Bradlee como redactor jefe e invitar a Warren Buffett a convertirse en director de la empresa. Bradlee animó a Katharine Graham a publicar los "Papeles del Pentágono" (escándalo que anticipó el Watergate) y a proseguir la investigación sobre el Watergate: ambas líneas de investigación le valieron al *Post* una reputación de periodismo de primera línea, mientras que Buffett enseñó a Katharine Graham a hacer negocios.

Ambos se conocieron en 1971. Por aquel entonces, él poseía acciones del *New Yorker* y, al enterarse de que el periódico podría ponerse a la venta, preguntó a Katharine Graham si el *Washington Post* podría estar interesado en adquirirlo. El acuerdo nunca se llevó a cabo, pero Buffett quedó muy impresionado con ella.

Por aquel entonces, la estructura financiera del periódico estaba a punto de sufrir profundos cambios. Katharine y Philip Graham poseían todas las acciones con derecho a voto en virtud de un fideicomiso creado por Eugene y Agnes Meyer. Así, tras la muerte de Phil, Katharine heredó el control de la empresa. A lo largo de los años, Eugene Meyer había regalado miles de acciones del *Post* a varios centenares de empleados en reconocimiento por su lealtad y dedicación al periódico: durante el apogeo de la empresa, las acciones habían pasado de 50 dólares en los años cincuenta a 1.154 dólares en 1971. El plan de distribución de beneficios, y los títulos en manos de los empleados, obligaban a la empresa a mantener las acciones atractivas para el mercado, una disposición que resultó ser contraproducente para la liquidez de la empresa. Además, las familias Graham y Meyer tuvieron problemas con los elevados impuestos de sucesión.

En 1971, Katharine Graham decidió sacar el *Post* a la Bolsa, lo que puso fin a la necesidad de financiar el valor de mercado de las acciones y permitió a los herederos realizar una planificación patrimonial más rentable. La Washington Post Company se dividía en dos clases de acciones: las acciones ordinarias de clase A elegían a la mayoría del consejo de administración y las de clase B a la minoría restante. Katharine Graham poseía el 50 % de las acciones de la clase A y, por lo tanto, controlaba la empresa. En junio de 1971, la Washington Post Company emitió 1.354.000 acciones de clase B. Sorprendentemente, a pesar de las amenazas del gobierno, dos días después Katharine Graham dio autorización a Ben Bradlee para publicar los Papeles del Pentágono. Durante 1972, el precio de ambas clases de acciones aumentó de forma constante, pasando de 24,75 dólares en enero a 38 dólares en diciembre.

Pero el ambiente en Wall Street empezaba a deteriorarse. A principios de 1973, el Dow Jones comenzó a caer; en primavera, había perdido más de 100 puntos. El precio de las acciones del *Post* también había caído, hasta los 23 dólares en mayo. En Wall Street corrían rumores negativos sobre IBM —la acción había perdido más de 69 puntos, cayendo por debajo de su media de los 200 días precedentes —y se temía que la quiebra fuera un mal presagio para todo el mercado. Ese mismo mes, el oro se disparó hasta los 100 dólares la onza; la Reserva Federal subió la tasa de descuento al 6 % y el Dow Jones perdió otros 18 puntos, su mayor pérdida en tres años. En junio, la tasa de descuento volvió a subir y el Dow Jones siguió bajando, situándose por debajo de los 900 puntos.

Durante todo este tiempo, Buffett siguió comprando tranquilamente acciones del *Washington Post*. En junio, había acumulado 467.150 acciones, a un precio medio de 22,75 dólares, por un valor total de unos 10.628.000 dólares.

Al principio, a Katharine Graham le molestaba la idea de que un accionista que no fuera de la familia poseyera tantas acciones del *Washington Post*: aunque no tuviera un control efectivo, podría ser desestabilizador. Buffett tranquilizó a la señora Graham asegurándole que las compras de Berkshire tenían una finalidad puramente de inversión. Para convencerla, sugirió que su hijo, Don Graham, recibiera un poder que le otorgara derecho a voto en Berkshire. Esta sugerencia tuvo el efecto deseado: Katharine Graham respondió invitando a Buffett al consejo de administración, y poco después lo eligió como presidente del comité de finanzas.

El papel de Buffett en el *Washington Post* es bien conocido. Ayudó a Katharine Graham a mantenerse firme durante las huelgas de tipógrafos de los años setenta y, sobre todo, inició a Don Graham en la gestión empresarial y en la comprensión del papel de la dirección y sus responsabilidades ante la propiedad. Don, por su parte, era un estudiante modelo, deseoso de aprender y atento a todo lo que Buffett le señalaba. Años después, Don Graham escribió públicamente que prometía "seguir gestionando la empresa en nombre de los accionistas, especialmente de los accionistas a largo plazo, cuya previsión va mucho más allá de los resultados trimestrales o incluso anuales. No mediremos nuestros éxitos por el volumen de negocio o el número de empresas que controlamos". Graham también se comprometió a "gestionar los costes de forma rigurosa" y a "gestionar la tesorería con disciplina"[2].

Criterio: sencillo y comprensible

El abuelo de Buffett había sido propietario y editor del *Cuming County Democrat*, un semanario de West Point, Nebraska. Su abuela ayudaba en el periódico y componía los caracteres en la imprenta familiar. Su padre, a la vez que estudiaba en la Universidad de Nebraska, dirigía el *Daily Nebraskan*, mientras que el propio Buffett había sido director de distribución del Lincoln Journal. Se ha dicho a menudo que, si no se hubiera dedicado a las inversiones, casi seguro que se habría dedicado al periodismo.

En 1969, Buffett compró el *Omaha Sun,* su primer periódico de gran importancia, junto con un grupo de periódicos semanales. Aunque respetaba las mejores tradiciones del periodismo, veía la edición como una forma de negocio, y lo que esperaba que sus accionistas obtuvieran de ella eran beneficios, no poder político. Ser propietario del *Omaha Sun* le permitió aprender la dinámica empresarial de un periódico, cuatro años de valiosa experiencia sobre el terreno antes de comprar su primera participación en el *Washington Post*.

Criterio: una historia operativa coherente

Buffett informó a los accionistas de Berkshire de que su primer contacto financiero con la Washington Post Company fue a los trece años, cuando repartía el *Washington Post* y el *Times-Herald* en la misma ruta. A Buffett le gustaba decir que con su doble entrega había fusionado los dos periódicos mucho antes de que Phil Graham comprara el *Times-Herald*.

Obviamente, Buffett era consciente de la rica historia del periódico, y veía a *Newsweek* como una inversión "predecible", segura y prudente. La Washington Post Company llevaba años presentando resultados estelares en su división televisiva, y Buffett no tardó en darse cuenta del valor de las redes de radiodifusión del grupo. La experiencia y su propia historia personal de éxitos le convencieron de que la empresa ofrecería resultados constantes y fiables.

CRITERIO: PROYECCIONES FAVORABLES A LARGO PLAZO

"La dinámica económica de un periódico líder", escribió Buffett en 1984, "es excelente, entre las mejores del mundo"[3]. Por supuesto, esta afirmación se remonta a casi treinta años atrás, más de diez años antes de que se hiciera realidad el verdadero potencial de Internet.

A principios de la década de los ochenta, había unos 1.700 periódicos en EE. UU., y unos 1.600 de ellos operaban esencialmente sin competencia. A los propietarios de periódicos, observaba Buffett, les gusta creer que sus increíbles ganancias son el resultado de la gran calidad de sus periódicos. En realidad, incluso un periódico de tercera categoría puede producir atractivos beneficios si es el único de la ciudad. Es evidente que un periódico de calidad obtendrá una gran difusión, pero incluso uno mediocre sigue siendo indispensable para la comunidad como boletín local. Cualquier empresa local, cualquier agencia inmobiliaria y cualquier individuo que quiera comunicar algo a la comunidad, necesita una herramienta adecuada. Al igual que el magnate canadiense de los medios de comunicación Lord Thomson, Buffett estaba convencido de que ser propietario de un periódico significaba que podía obtener una comisión de cualquier negocio local que quisiera promocionarse.

Además, los periódicos tienen un considerable "*economic goodwill*", o valor de fondo de comercio. Como subraya Buffett, los periódicos no necesitan mucho capital y convierten rápidamente las ventas en beneficios. Aunque un periódico adquiera una costosa rotativa informatizada y sistemas integrados de acceso a las agencias de noticias, este equipamiento se amortiza rápidamente gracias a la reducción de los costes fijos de mano de obra. Durante los años setenta y ochenta, los periódicos pudieron subir los precios sin demasiados problemas, produciendo así unos beneficios superiores a la media sobre la inversión, reduciendo los efectos perjudiciales de la inflación.

CRITERIO: ¿CUÁL ES EL VALOR DE LA EMPRESA?

En 1973, el valor total de mercado del Washington Post era de 80 millones de dólares. Sin embargo, Buffett afirmaba que "la mayoría de los analistas, expertos y ejecutivos de la comunicación estiman que el valor intrínseco de la Washington Post Company se sitúa entre los 400 y 500 millones de dólares"[4]. ¿Cómo había llegado a esta estimación? Vamos a dar un paseo por los números utilizando los criterios de Buffett. Empezaremos calculando el *owner earning* del año en curso: los ingresos netos (13,3 millones de dólares) más la depreciación y amortización (3,7 millones de dólares) menos el CAPEX (6,6 millones de dólares); obtenemos 10,4 millones de dólares de ganancias de los propietarios para 1973.

Si las dividimos por la tasa de rendimiento a largo plazo de los bonos federales del gobierno estadounidense (6,81 %), obtenemos un valor de 150 millones de dólares para la Washington Post Company, casi el doble del valor de mercado, pero todavía muy por debajo de las estimaciones de Buffett.

La cuestión, explica Buffett, es que con el tiempo el Capex de un periódico aspira a igualar los costes de depreciación y amortización, por lo que el beneficio neto tenderá a aproximarse a las ganancias del propietario con una buena aproximación al *owner earning*. Teniendo esto en cuenta, podemos simplemente dividir el beneficio neto por la tasa "carente de riesgo", y llegar a una valoración de 196 millones.

Si nos detenemos aquí, se supone que el aumento del *owner earning* será aproximadamente igual al aumento de la inflación; pero sabemos que precisamente porque la mayoría de los periódicos operan en su propio territorio, bajo un virtual monopolio, y por lo tanto poseen un considerable poder de *pricing power*, tienen la capacidad de aumentar los precios de venta al público más rápidamente que la inflación. Si se plantea otro supuesto —por ejemplo, que el *Washington Post* pudiera subir su precio real un 3 %— el valor de la empresa se acercaría a los 350 millones de dólares. Pero Buffett también sabía que los beneficios antes de impuestos del 10 % estaban por debajo de la media histórica del 15 %, y también sabía que Katharine Graham estaba absolutamente decidida a volver a ese tipo de rentabilidad. Si los beneficios antes de impuestos volvían a ser del 15 %, el valor actual de la empresa habría aumentado en 135 millones, elevando el valor intrínseco a 485 millones.

Criterio: comprar con un margen significativo respecto al valor

Incluso la estimación más conservadora del valor de la empresa muestra que Buffett compró la Washington Post Company por al menos la mitad de su valor intrínseco, mientras que él afirma haber pagado menos de una cuarta parte. En cualquier caso, está claro que lo pagó con un importante descuento, cumpliendo el precepto de Ben Graham de que una compra barata produce un margen de seguridad.

Criterio: rendimiento del capital

Al comprar su participación en el *Washington Post*, Buffett obtuvo un rendimiento del capital del 15,7 %, que era la media de la mayoría de los periódicos y solo ligeramente superior al índice de Standard & Poor's de los 500 valores de mayor capitalización. Sin embargo, en cinco años el beneficio del Post se duplicó, superando la media diaria en un 50%. Durante los diez años siguientes, el Post mantuvo su ventaja, hasta alcanzar el 36 % en 1988.

Estos beneficios superiores a la media parecen aún más notables cuando observamos que, con el tiempo, la empresa ha reducido deliberadamente su deuda. En 1973, la relación entre la deuda a largo plazo y los fondos propios era del 37 %, la segunda más alta entre los periódicos. Sorprendentemente, en 1978 Katharine Graham lo había reducido en un 70 % y en 1983 era del 2,7 % (una décima parte de la media de los periódicos); sin embargo, el *Post* seguía obteniendo un 10 % más de beneficios que esas otras empresas.

En 1986, tras una inversión en sistemas de telefonía celular consistente en la compra de 53 redes de cable a Capital Cities, la deuda era inusualmente alta, de unos 336 millones. En un año, se redujo a 155 millones; en 1992, la deuda a largo plazo era de 51 millones y la relación con el valor de los fondos propios era del 5,5 %, frente a una media del sector del 42,7 %.

Criterio: márgenes de beneficio

Seis meses después de la cotización en bolsa de la Washington Post Company, Katharine Graham tuvo una reunión con algunos analistas de Wall Street. Les dejó claro que su prioridad era maximizar la rentabilidad de las actividades existentes del grupo. Los beneficios de las cadenas de televisión y de *Newsweek* seguían creciendo, pero la rentabilidad del periódico se estaba estabilizando. Según la señora Graham, la razón principal eran los elevados costes de producción, es decir, los salarios. Tras la compra del *Times-Herald* por parte del *Post*, los beneficios se habían disparado. Con cada nueva oleada de huelgas (1949, 1958, 1966, 1968, 1969), la dirección había optado por aceptar las reivindicaciones de los sindicatos, para no arriesgarse a bloquear el periódico. En aquella época, Washington era todavía una ciudad con tres periódicos. A lo largo de los años cincuenta y sesenta, los beneficios se vieron limitados por los crecientes costes de personal, un problema —así lo comunicó la señora Graham a los analistas— que estaba a punto de solucionarse.

A medida que se acercaba el momento de la renovación contractual —estábamos en los años setenta—, la señora Graham encargó las negociaciones a unos asesores laborales, que adoptaron una postura muy dura con los sindicatos. En 1974, el periódico se impuso a una huelga del Newspaper Guild y, tras largas negociaciones, los impresores acordaron un nuevo contrato. La línea de firmeza llegó a su punto álgido en 1975, cuando los impresores se cruzaron de brazos en una serie de manifestaciones duras y violentas, que llevaron a la pérdida de solidaridad con la profesión debido a actos de vandalismo en la sala de prensa antes de que comenzara la huelga. La dirección mantuvo las rotativas en funcionamiento y varios representantes del Newspaper Guild y del sindicato de impresores rompieron la barrera de los piquetes. Después de cuatro meses, Katharine Graham anunció que el periódico contrataría a impresores no sindicalizados. Fue la victoria del periódico.

A principios de los años setenta, la prensa financiera escribió que "lo mejor que podía decirse de los resultados de la Washington Post Company era reconocerles una alentadora 'C' en rentabilidad"[5]. En 1973, los beneficios antes de impuestos se situaban en el 10,8, muy por debajo del histórico 15 % de los años sesenta. Tras la renegociación del contrato con los sindicatos, la situación mejoró: en 1988 alcanzó un máximo de 31,8 frente a una media del grupo de 16,9 y el índice S&P de 8,6.

Criterio: racionalidad

Así, pues el *Washington Post* generaba una extraordinaria liquidez para la propiedad. Al superar la necesidad de reinversión en sus operaciones, la dirección tenía dos opciones ante sí: distribuir el excedente entre los accionistas y/o invertirlo en nuevas empresas. La preferencia de Buffett siempre ha sido recompensar a los accionistas. Durante la presidencia de Katharine Graham, el Washington Post Company fue el primer periódico en recomprar sus propias acciones en grandes cantidades: entre 1975 y 1991, el grupo recompró un asombroso 43 % de las acciones a un precio medio de 60 dólares cada una.

Por supuesto, también fue posible distribuir dinero a los accionistas aumentando el dividendo. En 1990, la Washington Post Company, constatando su enorme liquidez, ratificó un aumento del 117 % del dividendo anual, que pasó de 1,84 a 4,00 dólares por acción.

A principios de la década de los noventa, Buffett llegó a la conclusión de que los periódicos seguirían siendo una línea de negocio rentable por encima de la media en comparación con el resto de las industrias estadounidenses, pero que estaban destinados a ser mucho menos rentables de lo que él u otros analistas habían podido predecir en años anteriores, principalmente porque los periódicos habían perdido su flexibilidad histórica a la hora de fijar los precios de las portadas. En el pasado, cuando la economía se ralentizaba y los anunciantes reducían la inversión publicitaria, los periódicos podían mantener sus márgenes aumentando las tarifas. Hoy, sin embargo, los periódicos ya no operan en situación de monopolio, y los anunciantes han encontrado formas más baratas de llegar a sus clientes: la televisión por cable, el correo directo y, sobre todo, el creciente uso de Internet, que han desviado gran parte de la inversión publicitaria de los periódicos.

En 1991, Buffett se convenció de que este cambio era trascendental, a largo plazo y no simplemente cíclico. "La cuestión", afirmaba, "es que los periódicos, la televisión y las revistas han empezado a mostrar una dinámica económica más propia de las empresas reales que de las franquicias"[6]. Las transformaciones cíclicas, a diferencia de las históricas, pueden perjudicar los beneficios a corto plazo, pero no reducen el valor intrínseco de una empresa. Sin embargo, el descenso del valor del Post fue modesto en comparación con el sufrido por otras empresas del sector de los medios de comunicación, según Buffett. Esto se debe a dos razones. En primer lugar, los 50 millones de dólares de deuda a largo plazo del Post estaban más que compensados por sus 400 millones de dólares de disponibilidad en efectivo: el *Washington Post* era el único periódico que cotizaba en bolsa que no tenía prácticamente ninguna deuda. "Como resultado", concluyó Buffett, "el descenso del valor de sus activos no se vio amplificado por la deuda"[7].

Criterio: la regla del dólar

El objetivo de Buffett es siempre seleccionar empresas en las que cada dólar de beneficios retenidos se traduzca en al menos un dólar de valor de mercado. Este tipo de prueba le permite identificar rápidamente las empresas cuyos gestores han conseguido, a lo largo del tiempo, optimizar las inversiones realizadas con el capital de la empresa. Si los beneficios se reinvierten en la empresa y producen beneficios por encima de la media del mercado, la señal será un aumento proporcionalmente mayor del valor de mercado.

De 1973 a 1992, la Washington Post Company generó 1.755.000 millones de beneficios para sus accionistas. De ellos, 299 millones se distribuyeron, mientras que 1.456.000 millones se reinvirtieron en la empresa. En 1973, el valor total del mercado era de 80 millones; en 1992 había alcanzado los 2.630.000 millones. Durante estos veinte años, cada dólar retenido por la empresa ha creado, por tanto, 1,81 dólares de valor de mercado para los accionistas.

Pero hay otra forma de evaluar el éxito del grupo bajo la dirección de Katharine Graham. En su notable libro *The Outsiders: Eight Unconventional CEOs and Their Radically Rational Blueprint for Success*, William Thorndike nos permite apreciar plenamente el rendimiento real de la empresa y sus ejecutivos: "Desde la colocación inicial de la empresa en 1971 hasta la dimisión [de Katharine Graham] como presidenta en 1993, el rendimiento anual compuesto para los accionistas fue un asombroso 22,3 %, eclipsando tanto el 7,4 % del índice S&P como el 12,4 de la media del sector. Un dólar invertido en la OPV (Oferta Pública de Venta) valía 89 dólares en 1993, frente a los 5 dólares del S&P y los 14 de otros editores. En otras palabras, el rendimiento de la gestión de Katharine Graham fue 18 veces superior al del S&P, y seis veces superior a la media del sector. Sencillamente, fue, con diferencia, la mejor administradora de periódicos del país durante sus veintidós años en el negocio"[8].

GEICO Corporation

La Government Employees Insurance Company (GEICO) fue fundada en 1936 por Leo Goodwin, un contable del sector de los seguros[9]. Lo que tenía en mente era una empresa que asegurara solo a los conductores de "bajo riesgo" y vendiera la póliza por correo. Había descubierto que los empleados públicos tenían menos accidentes que la media, y también sabía que, vendiendo directamente al automovilista, la compañía se ahorraría el coste de los agentes, que solía oscilar entre el 10 y el 25 % de la prima. Goodwin pensó que la fórmula del éxito consistiría en identificar con precisión a los conductores que debían ser asegurados, con los que luego compartiría el ahorro obtenido con la venta directa.

Goodwin invitó al banquero Cleaves Rhea a Fort Worth, Texas, y le propuso que se asociara con él en la empresa. Goodwin invirtió 25.000 dólares por el 25 % de la sociedad y Rhea 75.000 dólares por el 75 %. En 1948, la compañía se trasladó de Texas a Washington, D.C. Ese mismo año, la familia Rhea decidió vender su participación y contratar a Lorimer Davidson, un vendedor de obligaciones de Boston, como director de ventas. Davidson, a su vez, se puso en contacto con David Kreeger, un abogado de Washington, para que le ayudara a encontrar compradores; este último se puso en contacto con la Graham-Newman Corporation. Ben Graham decidió comprar la mitad de las acciones de Rhea por 720.000 dólares, y los socios de Kreeger y Davidson compraron la otra mitad. Dado que la Graham-Newman era un fondo de inversión, la SEC le obligó a limitar su participación al 10 %, Graham distribuyó el exceso de acciones de GEICO entre los socios del fondo. Años después, cuando GEICO se había convertido definitivamente en un conglomerado de mil millones de dólares, las acciones personales de Graham valían millones.

Lorimer Davidson se incorporó a la dirección de GEICO por invitación de Goodwin y en 1958 se convirtió en su presidente, y dirigió la empresa hasta 1970. Durante estos años, el consejo de administración amplió el campo de actividad de GEICO, que llegó a incluir a profesionales, gerentes, personal técnico y administrativo. Estos nuevos grupos de automovilistas se revelaron tan fiables y prudentes como los funcionarios, lo que decretó el éxito de la nueva estrategia e impulsó un crecimiento exponencial de los beneficios derivados de las primas contratadas.

Fueron los años dorados de la empresa: entre 1960 y 1970 los inspectores de seguros se vieron prácticamente seducidos por el éxito de GEICO; los accionistas observaron cómo se disparaba el valor de sus acciones y la relación prima/exceso superaba el 5:1. Este último ratio mide el riesgo que asume la compañía (prima suscrita) frente al "superávit", o excedente, de los asegurados (el capital utilizado para pagar los siniestros). Esto impresionó tanto a los inspectores que se permitió a GEICO superar el índice medio del sector.

A finales de los años sesenta, el esplendor de GEICO empezó a desvanecerse y en 1969 la empresa declaró que había rebajado sus reservas de ese año en 10 millones de dólares: en lugar de reportar un beneficio de 2,5 millones de dólares, registró por lo tanto pérdidas. El ajuste presupuestario se hizo al año siguiente, pero una vez más se subestimaron las reservas necesarias, esta vez en 25 millones de dólares, lo que provocó unas desastrosas pérdidas en 1970.

Los beneficios procedentes de los pagos de los asegurados también se denominan "contribuciones brutas adquiridas" y, obviamente, es con cargo a los pagos de las primas como proporciona la compañía la cobertura de riesgos para el año en curso. Los costes de explotación incluyen por lo tanto los pagos por siniestros asegurados a los que la compañía tiene que hacer frente ante las reclamaciones de los asegurados y los costes administrativos de la liquidación del siniestro. En conjunto, estos costes deben reflejar no solo los pagos efectuados durante el año, sino también una estimación de los pagos de siniestros pendientes y pendientes de pago. Estas estimaciones se dividen a su vez en dos categorías: los costes y gastos de los litigios que la empresa espera tener que pagar, y las cantidades reservadas para cubrir las reservas infravaloradas en años anteriores. Debido a los plazos legales de las posibles demandas, muchas reclamaciones quedan en suspenso durante años, especialmente cuando implican cantidades relevantes en gastos médicos y legales. El problema de GEICO no era solo que había vendido pólizas que habían dado lugar a pérdidas, sino también que las estimaciones de reservas anteriores eran inadecuadas.

En 1970 Davidson se retiró y fue sustituido por David Kreeger. Norman Gidden, que ya había sido presidente y director general, asumió la dirección de la empresa. El análisis de lo que ocurrió parece sugerir que GEICO intentó salir del problema de las reservas que había surgido entre 1969 y 1970. Entre 1970 y 1974, el número de nuevas pólizas de automóviles aumentó a un ritmo anual del 11 %, frente al 7 % entre 1965 y 1970. Además, en 1972 la empresa se embarcó en un costoso y ambicioso programa de descentralización que requirió fuertes inversiones en edificios, equipos informáticos y personal.

En 1973, ante la feroz competencia, la compañía relajó sus normas de asegurabilidad con el objetivo de aumentar su cuota de mercado. Ahora GEICO también aceptaba asegurar a los obreros y a los automovilistas menores de 21 años, dos grupos cuyo historial de seguros presentaba luces y sombras. Estos dos cambios estratégicos se realizaron al mismo tiempo que se relajaban los controles de precios de las pólizas en 1973. Al poco tiempo, los gastos médicos y de reparación de los vehículos se dispararon.

Las pérdidas comenzaron a ser visibles en el cuarto trimestre de 1974. Ese año, GEICO registró pérdidas de 6 millones, las primeras en 28 años. Sorprendentemente, la relación prima/premio de ese año fue de 5:1. La empresa continuó con su plan de crecimiento y en el segundo trimestre de 1975 las pérdidas aumentaron y se anunció la cancelación del dividendo de 0,80 dólares por acción.

Gidden pidió a la empresa de consultoría financiera Milliman & Robertson que estudiara la situación y desarrollase una estrategia de salida. Los resultados del estudio no fueron alentadores: según los consultores, las reservas de la empresa estaban infravaloradas entre 35 y 70 millones, y sería necesaria una ampliación de capital para seguir con la actividad ordinaria. El consejo de administración aceptó estas indicaciones y las comunicó a los accionistas. Además, el consejo de administración anunció una previsión para 1975 de la sorprendente cifra de 140 millones (que luego resultaron ser 126 millones) de pérdidas técnicas, es decir, derivadas de pagos de primas. Tanto los accionistas como los auditores se quedaron atónitos.

En 1972, el precio de las acciones de GEICO había alcanzado un máximo de 61 dólares. En 1973 se había reducido a la mitad, y en

1974 se desplomó aún más, hasta los 10 dólares. En 1975, cuando se anunciaron las pérdidas, una ulterior caída redujo el precio de los títulos aún más, hasta los 7 dólares. Varios accionistas acusaron a la empresa de fraude y emprendieron acciones judiciales colectivas por daños y perjuicios. Los ejecutivos de GEICO achacaron los problemas de la empresa a la inflación y a los enormes costes legales y médicos. Pero esos eran problemas comunes a todas las compañías de seguros: el verdadero problema de GEICO era que había abandonado su política tradicional de asegurar solo a los conductores prudentes. Además, había una ostentosa falta de control de los gastos de la empresa: a medida que el grupo ampliaba las categorías que aceptaba asegurar, las proyecciones anteriores de los costes relativos no se actualizaban y resultaban muy insuficientes para cubrir los costes de los siniestros cada vez más frecuentes. En otras palabras, no solo se habían subestimado gravemente las pérdidas, sino que al mismo tiempo también habían aumentado los gastos fijos.

En el informe anual de marzo de 1976, Gidden confesó que probablemente a cargo de otro presidente la gestión de la empresa mejoraría, y comunicó que el consejo había nombrado un comité para identificar y contratar a nuevos directivos. El valor de las acciones de GEICO siguió cayendo, hasta los 5 dólares, sin dar señales de detenerse[10].

Poco después se produjo el anuncio de la llegada de un nuevo presidente: John J. Byrne, un director de *marketing* de Travelers Corporation de 43 años. Inmediatamente después del nombramiento de Byrne, la empresa comunicó una oferta de acciones preferentes de 76 millones de dólares con el fin de frenar las pérdidas de capital. Para entonces, sin embargo, los accionistas habían perdido toda esperanza y las acciones seguían cayendo, llegando a rozar los 2 dólares por acción. Durante este periodo, Warren Buffett siguió comprando discreta y obstinadamente acciones ordinarias, y cuando la empresa estaba ya al borde de la quiebra, invirtió 4,1 millones por 1.294.308 acciones a un precio medio de 3,18 dólares.

CRITERIO: SENCILLO Y COMPRENSIBLE

Cuando Buffett estudiaba en la Columbia University en 1950, su profesor Ben Graham era director de GEICO. Intrigado, Buffett fue a Washington un fin de semana para visitar la empresa. Era un sábado y, tras llamar a la puerta, un portero le hizo pasar y le acompañó a ver a Lorimer Davidson, el único ejecutivo que estaba en la oficina ese día. Buffett le acribilló a preguntas y Davidson pasó las siguientes cinco horas informando al joven visitante sobre la excelencia de GEICO. El propio Philip Fisher debió de quedar impresionado.

Más tarde, de vuelta en Omaha y en la empresa de correduría de su padre, Warren recomendó encarecidamente a sus clientes que compraran acciones de GEICO. Él mismo invirtió 10.000 dólares, lo que en aquel momento suponía unos dos tercios de su patrimonio. Muchos inversores se resistieron, e incluso los agentes de seguros de Omaha se quejaron a Howard Buffett de que su hijo hiciera publicidad de una compañía de seguros "sin agentes". Frustrado, Warren vendió sus acciones de GEICO al año siguiente con un margen del 50 % y no volvió a comprar otra acción de la empresa hasta 1976. Impertérrito, siguió recomendando a sus clientes acciones de seguros: compró Kansas City Life al triple de sus activos; Berkshire Hathaway ya tenía en su cartera la Massachusetts Indemnity & Life Insurance; y en 1967 compró una participación mayoritaria en la National Indemnity. Durante los diez años siguientes, el director general Jack Ringwalt introdujo a Buffett en la dinámica y las sutilezas del sector de los seguros, una experiencia que le ayudó más que cualquier otra cosa a comprender cómo este tipo de empresas obtienen beneficios. También le dio la confianza necesaria para comprar GEICO, a pesar de la inestable situación financiera de la empresa.

Además de la inversión de 4,1 millones de Berkshire en GEICO, Buffett también invirtió 19,4 millones en acciones preferentes convertibles, aportando así capital adicional a la empresa. Dos años después, Berkshire convirtió estas acciones preferentes en acciones ordinarias, y en 1980 Buffett invirtió otros 19 millones en

Berkshire. Entre 1976 y 1980, Berkshire invirtió un total de 47 millones de dólares, comprando 7,2 millones de acciones de GEICO a un precio medio de 6,67 dólares por acción. En 1980, la inversión se había revalorizado un 123 %, valía 105 millones y constituía el mayor paquete patrimonial de Buffett.

Criterio: una historia operativa coherente

En ese momento, podría parecer que Buffett había transgredido el criterio de "coherencia operativa". Evidentemente, las actividades de GEICO entre 1975 y 1976 habían sido de todo menos coherentes: cuando alcanzó la presidencia de la compañía, la tarea de Byrne consistió en invertir el rumbo y, como le gustaba decir a Buffett, los cambios de ruta rara vez revierten los resultados. Entonces, ¿cómo puede justificarse la compra de GEICO por parte de Berkshire?

Para empezar, su "cambio de rumbo" también se presenta como una especie de excepción. Byrne consiguió reposicionar la empresa, haciéndola de nuevo competitiva en el sector de los seguros. Lo importante, sin embargo, según recordaba Buffett, era que la GEICO no estaba en absoluto en fase terminal. El valor añadido de la venta de pólizas de bajo coste sin agentes se mantuvo intacto. Además, todavía había muchos automovilistas prudentes interesados en asegurarse a un coste que pudiera garantizar beneficios de la compañía: en cuanto a los precios, GEICO siempre tendría ventaja sobre la competencia. Durante décadas, GEICO había generado importantes beneficios para sus accionistas centrándose en sus puntos fuertes específicos, que, según recordaba Buffett, seguían estando ahí. Los problemas de GEICO en los años setenta no tenían nada que ver con el producto que vendía; al contrario, fueron sus problemas operativos y financieros los que la desviaron momentáneamente de su rumbo. Incluso sin capital en efectivo, GEICO seguía valiendo mucho dinero porque su producto principal permanecía intacto.

Criterio: proyecciones favorables a largo plazo

Si bien los seguros de automóviles también son esencialmente un activo indiferenciado, Buffett sostiene que este tipo de negocio también puede producir beneficios si presenta ventajas específicas en el frente de los costes que sean al mismo tiempo sostenibles y lo suficientemente grandes. Esta descripción es totalmente aplicable a GEICO. Además, sabemos que la gestión es una variable crucial en estas actividades. Y desde la compra de Berkshire, la dirección de GEICO ha demostrado que posee lo que se llama una ventaja competitiva.

Criterio: transparencia

Cuando John (Jack) Byrne tomó el control de GEICO en 1976, convenció tanto a los inspectores como a los rivales de que la quiebra de la empresa sería un problema para todo el sector. Su plan de rescate incluía una ampliación de capital, la estipulación de un acuerdo de seguros con otras empresas para reasegurar parte de los activos de GEICO y un fuerte recorte de costes. Byrne la llamó "Operación relanzamiento", y consistía en un auténtico plan de batalla para que la empresa volviera a ser rentable.

En el primer año, Byrne cerró 100 oficinas, redujo su plantilla de 7.000 a 4.000 empleados y renunció a las licencias GEICO para operar en Nueva Jersey y Massachusetts. A los inspectores de Nueva Jersey, Byrne les dijo que no renovaría las 250.000 pólizas que le costaban a la empresa 30 millones de dólares al año. A continuación, se deshizo de los sistemas informáticos que permitían a los asegurados renovar las pólizas sin proporcionar información actualizada. Cuando Byrne pudo obtener dicha información, descubrió que la compañía estaba renovando las pólizas a un coste un 9 % inferior al que debían tener: GEICO subió sus precios y 400.000 asegurados decidieron no renovar. En su conjunto, las medidas de Byrne redujeron el número de asegurados de 2,7 a 1,5 millones, y la empresa pasó de ser la decimoctava aseguradora del país a convertirse en la trigésimo primera en un año. A pesar de este redimensionamiento, después de perder 126 millones en 1976, GEICO obtuvo un asombroso beneficio de 58,6 millones sobre 463 millones de ingresos en 1977, el primer año enteramente bajo la dirección de Byrne.

Es evidente que la espectacular recuperación de GEICO fue obra suya, y su decidida política de contención del gasto alimentó la recuperación de GEICO durante los años siguientes. Byrne comunicó a los accionistas que la empresa volvería a su misión original de ofrecer pólizas de bajo coste, mientras que sus informes documentaban con precisión la constante reducción de costes: en 1981, cuando GEICO era la séptima compañía de seguros del país, Byrne no tenía su propia secretaria personal, sino que compartía una con otros dos ejecutivos. Uno de sus motivos de orgullo era que durante cincuenta años la empresa había sido capaz de gestionar 378 pólizas por cada empleado. Durante los años de reestructuración, Byrne siempre supo ser un gran motivador. Según Buffett, "Byrne es como el criador de pollos que lanza un huevo de avestruz al gallinero y dice a las gallinas: 'Señoras, esto es lo que hace la competencia'"[11].

A lo largo de los años, Byrne siempre ha informado fielmente de los progresos de GEICO, y se ha mostrado igual de transparente con los accionistas incluso cuando había malas noticias. En 1985, la empresa sufrió grandes pérdidas. En su informe del primer trimestre a los accionistas, Byrne "comparó los problemas de la empresa con un piloto que dijera a los pasajeros 'la mala noticia es que estamos perdidos, la buena es que vamos en perfecto horario"[12]. La compañía se recuperó rápidamente y al año siguiente volvió a obtener beneficios de la suscripción de pólizas. Y lo que resultó, igualmente importante, adquirió una merecida reputación de ser transparente con sus accionistas.

CRITERIO: RACIONALIDAD

En su papel de gestor de GEICO, Jack Byrne hizo gala constantemente de un comportamiento lúcido y racional. Inmediatamente después de su nombramiento, reorganizó la empresa para que creciera de forma controlada, con el siguiente razonamiento: es mejor optar por un crecimiento lento, que permita vigilar cuidadosamente las pérdidas y los costes, que crecer, por ejemplo, al doble de velocidad si ello supone perder el control financiero. Este «crecimiento controlado» también siguió produciendo beneficios para GEICO, que se reinvirtieron de forma racional.

A partir de 1983, las inversiones rentables empezaron a escasear y la empresa comenzó a devolver beneficios a los accionistas: entre 1983 y 1992, GEICO recompró 30 millones de acciones (después de la división), reduciendo el capital flotante de títulos ordinarios en un 30 % y aumentando al mismo tiempo los dividendos pagados a los accionistas.

En 1980, los dividendos eran de 0,09 dólares por acción equivalente después del desdoblamiento, y en 1992 habían subido a 0,60 dólares, un incremento anual del 21 %.

Criterio: rendimiento del capital

En 1980, el rendimiento del capital de GEICO era del 30,8 %, casi el doble de la media del sector de los seguros. A finales de la década, este porcentaje comenzó a descender, no por el estancamiento de los negocios, sino porque el capital crecía más rápido que los beneficios. De ahí, en parte, la motivación para aumentar los dividendos y la recompra de acciones en el mercado, con el fin de reducir el capital y mantener un beneficio relativo aceptable.

Criterio: márgenes de beneficio

Existen distintas formas mediante las que los inversores pueden comparar la rentabilidad de las compañías de seguros. Los beneficios antes de impuestos son uno de los mejores indicadores. Entre 1983 y 1992, los beneficios antes de impuestos de GEICO fueron los más constantes, con la menor desviación estándar respecto a cualquier otra empresa del sector.

Según entendemos hoy a la perfección, GEICO prestó mucha atención a todos los costes y controló de cerca las reclamaciones y los gastos correspondientes las reclamaciones y los contenciosos.

Durante este periodo, los costes de la empresa, expresados en porcentaje de las primas suscritas, se mantuvieron por término medio en torno al 15 %, la mitad de la media del sector. En parte, esto se debió a la falta de coste de los agentes, que GEICO no utilizaba

El ratio combinado entre los costes de la compañía y las pérdidas técnicas fue significativamente mejor que la media del sector, que solo superó a GEICO una vez entre 1977 y 1992. Desde entonces, el ratio combinado de la empresa ha alcanzado una media del 97,1 %, más de 10 puntos porcentuales por encima de la media de la empresa. GEICO solo registró pérdidas técnicas en dos ocasiones: en 1985 y en 1992. La segunda se vio amplificada por el inusual número de catástrofes naturales que afectaron al país ese año. Sin el huracán Andrew y otras grandes catástrofes, el ratio combinado de GEICO habría sido del 93,8 %.

Criterio: ¿Cuál es el valor de la empresa?

Cuando Buffett se disponía a comprar GEICO para Berkshire Hathaway, la empresa estaba al borde de la quiebra. Sin embargo, pensó que valía la pena hacer una inversión importante a causa de su franquicia de seguros. Sin embargo, en 1976 la falta de beneficios hacía problemática la determinación matemática del valor en el sentido propuesto por John Burr Williams, según el cual el valor en el tiempo presente es el flujo de caja descontando una tasa adecuada. Aun así, a pesar de las incertidumbres sobre la liquidez futura de GEICO, Buffett confiaba en que la empresa sobreviviría y produciría beneficios. La cuestión en suspenso era cuánto y cuándo.

En 1980, Berkshire poseía un tercio de GEICO por una inversión de 47 millones de dólares. El valor total de mercado de GEICO en ese año era de 296 millones de dólares, e incluso entonces Buffett consideró que existía un importante margen de seguridad. La empresa obtuvo 60 millones de beneficios sobre 705 millones de ingresos y la participación de Berkshire en los beneficios fue de 20 millones. Según Buffett, "adquirir beneficios equivalentes en un negocio con características económicas valiosas y perspectivas positivas similares habría costado al menos 200 millones", o incluso más en el caso de la adquisición de una participación de control[13].

Aun así, en el contexto de la teoría del valor de Williams, la hipótesis de los 200 millones de Buffett es realista: suponiendo que GEICO fuera capaz de mantener la producción de 60 millones de beneficios sin recurrir a capital adicional, el valor actual de la compañía (en el sentido de Williams), descontando el tipo de descuento de los bonos del Tesoro de EE. UU. a largo plazo de la época (12%), sería de 500 millones, casi el doble del valor de mercado de GEICO. Si la empresa hubiera sido capaz de aumentar su potencial de beneficios en un 2 % anual, o un 15 % antes de la inflación, el valor actual habría aumentado a 600 millones, y la cuota de Berkshire habría sido de 200 millones. En otras palabras, el valor de mercado de las acciones de GEICO en 1980 era menos de la mitad de su valor descontado.

Criterio: la regla del dólar

Entre 1980 y 1992, el valor de mercado de GEICO pasó de 296 a 4.600 millones: un aumento absoluto de 4.300 millones. Durante estos trece años, los beneficios ascendieron a 1.700 millones y los titulares de acciones ordinarias recibieron dividendos por valor de 280 millones, mientras que 1.400 millones fueron reinvertidos. Esto significa que, por cada dólar reservado, GEICO creó 3,12 dólares de valor de mercado para sus accionistas. Estos resultados financieros demuestran no solo el rendimiento superior de la gestión de la empresa, sino también su capacidad para reinvertir el dinero de los accionistas a un ritmo óptimo.

Otra prueba de la superioridad financiera de GEICO es la siguiente: por cada dólar invertido en la compañía en 1980, se obtuvieron 27,89 dólares en 1992, sin contar los dividendos. Se trata de una asombrosa rentabilidad anual compuesta del 29,3 %, muy superior a la media del sector y al índice S&P, que rondaron el 8,9 % en el mismo periodo.

Capital Cities/ABC

Cap Cities comenzó a operar en el sector de los medios de comunicación. En 1954, el famoso periodista Lowell Thomas, su agente Frank Smith y un grupo de distintos socios compraron la Hudson Valley Broadcasting Company, que en aquella época incluía una emisora de televisión y radio en Albany, en el estado de Nueva York. Por aquel entonces, Thomas Murphy era director de calidad en Lever Brothers, y Frank Smith, que jugaba al golf con el padre de Murphy, lo contrató para dirigir la cadena de televisión. En 1957, la Hudson Valley adquirió una emisora de televisión en Raleigh-Durham, Carolina del Norte, y el nombre del grupo pasó a ser Capital Cities Broadcasting, en referencia al hecho de que tanto Albany como Raleigh eran las capitales de sus respectivos estados.

En 1960, Murphy puso a Dan Burke al frente de la gestión del canal televisivo de Albany. Burke era hermano de Jim Burke, compañero de Murphy en Harvard, que más tarde se convertiría en presidente de Johnson & Johnson. Dan Burke era precisamente originario de Albany y quedó al frente de la cadena, mientras que Murphy regresó a Nueva York, donde fue nombrado presidente de la Capital Cities en 1964. Así comenzó una de las alianzas empresariales de mayor éxito de la historia económica estadounidense.

Durante las tres décadas siguientes, Murphy y Burke dirigieron Capital Cities y juntos realizaron más de treinta adquisiciones en los sectores de los medios de comunicación y la edición, la más notable de las cuales fue ABC en 1985.

Buffett conoció a Murphy a finales de los años sesenta en Nueva York, en una cena organizada por uno de los compañeros de curso de Murphy. Al parecer, Murphy se quedó tan impresionado con Buffett que lo invitó a formar parte del consejo de Capital Cities[14]. Buffett rechazó la propuesta, pero ambos se hicieron muy amigos y nunca perdieron el contacto a lo largo de los años. Buffett invirtió por primera vez en Capital Cities en 1977; inexplicablemente —aunque con beneficios— vendió su participación al año siguiente.

En diciembre de 1984, Murphy entró en contacto con Leonard Goldenson, presidente de la American Broadcasting Companies, con la idea de fusionar ambas empresas. Al principio tuvo que aceptar un rechazo, pero en enero de 1985 volvió a ponerse en contacto con Goldenson. Desde abril de ese año, la Federal Communications Commission (FCC) había aumentado el número de cadenas de televisión y emisoras de radio que podían ser controladas por una única empresa de siete a doce, por lo que Goldenson aceptó esta vez. En ese momento tenía setenta y nueve años y estaba pensando en un sucesor. Aunque había varios posibles candidatos interesados en la ABC, en su opinión nadie estaba realmente preparado o a la altura. Murphy y Burke tenía la reputación de ser los mejores gestores de la industria de los medios y la comunicación, y al aprobar la fusión con Cap Cities, Goldenson se aseguraba de que la ABC siguiera en manos de una sólida dirección. La American Broadcasting Companies se presentó a las negociaciones con un gran despliegue de costosos banqueros de inversión, mientras que Murphy —que estaba acostumbrado a ocuparse siempre de sus propios negocios— se llevó consigo a su amigo Warren Buffett. Juntos, lograron la primera venta de una cadena de televisión y la mayor fusión de la historia hasta la fecha.

La oferta de Cap Cities a la American Broadcasting Companies era un paquete total de 121 dólares por acción de la ABC (118 dólares en efectivo y una opción de compra de Capital Cities por valor de 3 dólares por acción). Esta cifra duplicaba el precio al que cotizaban las acciones de la ABC el día anterior al anuncio. Para financiar esta oferta de 3.500 millones de dólares, Capital Cities pediría un préstamo de 2.100 millones de dólares a un consorcio de bancos, cedería las emisoras de radio y televisión sobrantes por valor de 900 millones de dólares y, por último, vendería algunas propiedades restringidas que una empresa de televisión no podía mantener, como por ejemplo su infraestructura de red (los cables), que fue vendida a la Washington Post Company. Buffett aportó los últimos 500 millones. Según el acuerdo que estableció, Berkshire Hathaway compraría tres millones de acciones especialmente emitidas por

Cap Cities por 172,50 dólares cada una. Murphy volvió a pedir a su amigo que formara parte del consejo de administración, y esta vez Buffett aceptó.

CRITERIO: SENCILLO Y COMPRENSIBLE

Tras más de diez años en el consejo de administración de la Washington Post Company, Buffett estaba más que capacitado para entender a fondo la dinámica económica de la televisión y la edición de periódicos y revistas. Una familiaridad que aumentó con la compra de la cadena ABC por parte de Berkshire en 1978 y de nuevo en 1984.

CRITERIO: UNA HISTORIA OPERATIVA COHERENTE

Tanto Capital Cities como la American Broadcasting Companies tenían un historial de beneficios operativos de al menos treinta años. La ABC ofrecía un rendimiento de los fondos propios del 17 % y una relación deuda-capital del 21 % entre 1975 y 1984. En los diez años anteriores a la oferta de adquisición de la ABC, Capital Cities había obtenido un 19 % de beneficios y un 20 % de deuda.

CRITERIO: PROYECCIONES FAVORABLES A LARGO PLAZO

Los grupos y las cadenas de radio y televisión se caracterizan por unos resultados económicos felizmente superiores a la media. Al igual que los periódicos, y esencialmente por la misma razón, generan un considerable fondo de comercio, es decir un mayor valor en conjunto. Una vez financiada la infraestructura de radiodifusión, las necesidades de capital de inversión y de explotación son insignificantes, y la partida de «almacenamiento» es esencialmente nula. Las películas y los programas pueden comprarse a crédito y liquidarse posteriormente con los ingresos por publicidad. Por lo tanto, por regla general, los grupos de radiodifusión producen beneficios superiores a la media en relación con el capital empleado y producen un excedente de tesorería en relación con las necesidades de explotación.

Entre los riesgos del negocio se incluyen la regulación gubernamental, las trasformaciones tecnológicas y las variaciones en los ingresos publicitarios. Los gobiernos pueden revocar las concesiones o denegar su renovación, pero hechos como esos son poco frecuentes. En 1985, la televisión por cable era un competidor insignificante de las grandes cadenas y, aunque atraía a parte del público, la gran mayoría de los espectadores seguía prefiriendo la programación tradicional. Además, durante la década de los ochenta, la inversión publicitaria dirigida a los consumidores de alto nivel de gasto creció mucho más rápido que el producto interior bruto del país, y los anunciantes se apoyaron en las grandes cadenas para llegar a las audiencias masivas. En la consideración de Buffett, la rentabilidad de las cadenas, de las empresas radiotelevisivas y editoriales estaba por encima de la media, y en 1985 las perspectivas a largo plazo eran muy positivas.

CRITERIO: ¿CUÁL ES EL VALOR DE LA EMPRESA?

En aquel momento, los 517 millones de dólares de Berkshire en Capital Cities fueron la mayor inversión individual de Buffett, y cómo llegó a determinar exactamente el valor combinado de Capital Cities y la ABC es objeto de especulación: Murphy acordó venderle 3 millones de acciones de Capital Cities/ABC a 172,50 dólares por acción, pero sabemos bien que el precio y el valor suelen representarse con cifras diferentes. Como ya hemos aprendido a estas alturas, la costumbre de Buffett es realizar una compra solo en presencia de un margen de seguridad sustancial entre el valor intrínseco de la empresa y el precio de compra. Pero en el caso de Capital Cities/ABC, por su propia admisión, falló en este principio.

Descontando de la oferta de Buffett de 172,50 por acción el 10 % (aproximadamente el rendimiento de los bonos del Estado de EE. UU. a 30 años en 1985), y multiplicando el resultado por 16 millones de acciones (el capital flotante de Cap Cities era de 13 millones, más los 3 millones emitidos directamente para Buffett), el valor de la empresa en ese momento debería haber sido de 276 millones. Los beneficios netos de Capital Cities en 1984, después de las pérdidas de valor y Capex, fueron de 122 millones, y los de la ABC de 320 millones, lo que supone un valor combinado de 442 millones. Pero la empresa resultante iba a estar gravemente endeudada: los 2.100 millones que Murphy tenía que conseguir iban a suponer un coste de 220 millones al año en intereses, con lo que el beneficio potencial sería de unos 200 millones.

Hubo, sin embargo, otras consideraciones también. La capacidad de Murphy para aumentar el flujo de caja de las empresas que compraba recortando simplemente los gastos era legendaria; los márgenes operativos de Capital Cities eran del 28 %, los de la ABC del 11 %. Si Murphy era capaz de aumentar este último en un tercio, hasta el 15 %, se habrían obtenido 125 millones de dólares más al año. El valor por acción de una empresa de 325 millones de dólares con un capital flotante de 16 millones de acciones descontando un 10 % era de 203 dólares, lo que supone un margen de seguridad del 15 % sobre el precio de compra de 172,50 dólares de Buffett. "No estoy seguro de que Ben me esté aplaudiendo ahí arriba", fue su comentario, refiriéndose a Ben Graham[15].

El margen de seguridad aceptado por Buffett podría incrementarse bajo ciertos supuestos. En sus consideraciones, la opinión corriente en esa época acerca de periódicos, revistas o canales de televisión era que estas propiedades podrían aumentar perpetuamente sus beneficios en un 6 % anual sin necesidad de nuevo capital[16]. La razón, explicaba, es que las necesidades de Capex se reducían al mínimo. Lo cual permitía pensar en los ingresos como *freely distributed earnings* (ganancias de libre distribución). Eso significaba que la propiedad de una empresa de medios de comunicación era titular de una renta vitalicia del 6 % anual, en un futuro previsible y sin necesidad alguna de ulteriores inversiones en capital. Comparemos algo así, sugiere Buffett, con una empresa que solo puede crecer mediante la reinversión continua. Para convertirse en propietario de una empresa de medios de comunicación que produce beneficios de un millón, y de la que se espera una rentabilidad del 6 %, argumenta

Buffett, es razonable estar dispuesto a pagar 25 millones (un millón dividido por la tasa "sin riesgo" del 10 %, menos el 6 % de crecimiento). Cualquier otra empresa que ofrezca el mismo beneficio de un millón, pero que no pueda crecer sin reinversión de capital, valdría simplemente 10 millones (un millón dividido por el 10 %).

Si aplicamos esta lección de finanzas a Cap Cities, vemos que su valor había aumentado de 203 a 507 dólares por acción, produciendo un margen de seguridad del 66 % sobre el precio de 172,50 dólares que Buffett había estado dispuesto a pagar. Como es natural, hay un montón de "si" en estos supuestos. ¿Sería capaz Murphy de vender esa parte de la fusión Capital Cities/ABC por 900 millones de dólares? (Sabemos que en realidad acabó recibiendo 1.200 millones de dólares por ello.) ¿Sería capaz de aumentar los márgenes de explotación de la American Broadcasting Companies? ¿Habría podido contar con un crecimiento continuado de los ingresos publicitarios?

La capacidad de Buffett para asegurarse un margen de seguridad sustancial en Capital Cities se vio obstaculizada por distintos factores. En primer lugar, el precio de las acciones había subido a lo largo de los años. Murphy y Burke habían hecho un excelente trabajo al frente de la empresa y, sencillamente, el precio de las acciones lo reflejaba. Por lo tanto, a diferencia de la GEICO, Buffett no estaba en condiciones de comprar Cap Cities a precios de ganga a causa de un estancamiento temporal de la actividad. Además, el mercado de valores en su conjunto había subido de forma constante, lo que no ayudaba en absoluto. Por otro lado, al tratarse de una *secondary stock offering* (una oferta secundaria de acciones), Buffett se vio obligado a aceptar por hacerse con una participación de Cap Cities un precio cercano al del mercado.

Si había motivos de decepción en cuanto al precio, la rápida apreciación de esas mismas acciones fue motivo de gran satisfacción. El viernes 15 de marzo de 1985, el precio de las acciones de Capital Cities era de 176 dólares. El lunes 18 de marzo por la tarde, la empresa anunció que iba a comprar la American Broadcasting

Companies. Al día siguiente, al cierre del mercado, el precio de las acciones de Capital Cities era de 202,75 dólares, lo que supone un aumento del 15 % en cuatro días. El beneficio de Buffett fue de 90 millones, aunque la operación no se cerró hasta enero de 1986.

El margen de seguridad de Buffett en el caso de Capital Cities resultó por lo tanto considerablemente inferior al de otras adquisiciones. Entonces, ¿por qué decidió seguir adelante de todos modos? La respuesta es Tom Murphy. Si no hubiera sido por él, admitió Buffett, no habría invertido en la empresa: su margen de seguridad era Murphy. Capital Cities/ABC fue un acuerdo excepcional, de esos que fascinan a Buffett, pero también había algo especial en Murphy. "Warren adora a Tom Murphy", declaró en una ocasión John Byrne, "incluso el mero hecho de trabajar con él supone un motivo de interés [para Buffett]"[17].

La filosofía empresarial de Cap Cities era la descentralización. Murphy y Burke contrataron al mejor personal que pudieron y les dieron libertad para hacer su trabajo. Todas las decisiones se tomaban a nivel local, y Burke se dio cuenta rápidamente de ello al principio de su relación con Murphy. Cuando dirigía la cadena de televisión de Albany, Burke enviaba actualizaciones semanales a Murphy, que nunca respondía. Al final, Burke captó la indirecta y Murphy le prometió que "nunca iré a Albany a menos que me invites o tenga que despedirte"[18]. Murphy y Burke elaborarían conjuntamente los presupuestos anuales de sus empresas y analizarían sus resultados operativos trimestralmente. Salvo estas dos excepciones, se esperaba que los directivos se ocuparan de sus respectivas asignaciones como si fueran de su propiedad. "Pedimos mucho a nuestros directivos", escribió Murphy[19].

Otra cosa que se esperaba de los gestores de Capital Cities era el control de los costes. Cuando no lo hacían bien, Murphy no se lo pensaba dos veces para involucrarse. Cuando Capital Cities compró la ABC había una desesperada necesidad de su habilidad para reducir costes. Las cadenas tienden a pensar en términos de audiencia, no de beneficios, y desde esa perspectiva, todo lo que fuera necesario para aumentar la audiencia tenía prioridad sobre las consideraciones de costes. Esta mentalidad terminó abruptamente con la llegada de Murphy: en parte mediante la creación de comités cuidadosamente seleccionados en la ABC, Murphy recortó el personal, los beneficios extrasalariales y el gasto en general. Unas 1.500 personas recibieron generosas indemnizaciones y abandonaron sus puestos de trabajo. La sala de juntas y el ascensor de los ejecutivos se cerraron. También se vendió la limusina del ABC Entertainment de Los Ángeles, que había sido utilizada para transportar a Murphy en su primera gira por las sedes del grupo. En su segundo viaje tomó un taxi.

Esta clase de aguda conciencia de la importancia de los costes de gestión era una especie de filosofía de vida en Capital Cities. La WPVI, la cadena de televisión del grupo en Filadelfia, la número uno de la ciudad, tenía 100 empleados, frente a los 150 de su homóloga CBS. Antes de la llegada de Murphy a ABC, la sociedad empleaba a 60 personas para gestionar sus cinco cadenas. Poco después de su adquisición por parte de Cap Cities, seis personas dirigían ocho redes. La WABC-TV de Nueva York tenía 600 empleados y obtenía un 30 % de beneficios antes de impuestos. Tras la reestructuración de Murphy, la red empleaba a 400 personas con un beneficio antes de impuestos de alrededor del 50 %. Normalmente, una vez resuelta la "crisis de costes", Murphy se apoyaba en Burke para la gestión diaria: su trabajo se centraba en las adquisiciones y en la gestión de los activos de los accionistas.

Criterio: el imperativo institucional

Las dinámicas económicas subyacentes a las empresas de comunicación y las cadenas televisivas aseguraban a Cap Cities un futuro de generosos ingresos. Si a esto le añadimos la excelencia de Murphy en el control de cuentas, los resultados son abrumadores. Desde 1988 hasta 1992, Cap Cities generó 2.300 millones de efectivo no comprometido, y con semejantes recursos a su disposición, pocos directivos habrían resistido la tentación de gastar, hacer adquisiciones y ampliar el ámbito de actuación de la empresa. Murphy tampoco se privó de comprar algunas actividades, y en 1990 gastó 61 millones de dólares en una serie de pequeñas empresas, a pesar de que, en su opinión, el mercado del sector era demasiado caro en ese momento.

Las adquisiciones siempre han sido muy importantes en la planificación del desarrollo de Cap Cities, y Murphy ha sido implacable en su búsqueda de la compra adecuada, manteniéndose, eso sí, obstinadamente fiel a su principio de no pagar nunca nada por encima de su valor. Con su colosal flujo de caja, Cap Cities podría haber engullido fácilmente otras empresas del ámbito de las telecomunicaciones, pero como refería *BusinessWeek*, "a veces Murphy espera años antes de encontrar la empresa adecuada. Nunca cerró un trato solo porque tuviera los recursos para hacerlo[20]". Murphy y Burke eran muy conscientes también de que el sector de los medios de comunicación era cíclico y que una adquisición realizada con una deuda excesiva haría que el riesgo fuera inaceptable para los accionistas. "Murphy nunca ha cerrado un trato que al menos uno de los dos considerara peligroso", dijo Burke[21].

Una empresa que gana más de lo que puede reinvertir de forma rentable en sus actividades puede optar por comprar crecimiento, reducir la deuda o distribuir el dinero entre los accionistas. Como Murphy no estaba dispuesto a pagar precios de mercado por otras empresas, decidió reducir la deuda y recomprar acciones. En 1986, tras la adquisición de la ABC, la deuda total a largo plazo de Cap Cities era de 1.800 millones de dólares y su ratio de deuda sobre fondos propios era del 48,6 %. El efectivo disponible ascendía en ese momento a 16 millones de dólares. En 1992, la deuda se había reducido a 964 millones de dólares y la relación entre la deuda y los fondos propios había bajado al 20 %. Además, la liquidez ha aumentado hasta los 1.200 millones, lo que hizo que la empresa estuviera prácticamente libre de deudas.

El riesgo empresarial de Cap Cities se redujo en gran medida gracias a la tarea de racionalización de los balances de Murphy, y todo lo que hizo a continuación aumentó su valor.

Criterio: la regla del dólar

De 1985 a 1992, el valor de mercado de Cap Cities/ABC pasó de 2.900 millones de dólares a 8.300 millones. Durante este periodo, la empresa no distribuyó 2.700 millones de dólares de beneficios, produciendo así 2,01 dólares de valor de mercado por cada dólar reinvertido. Estos resultados son notables si tenemos en cuenta que en 1990-1991 la empresa se enfrentó tanto a una drástica caída de los beneficios como a un descenso de su valor intrínseco tras algunos cambios trascendentales en la industria de la radiodifusión. A pesar de ello, la inversión de Berkshire en Capital Cities/ABC pasó de 517 millones de dólares a 1.500 millones, con un interés compuesto del 14,5 % anual, superior al de la CBS y al del índice S&P.

Criterio: racionalidad

En 1988, Cap Cities anunció que había autorizado la recompra de hasta dos millones de acciones propias, el 11 % del capital flotante de la empresa. En 1989, pagó otros 233 millones para recomprar 533.000 acciones a un precio medio de 445 dólares, es decir, 7,3 veces su flujo de caja operativo, en comparación con los precios de otras empresas del sector, que oscilaban entre 10 y 12 veces sus respectivos flujos de caja. Al año siguiente, se recompraron otras 926.000 acciones a un precio de 477 dólares, es decir, 7,6 veces el flujo de caja operativo. En 1992, la práctica de recompra prosiguió con 270.000 acciones a un precio medio de 434 dólares cada una, es decir, 8,2 veces el flujo de caja. El precio que pagaban por comprarse a sí mismos, no dejaba de subrayar Murphy, seguía siendo inferior al de otros grupos que él y Burke consideraban atractivos. En el periodo 1988-1992, Cap Cities adquirió un total de 1.953.000 acciones, con una inversión de 866 millones de dólares.

En noviembre de 1993, la empresa anunció que participaba en una "subasta holandesa" (subasta a la baja) para comprar un máximo de dos millones de acciones a precios que oscilaban entre 590 y 630 dólares por acción. Berkshire participó en la subasta aportando un millón de acciones de los tres que tenía en su poder.

Este simple movimiento desató las más descabelladas especulaciones: ¿es que el grupo no ha sido capaz de encontrar una adquisición adecuada y se esté poniendo quizá a sí misma en venta? ¿Se retira Buffett de la empresa al vender un tercio de su participación? Cap Cities desmintió todos estos rumores, y la opinión generalizada era que, si la empresa hubiera estado realmente en venta, Buffett no habría puesto a disposición unas acciones que sin duda habrían alcanzado un precio más elevado. Al final, Cap Cities/ABC recompró 1,1 millones de acciones —uno de los cuales a Berkshire— a un precio medio de 630 dólares. Buffett pudo distribuir 630 millones sin dañar el mercado de los títulos de Cap Cities y seguir siendo su mayor accionista, con su 13 % del capital flotante.

A lo largo de los años, Buffett ha sido testigo de innumerables operaciones, pero en su opinión Cap Cities era la mejor empresa cotizada en bolsa del país. Para demostrarlo, cuando realizó su inversión, concedió a Murphy y a Burke plenos derechos de voto durante los once años siguientes, siempre que cualquiera de ellos siguiera trabajando para el grupo. Y por si esto no fuera suficiente para demostrar la estima en la que Buffett tenía a ambos, consideremos esta declaración: "Tom Murphy y Dan Burke no solo son grandes gestores, sino también exactamente la clase de marido que a uno le gustaría encontrar para su hija"[22].

Coca-Cola Company

En el otoño de 1988, Donald Keough era presidente de la Coca-Cola Company y no pudo evitar darse cuenta de que alguien estaba comprando masivas acciones de la empresa. Apenas un año antes, se había producido el gran desplome del mercado bursátil y los títulos se vendían a un 25 % menos de su máximo anterior a la crisis. Pero para entonces el precio había tocado fondo y estaba volviendo a subir, porque "algún misterioso inversor estaba devorando acciones como si fueran cacahuetes". Cuando Keough descubrió que el bróker que estaba detrás de todo era del Medio Oeste, pensó inmediatamente en su amigo Warren Buffett y le llamó: "Hola, Warren,

¿cómo va todo? Por casualidad, ¿no serás tú el que está comprando acciones de la Coca-Cola?". Buffett se quedó en silencio unos momentos y luego respondió: "Resulta que sí, pero te agradecería que te lo guardaras para ti hasta que lo anuncie[23]".

Si hubiera circulado el rumor de que Warren Buffett estaba comprando acciones de Coca-Cola, se habría producido una avalancha de compras, y las acciones habrían experimentado un aumento de precio antes de que hubiera conseguido consolidar la participación de Berkshire. En la primavera de 1989, los accionistas de Berkshire Hathaway se enteraron de que Buffett había invertido 1.020 millones de dólares en acciones de Coca-Cola. La inversión correspondía a un tercio de la cartera de Berkshire a cambio del 7 % de la empresa: se trataba de la mayor inversión concreta de la historia, y Wall Street ya se rascaba la cabeza con desconcierto. Buffett había pagado cinco veces el valor nominal y más de 15 veces los beneficios, es decir, una especie de prima bursátil por una empresa centenaria que vendía una bebida gaseosa. ¿Qué había visto el mago de Omaha que otros no conseguían ver? Coca-Cola es la principal empresa de bebidas del mundo y vende más de 500 variedades diferentes de refrescos carbonatados en casi 200 países de todo el mundo. De estas 500, 15 son marcas multimillonarias: CocaCola, Diet Coke, Fanta, Sprite, Vitaminwater, Powerade, Minute Maid, Simply, Georgia y Dell Valle. La conexión de Buffett con Coca-Cola se remonta a su infancia: bebió su primera Coca-Cola a los cinco años y, como explico en el capítulo 1, poco después comenzó su primera aventura empresarial, comprando seis latas de Coca-Cola por 25 céntimos y vendiéndolas a 5 céntimos cada una. Durante los siguientes cincuenta años pudo observar el fenomenal crecimiento de la marca y de la empresa, pero había preferido comprar fábricas textiles, grandes almacenes y equipos agrícolas. Incluso en 1986, cuando anunció oficialmente que Cherry Coke se convertiría en la bebida oficial de las reuniones anuales de Berkshire Hathaway, Buffett no poseía ni un solo título de la Coca-Cola. No fue hasta dos años después, en el verano de 1988, cuando empezó a comprar acciones.

Criterio: sencillo y comprensible

El alcance de las actividades de Coca-Cola es relativamente sencillo. La empresa compra productos y bienes indiferenciados, los transforma en un concentrado que se vende a los embotelladores, que lo combinan con otros ingredientes. A continuación, las embotelladoras venden el producto acabado a los minoristas, como tiendas de alimentación, supermercados y máquinas expendedoras de refrescos. También suministra distintos tipos de concentrados a restaurantes y cadenas de comida rápida, que los venden a los clientes en forma de vasos de bebidas.

Criterio: una historia operativa coherente

Ninguna empresa tiene una historia operativa ni remotamente comparable a la de Coca-Cola. Su actividad dio comienzo en 1886, comercializando un único producto. Hoy, casi ciento treinta años después, Coca-Cola vende el mismo refresco, además de algunos otros. La única diferencia significativa estriba en el tamaño y la extensión geográfica de la empresa.

En los albores del siglo XX, la empresa operaba a través de 10 vendedores ambulantes que cubrían todo Estados Unidos, vendiendo 116.492 galones (unos 650,000 litros) de la sustancia al año, con unas ventas en conjunto de 148.000 dólares. Cincuenta años después de su creación, las ventas habían alcanzado los 207 millones de barriles al año (tras el cambio de botella a barril). "Sería realmente difícil", observa Buffett, "citar cualquier otra empresa comparable a la Coca-Cola que, como la Coca-Cola, siempre venda el mismo producto"[24]. Hoy en día, con 1.700 millones de bebidas vendidas cada día, la Coca-Cola Company es la marca mundial número uno en el campo de los refrescos, del café envasado, de los zumos de fruta y de las bebidas en general.

Criterio: proyecciones favorables a largo plazo

Poco después del anuncio de la adquisición por parte de Berkshire de una participación del 6,3 % en la Coca-Cola Company, Buffett fue entrevistado por Melissa Turner, periodista financiera del *Atlanta Constitution*. Una de las preguntas que le hacían a menudo era por qué no había comprado acciones de la empresa mucho antes. En respuesta, Buffett explicó cómo se sentía en el momento de tomar la decisión.

"Supongamos que va a estar ausente usted durante diez años y pretende realizar una inversión ahora, sabiendo todo lo que hay que saber en este momento, pero sabiendo también que no podrá hacer nada mientras esté fuera. ¿Qué decidiría hacer?" Evidentemente, estábamos hablando de una inversión sencilla desde todos los puntos de vista, que debería caracterizarse por una fuerte consistencia de gestión y desarrollo a lo largo de su historia previa y en la que, como es lógico, las proyecciones a largo plazo tendrían que ser las mejores posibles. "Si tuviera que tomar una decisión como esa, en términos de fiabilidad, dirección y área de desarrollo del mercado —es decir, a nivel mundial—, no podría pensar en nada comparable a Coca-Cola", resumió Buffett. "Estaría relativamente seguro de que, a mi regreso, su volumen de negocio sería mucho más elevado que el de ahora"[25].

En ese caso, ¿por qué comprar en ese momento concreto? Tal como lo describe Buffett, las características del negocio de la Coca-Cola habían sido las mismas durante décadas. Lo que le atrajo, declaró, fueron ciertos cambios que se produjeron durante la década de los ochenta bajo la dirección del director general Roberto Goizueta y el presidente Donald Keough.

Cambios críticos que deberían haberse producido hacía tiempo. Para la Coca-Cola, la década de los setenta había sido un periodo gris. La década estuvo marcada por las controversias con los embotelladores, las acusaciones de abusos por parte de los trabajadores inmigrantes en las plantaciones de Minute Maid de la empresa, las protestas ecologistas en contra de los contenedores de Coca-Cola, acusados de contribuir al creciente problema de la contaminación ambiental, y las críticas de la Federal Trade Commission por la violación del Sherman Antitrust Act por parte del sistema de franquicias exclusivas de la empresa. También hubo problemas internacionales. El boicot árabe a la marca, que se produjo a raíz de una franquicia israelí, destruyó años de inversión. En Japón, donde el refresco crecía más rápidamente, todo fue un campo de batalla de errores corporativos: las botellas de 0,75 litros explotaban literalmente en las estanterías y, además, los consumidores japoneses se quejaban del uso de un colorante mineral artificial de alquitrán en la bebida "Fanta Grape". Cuando se elaboró una nueva versión con auténticos hollejos de uva, la bebida empezó a fermentar y tuvo que ser arrojada al mar en la bahía de Tokio.

En aquella época, Coca-Cola era más una empresa fragmentada y reactiva que una auténtica compañía innovadora que marcaba las pautas del sector. A pesar de sus problemas, siguió obteniendo millones de dólares de beneficios, pero en lugar de reinvertirlos en su propio mercado, Paul Austin —nombrado administrador en 1971 tras haber sido presidente desde 1962— decidió diversificar el negocio. Invirtió en proyectos marinos —como granjas de mariscos, a pesar de los bajos márgenes de beneficio— y compró una empresa bodeguera. Los accionistas se opusieron ferozmente, argumentando que Coca-Cola no debía asociarse con el consumo de alcohol y, para aplacar las críticas, Austin invirtió cantidades sin precedentes en campañas de promoción.

Mientras tanto, Coca-Cola producía beneficios por capital del 20 %, pero los márgenes antes de impuestos disminuían. El valor de mercado al final del periodo de declive de la bolsa en 1974 era de 3.100 millones de dólares. Seis años más tarde, era de unos 4.000 millones de dólares. En otras palabras, de 1974 a 1980, su valor de mercado había crecido a una tasa media anual del 5,6 %, muy por debajo del índice S&P: por cada dólar retenido por la empresa en esos seis años, solo había producido 1,02 dólares de valor de mercado.

Los problemas se vieron agravados por la actitud intimidatoria e inaccesible de Austin[26]. Su esposa Jeane también tuvo una influencia perniciosa en las actividades de la empresa: redecoró la oficina central con elementos de arte moderno, retirando las ilustraciones clásicas de Norman Rockwell, e incluso utilizó un jet de la empresa en sus viajes para comprar objetos de arte. Pero fue su última orden la que provocó la caída de su marido.

En mayo de 1980, la señora Austin prohibió a los empleados entrar en el parque de la empresa durante la hora del almuerzo. La razón eran los residuos de comida, que atraían a las palomas al césped perfectamente cuidado. Los ánimos de los trabajadores llegaron a su punto más bajo: a sus 91 años Robert Woodruff, el patriarca de la empresa, que la había dirigido desde 1923 hasta 1955 y que aún presidía el comité de finanzas, había visto demasiado y exigió la dimisión de Austin, que fue sustituido por Roberto Goizueta.

Goizueta había crecido en Cuba y fue el primer director general extranjero del grupo. Tan abierto y expansivo como cerrado e inescrutable era Austin, una de sus primeras acciones fue reunir a los cincuenta principales directivos de la empresa en una reunión en Palm Springs, California. "Díganme las cosas que no funcionan", les dijo a todos, "quiero saberlo todo y, una vez arreglado, quiero su lealtad al 100 %. Si alguien no está satisfecho, llegaremos a un buen acuerdo y nos despediremos"[27]. De esa reunión surgió la "Estrategia para los años ochenta" de la empresa, un documento de varios miles de caracteres que describía los objetivos empresariales de la Coca-Cola.

Goizueta animaba a sus directivos a asumir riesgos ponderados: quería que la empresa fuera proactiva, en lugar de reaccionar a las iniciativas de otros. Comenzó por recortar los costes y exigió que cualquier negocio de Coca-Cola optimizara los beneficios en proporción a los activos, lo que se tradujo inmediatamente en mayores márgenes de beneficio.

Criterio: altos márgenes de beneficio

En 1980, los beneficios antes de impuestos solo alcanzaron el 12,9 %: llevaban cinco años cayendo y estaban muy por debajo del 18 % de 1973. Solo en el primer año de Goizueta subieron hasta el 13,7 % y en 1988, cuando Buffett compró sus acciones en la Coca-Cola, habían alcanzado el récord del 19 %.

Criterio: rendimiento del capital

En su documento "Estrategia para los años ochenta", Goizueta insistía en la necesidad de que la empresa se retirara de cualquier actividad que no tuviera una rentabilidad aceptable. Cualquier nuevo proyecto tendría que demostrar que tenía potencial de crecimiento y desarrollo para justificar la inversión. A la Coca-Cola ya no le interesa pugnar por cuotas de un mercado estancado. "Las reglas del juego siguen siendo las mismas: aumentar los beneficios por acción y, por tanto, por capital", declaró Goizueta[28]. A las palabras siguieron los hechos: se desprendió del negocio del vino y se lo vendió a Seagram's en 1983.

El muy respetable 20 % conseguido por la empresa no impresionó especialmente a Goizueta, que exigió mejores resultados. Y Coca-Cola no tardó en dárselos: en 1988, la rentabilidad había alcanzado el 31 %.

Según cualquier criterio razonable, la Coca-Cola de Goizueta duplicaba y triplicaba los resultados financieros respecto a la gestión de Austin, y los resultados se reflejaban en el valor de mercado de la empresa, que en 1980 era de 4.100 millones de dólares. A finales de 1987, incluso después del desplome de la bolsa en octubre, el valor de la Coca-Cola había subido a 14.100 millones de dólares: en solo siete años, había aumentado a un ritmo anual del 19,3 %. Por cada dólar reinvertido en ese periodo, Coca-Cola había producido 4,66 dólares de valor de mercado.

Criterio: transparencia

La estrategia de Goizueta para la década de los ochenta tuvo muy en cuenta a los accionistas. "Durante la próxima década, nos dedicaremos por completo a nuestros accionistas y a proteger y promover su inversión", había escrito, "y precisamente para reconocer a su inversión una rentabilidad superior a la media, debemos elegir líneas de negocio que generen márgenes superiores a la inflación"[29].

Goizueta no solo tenía que ampliar la actividad de la empresa: también tenía que aumentar el valor para los accionistas. Para conseguirlo, Coca-Cola aumentó sus márgenes de beneficio y la rentabilidad del capital, consiguiendo pagar dividendos y, al mismo tiempo, reducir la relación entre los dividendos pagados y el beneficio neto. Durante la década de los ochenta, los dividendos a los accionistas aumentaron un 10 % al año, mientras que la relación entre los dividendos y los beneficios disminuyó del 65 % al 40 %. Esto permitió a la empresa reinvertir un mayor porcentaje de beneficios para apoyar el crecimiento, sin decepcionar a los accionistas.

Bajo el liderazgo de Goizueta, la misión de la empresa se hizo finalmente clara y transparente: el objetivo principal de la dirección era maximizar el valor para el accionista en el curso del tiempo. Para ello, la empresa se centró en el negocio de las "bebidas no alcohólicas", que garantizaba unos márgenes elevados: si tenía éxito, produciría inmediatamente un aumento del flujo de caja, de la rentabilidad y, en última instancia, del rendimiento para los accionistas.

Criterio: racionalidad

El aumento de la liquidez no solo permitió a Coca-Cola aumentar sus dividendos, sino también lanzar el primer programa de recompra de su historia. En 1984, Goizueta anunció que la empresa recompraría 6 millones de acciones en el mercado, un movimiento racional solo si el valor intrínseco de la empresa es superior a su valor de mercado. Las transformaciones iniciadas por Goizueta, y sobre todo la importancia que otorgaba al aumento de los beneficios para los accionistas, sugirieron a Buffett que Coca-Cola había alcanzado ese punto de inflexión.

Criterio: el owner earning

En 1973, el *owner earning* (ingresos después de impuestos, más depreciaciones y amortizaciones, menos las inversiones) fue de 152 millones. En 1980, había alcanzado los 262 millones, con una tasa de crecimiento compuesto del 8 %. De 1981 a 1988, pasó de 262 a 828 millones, una tasa de crecimiento compuesto del 17,8 %.

Este crecimiento se reflejó inmediatamente en el precio de mercado de la Coca-Cola, lo que resultaba especialmente evidente cuando se analizaba en un periodo de diez años. De 1973 a 1982, la rentabilidad creció a una tasa media anual del 6,3 %. En los diez años siguientes, de 1983 a 1992, cuando se aplicaron plenamente las estrategias de Goizueta, la rentabilidad media anual de la acción fue del 31,1 %.

CRITERIO: EL IMPERATIVO INSTITUCIONAL

Al llegar a la dirección, una de las primeras iniciativas de Goizueta fue deshacerse de todas las actividades desarrolladas por Paul Austin que no estuvieran relacionadas con el "*core business*" de la empresa: la venta de bebidas. Fue una clara demostración de la capacidad de Coca-Cola para resistir el imperativo institucional.

Reducir la empresa a un solo producto fue, sin duda, un movimiento audaz, y lo que hizo que la estrategia de Goizueta fuera aún más valerosa fue que el hecho de tomar esa misma decisión en un momento en el que todo el resto de la industria estaba haciendo exactamente lo contrario. Otras empresas líderes invertían sus beneficios en sectores de negocio totalmente diversificados, como la Anheuser-Busch, que utilizaba los beneficios de la cerveza para comprar acciones de parques temáticos. O la Brown Forman, un productor y distribuidor de vino y licores que invirtió en porcelana, cristal, plata y maletas, todos ellos negocios con una rentabilidad mucho menor. The Seagram Company, Ltd., un grupo mundial de vinos y licores, compró Universal Studios. La Pepsi, el principal competidor directo de Coca-Cola, compró marcas de aperitivos (Frito-Lay), y cadenas de restaurantes, como Taco Bell, Kentucky Fried Chicken y Pizza Hut.

Es importante darse cuenta de cómo las decisiones de Goizueta no solo devolvieron a la empresa a su producto principal y más importante, sino que consiguieron reasignar sus recursos económicos a su actividad más rentable. La venta de refrescos es mucho más rentable que el resto de sus actividades, por lo que la empresa reinvertía sus beneficios en lo que más ganancias podía aportarle.

CRITERIO: ¿CUÁL ES EL VALOR DE LA EMPRESA?

Cuando Buffett compró Coca-Cola en 1988, todo el mundo se preguntó: "¿Dónde está su valor real?". El precio de las acciones era 15 veces los beneficios y 12 veces la liquidez, un 30 % y un 50 % más que la media del mercado. Buffett pagó cinco veces el valor nominal por una empresa con un rendimiento del 6,6 % en un momento en que los bonos del Estado a largo plazo rendían un 9 %. La cuestión es que estaba decidido a hacerlo por el extraordinario nivel de fondo de comercio de Coca-Cola. La empresa obtenía un saludable 31 % de beneficios con un relativamente escaso capital de inversión. Como ya hemos tenido ocasión de explicar, según Buffet, el precio de una acción no tiene nada que ver con su valor: el precio de Coca-Cola, como el de cualquier otra empresa, se determina calculando el *owner earning* o beneficio del propietario, a lo largo de la vida del negocio, descontando un tipo de interés adecuado.

En 1988, el *owner earning* de Coca-Cola fue de 828 millones. Los bonos del Tesoro estadounidense a 30 años (identificados con la inversión sin riesgo) rendían en ese momento un 9 %, lo que da un valor de 9.200 millones. En el momento de la compra de Buffett, el valor de mercado era de 14.800 millones. A primera vista, esto parece sugerir que Buffett pagó más por la empresa de lo que valía, pero no debemos olvidar que 9.200 millones eran el valor descontado del *owner earning* de Coca-Cola en ese momento. Si los compradores estaban dispuestos a pagar un 60 % más de 9.200 millones, esto significaba que parte del valor lo constituía el potencial de crecimiento en el futuro.

Analizando la empresa, encontramos que el *owner earning* entre 1981 y 1988 habían crecido a una tasa anual del 17,8 %, muy por encima de la tasa libre de riesgo. Cuando esto ocurre, los analistas recurren a un modelo de descuento en dos fases que permite calcular los beneficios futuros cuando una empresa presenta un crecimiento fuera de los normal durante un número limitado de años, seguido por un periodo de crecimiento constante a tasas más bajas.

Podemos utilizar este método para calcular el valor de la liquidez de la empresa en 1988. Como hemos dicho, el *owner earning* era de 828 millones: suponiendo que Coca-Cola hubiera sido capaz de aumentarlo un 15 % anual durante los diez años siguientes (una hipótesis plausible, ya que se trata de una tasa de crecimiento más lenta que la media de los siete años anteriores), en el décimo año el *owner earning* habría sido de 3.349 millones. Supongamos entonces que, a partir del año once, el crecimiento anual se redujera al 5 %: utilizando un tipo de descuento del 9 % (el bono del Tesoro estadounidense a largo plazo), podemos volver a calcular el valor intrínseco de Coca-Cola en 1988 y concluir que sería de 48.377 millones.

Por supuesto, podemos repetir el ejercicio con diferentes hipótesis sobre las tasas de crecimiento. Por ejemplo, con un aumento del 12 % anual de *owner earning* durante diez años, seguido de un 5 %, el valor actual de la empresa descontado en un 9 % se convierte en 38.163 millones. Al 10 % durante diez años, seguido del 5 %, obtenemos 32.497 millones. E incluso si suponemos que Coca-Cola crece solo a una tasa constante del 5 %, el valor de la empresa seguiría siendo de 20.700 millones.

Criterio: comprar con un margen significativo en comparación con el valor

En junio de 1988, el precio de Coca-Cola era de aproximadamente 10 dólares por acción (ajustado al fraccionamiento). En el transcurso de los 10 meses siguientes, Buffett compró 93.400.000 acciones, por una inversión total de 1.023 millones, a un precio medio de 10,96 dólares por acción. A finales de 1989, Coca-Cola representaba el 35% de la cartera de acciones ordinarias de Berkshire.

Desde el inicio de la gestión de Goizueta en 1980, el precio de las acciones había subido cada año y, en los cinco años anteriores a que Buffett comprara sus primeras acciones, la revalorización media anual había sido del 18 %. La tendencia era tan buena que Buffett no pudo encontrar acciones con descuento, pero aun así siguió adelante con la cabeza gacha. Como no deja de recordarnos, el precio no tiene nada que ver con el valor.

En 1988 y 1989, durante la compra por parte de Buffett, el precio de mercado de Coca-Cola alcanzó una media de 15.100 millones de dólares. Sin embargo, las estimaciones de Buffett sobre su valor oscilaban entre los 20.700 millones de dólares (suponiendo un crecimiento del 5 % en el *owner earning*), y los 32.400 millones de dólares (suponiendo un crecimiento del 10 %) y hasta los 38.100 millones de dólares (con un crecimiento del 12 %). El margen de seguridad de Buffett —la diferencia entre el precio pagado y el valor intrínseco— habría sido al menos un muy conservador 27 %, que podría llegar incluso al 70 %.

Según Buffett, no puede comprarse una empresa mejor que la que es capaz de invertir cantidades crecientes de capital a largo plazo con tasas de rendimiento elevadas y sostenibles. De nuevo, según Buffett, esta era la descripción perfecta de Coca-Cola: y diez años después de la inversión de Berkshire, el valor de mercado había crecido de 25.800 millones a 143.000 millones. En el mismo periodo de tiempo, la empresa ha producido 26.900 millones de beneficios, ha distribuido 10.500 millones en dividendos a los accionistas y ha reinvertido 16.400 millones. Por cada dólar retenido y reinvertido, la empresa ha generado 7,20 dólares de valor de mercado. En 1999, la inversión original de 1.023 millones se convirtió en 11.600 millones. La misma cantidad de dinero invertida según el índice S&P habría producido un valor de 3.000 millones.

General Dynamics

En 1990, la General Dynamics era el segundo mayor proveedor de la Defensa, después de la McDonnell Douglas Corporation. La General Dynamics produce sistemas de misiles (Tomahawk, Sparrow, Stinger y otros modelos punteros), así como sistemas de defensa aérea y aviones como el F-16 para las fuerzas armadas estadounidenses. En 1990, la empresa había alcanzado unas ventas de más de 10.000 millones, pero en 1993 se había desplomado hasta los 3.500

millones. A pesar de ello, el valor de las acciones en el mismo periodo se había multiplicado por siete.

En 1989 cayó el Muro de Berlín, anunciando el fin de la larga y costosa Guerra Fría. En 1991 se produjo el colapso del comunismo en la Unión Soviética. Como en el pasado, después de otras victorias obtenidas a alto precio, los Estados Unidos se vieron en la necesidad de remodelar la concentración masiva de sus recursos militares: con el fin de la Guerra Fría, la industria militar se enfrentó a una gran reorganización.

En enero de 1991, la General Dynamics nombró a William Anders como director. La cotización de las acciones estaba en un mínimo histórico de 19 dólares y, en un principio, Anders trató de convencer a Wall Street de que incluso con un presupuesto militar menguante, la empresa merecía una cotización mejor.

Con la esperanza de eliminar las incertidumbres financieras que suele hacer recelar a los analistas, Anders comenzó su esfuerzo de reestructuración: recortó el gasto en Capex e investigación y desarrollo en 1.000 millones de dólares, redujo la plantilla en miles de personas e instituyó un programa de incentivos para los ejecutivos que se referenciaba al precio de las acciones. Anders no tardó en darse cuenta de que la industria militar había cambiado drásticamente y que, para lograr el éxito que buscaba, la General Dynamics tendría que tomar medidas mucho más drásticas: sencillamente, no habría suficientes contratos de defensa y el menor presupuesto federal obligaría a la empresa a reducir su tamaño, a diversificarse en actividades no militares o a obtener un control casi en régimen de monopolio de los pedidos disponibles.

Criterio: el imperativo institucional

En octubre de 1991, Anders encargó un estudio sobre la industria militar cuyas conclusiones daban motivos para la reflexión: cuando una industria militar adquiere actividades no relacionadas con la defensa, suele haber un 80 % de tasa de fracaso. Mientras todo el sector sufriera la carga del potencial actual de sobreproducción, ninguna de las empresas que operan en ella sería eficiente. Anders llegó a la conclusión de que la General Dynamics tendría que racionalizar sus operaciones, por lo que decidió conservar solo aquellas que 1) tuvieran aceptación en el mercado de sus franquicias de productos y 2) fueran capaces de alcanzar la masa crítica, ese equilibrio de capacidad de investigación, desarrollo y producción que genera economías de escala y fortaleza financiera. En ausencia de masa crítica, la empresa se liquidaría.

Inicialmente, Anders pensó que la General Dynamics debía centrarse en sus cuatro áreas de actividad tradicionales: submarinos, tanques, aviones y sistemas espaciales. Se trata de empresas líderes en el mercado, y Anders pensaba que seguirían siendo rentables incluso en condiciones de reducción del gasto en defensa. Los demás sectores debían venderse. Así, en noviembre de 1991, la General Dynamics vendió Data Systems a Computer Sciences por 200 millones de dólares; al año siguiente, vendió Cessna Aircraft a Textron por 600 millones de dólares, y su negocio de misiles a Hughes Aircraft por 450 millones de dólares. En menos de seis meses, había ingresado 1.250 millones de dólares vendiendo actividades no esenciales.

Los movimientos de Anders despertaron a Wall Street. Las acciones de General Dynamics subieron un 112 %, pero fue el siguiente movimiento de Anders el que llamó la atención de Buffett. Animado por los recientes ingresos, Anders anunció que la empresa cubriría primero sus necesidades actuales de tesorería corriente y luego pasaría a reducir su exposición con el fin de reforzar su posición financiera. Sabiendo que el aumento de la productividad no tendría sentido en una situación de reducción del gasto en defensa y que la diversificación en diferentes sectores probablemente fracasaría, Anders decidió distribuir el exceso de efectivo entre los accionistas. En julio de 1992, según los términos de una subasta holandesa, la General Dynamics compró 13,2 millones de acciones a un precio que oscilaba entre 65,37 y 72,25 dólares, reduciendo el capital flotante en un sorprendente 30 %.

La mañana del 22 de julio de 1992, Buffett llamó a Anders para comunicarle que Berkshire había comprado 4,3 millones de acciones de la General Dynamics. También le dijo que estaba impresionado con la empresa y que había comprado las acciones como forma de inversión. En septiembre, Buffett aseguró al consejo de administración de la General Dynamics un poder de la junta de accionistas de Berkshire siempre que Anders siguiera siendo el consejero delegado.

CRITERIO: RACIONALIDAD

De todas las compras de acciones ordinarias de Berkshire, ninguna provocó más confusión que el caso de General Dynamics. No tenía ninguna de las características de las operaciones anteriores de Buffett: no era una empresa "simple y comprensible", no tenía un historial consistente de resultados positivos y no poseía ninguna perspectiva particular a largo plazo. Por si fuera poco, operaba en una industria que no solo estaba controlada por el gobierno (el 90 % de las ventas provenían de contratos gubernamentales), sino que también se estaba contrayendo. La General Dynamics tenía unos márgenes de beneficio ridículos y un rendimiento del capital muy inferior a la media. Además, no se podía estimar su posible flujo de caja futuro. Con todo ello, ¿cómo pudo Buffett establecer su valor? La respuesta es que Buffett no adquirió inicialmente acciones de la General Dynamics como un elemento a largo plazo en su cartera de acciones ordinarias, sino como una oportunidad de arbitraje, por lo que no eran de aplicación las consideraciones financieras habituales.

"Con la General Dynamics tuvimos suerte", escribió Buffett, "nunca me había interesado en exceso esa compañía antes del verano de ese año, cuando anunció la recompra del 30 % de sus acciones como consecuencia de una subasta. Vi en ello una oportunidad de arbitraje y empecé a comprar acciones para Berkshire, con la idea de ofrecer nuestras acciones con un margen"[30]. Más tarde, sin embargo, cambió de idea. El plan original era ofrecer las acciones de Berkshire mediante subasta holandesa. "Pero entonces empecé a estudiar la empresa", recuerda Buffett, "y los resultados de Bill Anders en el poco tiempo que llevaba al frente. Y lo que observé hizo que se me pusieran los ojos en blanco. Resultaba evidente que Bill estaba siguiendo una estrategia lúcida y racional; se le veía concentrado e impulsado por un sentido de la necesidad para llevarla a cabo y los resultados eran realmente notables"[31]. Buffett abandonó sus ideas de arbitraje sobre la General Dynamics y decidió en cambio convertirse en un accionista a largo plazo.

La inversión que hizo en la empresa fue una especie de tributo a la capacidad de Bill Anders para resistir el imperativo institucional. Aunque los críticos han señalado que lo que Anders había hecho en realidad era desmantelar un gran grupo, el interesado argumenta que simplemente había monetizado un valor no realizado. A su llegada a la empresa en 1991, las acciones de la General Dynamics cotizaban un 60 % por debajo de su valor nominal, y durante los diez años anteriores la empresa había pagado a los accionistas un 0 % de interés anual compuesto, frente al 17 % de las otras diez empresas de defensa, y el 17,6 % del índice S&P. Por lo tanto, Buffett la vio como una empresa considerada muy por debajo de su valor nominal, pero que generaba efectivo y se embarcaba en un programa de desinversión. Además, y por encima de todo, la dirección estaba claramente orientada a la protección de los accionistas.

Al principio parecía que las divisiones de aviones y sistemas espaciales se mantendrían, pero Anders decidió desprenderse también de ellas. La producción aeronáutica se le cedió a Lockheed, que en aquella época se había asociado con la General Dynamics y la Boeing para desarrollar el F-22, un caza táctico de nueva generación. Las respectivas cuotas eran de un tercio cada compañía, y al comprar la división aeronáutica de la General Dynamics, la Lockheed también adquirió el sector definitivamente maduro del F-16, pasando a una asociación de dos tercios con la Boeing. La rama de los sistemas espaciales se le vendió a la Martin Marietta, el fabricante de lanzaderas de vehículos espaciales de la familia Titan. Las dos ventas generaron unos ingresos de 1.720 millones de dólares para la General Dynamics.

Tras la entrada de esa abundante liquidez, la empresa volvió a derivarla a los accionistas y, en abril de 1993, se distribuyó un dividendo especial de 20 dólares por acción. En julio, se repartió otro dividendo especial de 18 dólares, y en octubre un tercero de 12. En conjunto, la empresa pagó ese año 50 dólares por acción en dividendos especiales, aumentando el dividendo trimestral de 0,40 a 0,60 dólares por acción. Desde julio de 1992 hasta finales de 1993, por su inversión inicial de 72 dólares por acción, Berkshire recibió 2,60 dólares en dividendos comunes, 50 dólares en dividendos especiales, y vio cómo las acciones subían hasta los 103 dólares, una rentabilidad del 116 % en 18 meses. Así que no es de extrañar que General Dynamics no solo haya superado a la industria durante ese periodo, sino que también haya superado con creces el índice S&P.

Wells Fargo & Company

Si la General Dynamics representa la inversión que más desconcierto generó entre observadores y analistas, Wells Fargo & Company fue sin duda la más controvertida. En octubre de 1990, Buffett anunció que Berkshire había adquirido 5 millones de acciones del banco Wells Fargo, invirtiendo 289 millones a una media de 57,88 dólares por acción. Se ha convertido así en su mayor accionista, con un 10 % del capital social. A principios de ese año, las acciones de Wells Fargo llegaron a cotizar a 86 dólares por acción, antes de que los inversores empezaran a abandonar los bancos y cajas de ahorros de California, temiendo que la recesión que oprimía la Costa Oeste provocara pérdidas en el mercado hipotecario inmobiliario. Wells Fargo era la empresa más expuesta del sector, y los inversores comenzaron a vender sus participaciones, seguidos pronto por los especuladores a corto plazo, que aumentaron la presión a la baja. El interés a corto plazo de las obligaciones de Wells Fargo se disparó un 77 % solo en octubre; fue más o menos en ese momento cuando Buffett comenzó a comprar acciones del banco.

En los meses siguientes al anuncio de Berkshire, la batalla por Wells Fargo se convirtió en un combate de pesos pesados. En una esquina. Buffett, con su apuesta de 289 millones de dólares a que el banco aumentaría de valor. En la otra esquina estaban los vendedores en corto plazo que, habiendo perdido ya la acción un 49 % solo en ese año, apostaban por nuevas caídas. Los hermanos Feshbach, los mayores especuladores del país, apostaron contra Buffett: "Wells Fargo es como un kamikaze", escribió Tom Barton, un gestor financiero de Dallas que trabajaba para los Feshbach, "sería excesivo considerarla candidata a la quiebra, pero bien podemos verla como un adolescente"[32]. Lo que Barton quería decir con eso era que el precio de las acciones había caído por debajo de los 20 dólares. Buffett "es famoso por su habilidad para encontrar grandes ofertas y como inversor a largo plazo", dijo George Salem, analista de Prudential Securities, pero "California podría convertirse en un nuevo Texas"[33]. Salem se refería a las quiebras bancarias que se produjeron en Texas durante el periodo de caída de los precios de la energía. Buffett "no tendrá que seguir preocupándose durante mucho más tiempo sobre cómo gastar su fortuna", dijo John Liscio a *Barron's,* "no si sigue rascando el fondo del barril del mercado de valores de esta manera"[34].

Buffett conocía bien las dinámicas económicas de los bancos. En 1969, Berkshire Hathaway había adquirido el 98 % del Illinois National Bank and Trust Company. Antes de que Berkshire se desprendiera de estas participaciones en 1979 en virtud de la Bank Holding Act, Buffett incluía las ventas y los beneficios de la banca en los informes anuales de Berkshire. Si Jack Ringwalt ayudó a Buffett a navegar por las sutilezas de los seguros, fue Gene Abegg —entonces presidente del Illinois National Bank— quien le introdujo en el negocio bancario. Aprendió que un banco es rentable si concede préstamos de forma responsable y limita los costes. "Por experiencia, sabemos que el directivo de una compañía de altos costes de gestión es especialmente hábil para encontrar nuevas partidas que añadir a los gastos generales", comentó Buffett, "mientras que el gestor de un negocio con márgenes de maniobra restringidos suele continuar, por lo general, con su hábito de contención de costes, incluso cuando estos ya son inferiores a los de la competencia. Y en esto, nadie ha sido mejor que Gene Abegg"[35].

Criterio: proyecciones favorables a largo plazo

Wells Fargo no es Coca-Cola. Por ejemplo, es difícil imaginar circunstancias en las que Coca-Cola, como actividad comercial, pueda quebrar. En el caso de los bancos es diferente: hay circunstancias en las que los bancos quiebran, lo que ocurre en distintas ocasiones. Según Buffett, la mayoría de estos casos pueden atribuirse a errores de la dirección, normalmente al conceder préstamos que ningún banquero razonable tomaría jamás en consideración. Cuando los activos son 20 veces el capital, lo que no es infrecuente en la banca, alguna imprudencia de la dirección que implique incluso una pequeña parte de ellos puede destruir el capital del banco.

Aun así, no es imposible que los bancos constituyan una buena inversión. Si los gestores hacen su trabajo, el banco puede generar una rentabilidad del 20 % sobre el capital. Aunque sea menos de lo que puede ganar Coca-Cola, sigue siendo superior a la rentabilidad media de la mayor parte de las empresas. Si eres un banco, no tienes que ser siempre el número uno, explica Buffett. Lo que importa es la gestión de los activos, las dificultades de cobro de créditos o intereses y los gastos. Al igual que las compañías de seguros, los bancos proporcionan una especie de bien indiferenciado y, como ya hemos visto en este ámbito, el comportamiento de la dirección suele ser lo más importante. Y Buffett estaba convencido de que había traído a casa una especie de equipo de ensueño. "Creo que con el Wells Fargo", sigue afirmando hoy, "conseguimos a los mejores ejecutivos del negocio, es decir, Carl Reichardt y Paul Hazen. Desde muchos puntos de vista, su combinación me recuerda a la Tom Murphy y Dan Burke en Capital Cities/ABC. Cada una de estas dos parejas es mayor que la suma de las partes"[36].

Criterio: racionalidad

Cuando se convirtió en presidente de Wells Fargo en 1983, Carl Reichardt transformó un banco inerte en un negocio rentable. Hasta 1990, Wells Fargo había obtenido unos beneficios medios del 1,3 % sobre sus activos y del 15,2 % sobre el capital. En 1990, la situación había cambiado: con sus 56.000 millones de dólares en activos, Wells Fargo se había convertido en el décimo banco del país.

Al igual que muchos otros directivos que Buffett estima, Reichardt actuaba de forma racional: gestionó Wells Fargo en beneficio de sus accionistas, sin haber promovido programas de recompra de acciones ni haber pagado ningún dividendo especial. Al igual que Tom Murphy, de Capital Cities/ABC, estaba rodeado de un aura de leyenda cuando se trataba de controlar los costes, y una vez que estos estaban controlados, no se dormía en los laureles y buscaba constantemente nuevas formas de aumentar los beneficios.

Una de las posibles medidas de la eficiencia operativa de un banco es la relación entre los gastos de operación (es decir, excluyendo los intereses de la deuda) y los beneficios descontando los intereses[37]. Según este índice, la eficiencia de Wells Fargo era entre un 20 y un 30 % superior a la del First Interstate o Bank of America. Reichardt dirigió Wells Fargo como un empresario: "Intentamos dirigir este banco como una compañía cualquiera", declaró, "Dos y dos son cuatro, no siete u ocho"[38].

Cuando Buffett compró Wells Fargo en 1990, el banco terminó el año con el mayor porcentaje de préstamos para vivienda de todos los grandes bancos del país: sus 14.500 millones de dólares en préstamos para vivienda eran cinco veces el capital. Debido a la creciente recesión en California, los analistas creían que una gran parte de los préstamos comerciales provocaría problemas financieros, lo que hizo que las acciones cayeran entre 1990 y 1991.

Tras el colapso de la *Federal Savings and Loan Insurance Corporation* (FSLIC), los inspectores bancarios empezaron a peinar rigurosamente la cartera hipotecaria de Wells Fargo y exigieron al banco que reservara 1.300 millones en reservas para préstamos dudosos en 1991, y otros 1.200 millones para 1992. Dado que las reservas se constituían trimestralmente, los inversores empezaron a mostrarse cada vez más recelosos con cada actualización. En lugar de dotar las reservas de una sola vez, el banco repartió las provisiones a lo largo de dos años, y los inversores empezaron a preguntarse si alguna vez habría luz al final del túnel del problema hipotecario.

Después de que Berkshire anunciara la compra de Wells Fargo, las acciones subieron brevemente hasta los 98 dólares en 1991, lo que supuso para Berkshire un beneficio de 200 millones de dólares. Pero en junio de 1991 el banco anunció otra provisión y las acciones cayeron 13 puntos en solo dos días, hasta los 74 dólares. Aunque se recuperó ligeramente en el cuarto trimestre, quedó claro que las reservas de Wells Fargo tendrían que salir de los beneficios y, tras una serie de altibajos, la inversión de Berkshire iba camino de alcanzar el punto de equilibrio. "Había subestimado tanto la gravedad de la recesión de California como los problemas inmobiliarios del banco", confesó Buffett más tarde[39].

Criterio: ¿Cuál es el valor de la empresa?

En 1990, Wells Fargo obtuvo 711 millones de dólares de beneficios, un 18 % más que en 1989. Al año siguiente, debido a las provisiones, los beneficios cayeron a 21 millones de dólares. Un año más tarde, ascendieron a 283 millones. Es comprensible que exista una relación inversa de proporcionalidad entre los beneficios de un banco y sus prudentes provisiones para posibles pérdidas, pero si esas provisiones se omitieran en la cuenta de resultados de Wells Fargo, estaríamos ante una empresa con un potencial impulso hacia los beneficios. Desde 1983, los ingresos descontando los intereses del banco habían crecido a un ritmo del 11,3 %, mientras que sus ingresos brutos —incluidos los gastos de inversión, los ingresos fiduciarios y las comisiones de depósito— habían crecido un 15,3 %. Sin contar con las provisiones excepcionales de 1991 y 1992, el banco habría obtenido unos 1.000 millones de dólares de beneficios.

El valor de un banco depende de los beneficios netos más las ganancias futuras proyectadas como negocio en marcha. Cuando Berkshire Hathaway empezó a comprar Wells Fargo, los beneficios del año anterior habían sido de 600 millones de dólares. El rendimiento medio de los bonos del Estado de EE. UU. a 30 años en 1990 era de aproximadamente el 8,5 %. Si preferimos ser prudentes, podemos descontar a los 600 millones de dólares en beneficios de Wells Fargo en 1989 un 9 %, y valorar el banco en 6.600 millones de dólares. Incluso aunque no hubiera ganado ni un céntimo más de 600 millones anuales en el curso de los sucesivos treinta años, su valor seguiría siendo de al menos 6.600 millones. En 1990, Buffett pagó 58 dólares por acción y, con un capital flotante de 52 millones de acciones, esto supuso comprar el banco por unos 3.000 millones de dólares, un descuento del 55 % sobre su valor.

Como es natural, el corazón de la controversia sobre Wells Fargo era si el banco había conservado algún potencial de generación de beneficios sin contar con todos sus problemas relacionados con las hipotecas. Los especuladores a corto plazo dijeron que no. Buffett dijo lo contrario. Sabía que la operación no estaba exenta de riesgos y argumentó lo siguiente: “Los bancos californianos corren el riesgo de un terremoto de gran magnitud, que podría poner de rodillas a los prestatarios y, en última instancia, a los bancos prestamistas”. Y proseguía: “Un segundo riesgo es inherente: la posibilidad de una caída del mercado o de un pánico financiero tan grave que incluso las empresas bien gestionadas y endeudadas corran peligro”[40]. Buffett estimó que la probabilidad de que ambas cosas ocurrieran simultáneamente era “baja”, pero aun así seguía siendo una fuente de riesgo: “En este momento, el mayor temor es que los precios del mercado inmobiliario de la Costa Oeste se desplomen debido al exceso de oferta (exceso de nuevas construcciones), abriendo grandes abismos en los bancos que han financiado la expansión. Como “gran prestamista” del sector inmobiliario, se percibe como especialmente vulnerable”[41].

Buffett sabía que Wells Fargo obtenía mil millones de beneficios antes de impuestos al año tras desembolsar unos 300 millones en hipotecas irrecuperables. Imaginó la hipótesis de que el 10 % de los 48.000 millones de hipotecas del banco (no solo las hipotecas comerciales: todas las hipotecas) se convirtieran en problemáticas en 1991, produciendo pérdidas, incluidos los intereses, de alrededor del 30 % del importe principal desembolsado, con lo que Wells Fargo alcanzaría el equilibrio. A continuación, estimó que esta eventualidad era poco probable: aunque el banco no obtuviera beneficios durante un año, no sería un problema. "A Berkshire le encanta adquirir empresas", dijo, "o invertir en proyectos que no dan beneficios durante un año, pero de los que se puede esperar un rendimiento del 20 % del capital"[42]. La conveniencia del banco aumentó cuando Buffett pudo comprar acciones con un descuento del 50 % sobre su valor.

"Las actividades bancarias no tienen por qué ser una mala inversión, aunque a menudo resulten serlo. La cuestión es que los banqueros no deberían hacer tonterías, como a menudo hacen"[43]. Según Buffett, la definición de un préstamo arriesgado es un préstamo concedido por un banquero estúpido. "Todo consiste en apostar por la gestión", añadía Charlie Munger, "estamos convencidos de que podemos arreglar las cosas mejor y más rápido que otros"[44]. La apuesta de Berkshire dio sus frutos: a finales de 1993, el precio de las acciones era de 137 dólares.

American Express Company

"Estoy convencido de que una familiaridad consolidada en el tiempo con una empresa y sus productos ayuda mucho en su evaluación", ha defendido siempre Buffet[45]. Con las únicas excepciones de la venta de botellas de Coca-Cola de cinco centavos, la entrega del *Washington Post* a domicilio y la recomendación a los clientes de su padre de comprar acciones de la GEICO, la relación de Buffett con American Express es más antigua que con cualquier otra empresa de Berkshire. Como se recordará, a mediados de los años 60 la Buffett Limited Partnership invirtió el 40 % de su capital en American Express, poco después de sus problemas con el escándalo del petróleo. Treinta años después, laBerkshire había acumulado el 10 % de las acciones, por un total de 4.100 millones de dólares.

CRITERIO: UN HISTORIAL OPERATIVO COHERENTE

Incluso después de una serie de transformaciones, American Express es esencialmente el mismo negocio que Buffett compró con su primera firma. Había tres divisiones. "Travel Related Services" ("servicios de viaje", o TRS), que emite tarjetas de crédito y cheques de viaje de American Express, representaba alrededor del 72 % de las ventas. "American Express Financial Advisors" (antes "IDS Financial Services") era la división de planificación financiera, seguros e inversiones y aportaba el 22 % de las ventas. El American Express Bank cubría el restante 6 % del negocio. Tradicionalmente, tenía la función de representar la tarjeta de crédito a nivel local, con una red propia de 87 sucursales en 37 países del mundo.

American Express Travel Related Services sigue siendo hoy en día una fuente de ingresos fiable, siempre ha generado unos beneficios respetables para los propietarios y ha sido capaz de financiar el crecimiento de la empresa.

Pero cuando una empresa produce más dinero del que necesita para sus operaciones diarias, también se convierte en un banco de prueba de la capacidad de la dirección para utilizar el excedente de forma responsable. Algunos gestores lo superan invirtiendo solo lo estrictamente necesario y devolviendo el resto a la propiedad aumentando los dividendos o recomprando acciones. Otros no son capaces de resistir el imperativo institucional y siempre encuentran nuevas formas de gastar y expandir el imperio empresarial. Desgraciadamente, este fue el caso de American Express durante varios años, durante la gestión de James Robinson.

La idea de Robinson era utilizar el excedente de liquidez de TRS para comprar empresas y convertir así a American Express en una especie de gigante de los servicios financieros. IDS resultó ser una inversión rentable, mientras que la compra de la Shearson-Lehman fue una gran decepción. La Shearson no solo no era capaz de financiar sus propias operaciones, sino que además exigía cada vez más liquidez a TRS. Con el tiempo, Robinson acabó invirtiendo 4.000 millones de dólares en la Shearson. Fue esta sangría financiera insostenible la que le llevó a ponerse en contacto con Buffett. Al principio, Berkshire compró 300 millones de dólares en acciones preferentes: empezó limitando su inversión a esta modalidad, hasta que las cosas mejoraran y una gestión más racional le convenciera para convertirse en accionista habitual.

CRITERIO: RACIONALIDAD

No era ningún secreto que la joya de la corona era la famosa tarjeta de crédito. Lo que parecía faltar era un equipo directivo que dominara y gestionara adecuadamente la dinámica económica del sector, una constatación que maduró en 1992 cuando Robinson dimitió y Harvey Golub se convirtió en consejero delegado. Golub, consciente del enfoque correcto de las cosas en su relación con Buffett, comenzó a utilizar términos como "franquicia" y "valor de marca" a propósito de American Express. La tarea inmediata de Golub fue reforzar la conciencia de marca por parte de TRS y apuntalar la estructura financiera de Shearson-Lehman en previsión de una venta.

En los dos años siguientes, Golub inició la liquidación de los activos más deficitarios de American Express, restableciendo su rentabilidad. En 1992, Golub declaró una oferta pública por la First Data Corporation (la división de servicios informáticos), que proporcionó a American Express unos ingresos netos de mil millones de dólares. Al año siguiente, The Boston Company, la división financiera del grupo, fue vendida a Mellon Bank por 1.500 millones de dólares. Poco después, la Shearson-Lehman se dividió en dos negocios separados: el negocio de consumo se vendió, mientras que Lehman Brothers se escindió y se ofreció a los accionistas de American Express en una asignación libre de impuestos, pero no antes de que Golub les arrancara los últimos mil millones de dólares.

En 1994, American Express empezaba a recuperar la rentabilidad: los recursos de la empresa estaban firmemente en manos de TRS, y la tarea de la dirección era convertirla en "la empresa de servicios más prestigiosa del mundo". Todas las comunicaciones de la empresa destacaban el gran valor de franquicia del nombre "American Express", e incluso IDS Financial Services pasó a llamarse "American Express Financial Advisors".

Ahora que todo estaba en su sitio, Golub fijó los objetivos financieros de la empresa: aumentar los beneficios por acción del 12 % al 15 % anual y aumentar la rentabilidad de los fondos propios del 18 % al 20 %. En septiembre de 1994, American Express emitió un comunicado que demostraba claramente la lucidez de la nueva dirección: sujeto a las condiciones del mercado, el consejo autorizó la recompra de 20 millones de acciones ordinarias. Pura música para los oídos de Buffett.

Durante el verano de 1994, Buffett convirtió las acciones preferentes de American Express que poseía Berkshire en acciones ordinarias. A finales de año, controlaba 27 millones de ellas, pagados a una media de 25 dólares cada una. Tras completar su plan de recompra de acciones en otoño, American Express anunció en la primavera siguiente que iba a recomprar otros 40 millones de acciones, aproximadamente el 8 % del capital flotante en el mercado.

Para entonces, la empresa se había transformado profundamente. Tras deshacerse de Shearson-Lehman y de sus grandes necesidades de capital, American Express volvió a estar en condiciones de producir un abundante flujo de liquidez: por primera vez, la empresa tenía más acciones y más efectivo del que necesitaba. Apreciando mucho estos cambios, Buffett aumentó drásticamente la participación de Berkshire, y en marzo de 1995 había añadido otros 20 millones de acciones a la cartera, con lo que la participación de Berkshire se situaba justo por debajo del 10 %.

CRITERIO: ¿CUÁL ES EL VALOR DE LA EMPRESA?

Desde 1990, los pasivos a largo plazo, así como las amortizaciones, eran casi equivalentes a las adquisiciones de terrenos, edificios y equipos. Cuando estos pasivos se corresponden más o menos con las salidas de caja, el *owner earning* o beneficio del propietario se acerca a los ingresos netos. Pero debido a los altibajos de la empresa, es difícil calcular la tasa de crecimiento del *owner earning* en American Express, y en tal situación es mejor optar por una proyección de crecimiento conservadora.

A finales de 1994, los beneficios de los propietarios reflejaban los resultados netos de las desinversiones de 1993 y ascendían a unos 1.400 millones. Como se ha dicho, el objetivo de Golub era aumentar los beneficios por acción del 12 % al 15 %. Suponiendo un crecimiento del 10 % en los próximos diez años, seguido por un crecimiento residual del 5 % en los años siguientes (muy por debajo de las expectativas de la dirección), y descontando los beneficios al 10 % (un tipo muy conservador a la luz del 8 % de los bonos del Tesoro de EE. UU. a 30 años), el valor intrínseco de American Express se estimó en 43.400 millones de dólares, o sea 87 dólares por acción. Si la empresa hubiera sido capaz de crecer un 12 %, el valor se habría acercado a los 50.000 millones de dólares, o 100 dólares por acción. Según la valoración más conservadora, Buffett adquiría American Express con un descuento del 70 % respecto a su valor intrínseco, un margen de seguridad importante.

IBM - International Business Machines

Cuando Buffett anunció en octubre de 2011 durante una entrevista en la CNBC que Berkshire Hathaway había comprado acciones de IBM, estoy seguro de que algunos accionistas se rascaron la cabeza, perplejos.

Al fin y al cabo, se trataba de la misma persona que había dicho repetidamente que no estaba interesada en invertir en empresas tecnológicas. “Podría pasarme todo el año que viene pensando en la tecnología y seguiría sin ser no ya el centésimo, pero ni siquiera el milésimo o el millonésimo experto del país en analizar este tipo de inversiones", dijo en una ocasión[46].

Lo que impedía a Buffett tratar con empresas de alta tecnología no era que no las entendiera, sino que las entendía demasiado bien. Su problema era la dificultad para predecir los ingresos: la innovación y el cambio constante son intrínsecos al sector y hacen que la vida de cualquier posible franquicia sea muy corta. Buffett podía ver un futuro con Coca-Cola, Wells Fargo, American Express, Johnson & Johnson, Procter & Gamble, Kraft Foods y Wal-Mart, y podía atisbarlo con cierta seguridad. Un futuro con Microsoft, Cisco, Oracle, Intel e —así lo creíamos todos— IBM era simplemente demasiado imprevisible. Pero a finales de 2011, Berkshire Hathaway había comprado 63,9 millones de acciones de IBM, lo que equivale a cerca del 5,4 % de la empresa. Fue un movimiento audaz, de 10.800 millones, la mayor compra de acciones jamás realizada por Buffett.

CRITERIO: RACIONALIDAD

Cuando Buffett presentó la operación de IBM a los accionistas de Berkshire en su informe anual de 2011, muchos pudieron pensar que estaban ante un curso intensivo sobre las ventajas competitivas de IBM y su excelencia en el sector de la información. En cambio, recibieron una especie de dispensario en píldoras sobre los méritos de la recompra de acciones comunes y sobre lo que, a largo plazo, eran consideraciones inteligentes para esta estrategia corporativa.

El discurso de Buffett empezaba así: "Como todos los analistas saben, Lou Gerstner y Sam Palmisano han hecho un trabajo magnífico al llevar a la IBM desde prácticamente la situación de quiebra de hace veinte años hasta su actual posición de prominencia. Se trata de un éxito operativo extraordinario"[47]. Es difícil imaginar que hace veinte años la centenaria IBM estaba al borde del colapso, pero solo en 1992 había perdido 5.000 millones de dólares, la mayor cantidad jamás perdida en un solo año por una empresa estadounidense. Al año siguiente, Lou Gerstner fue llamado para dar un giro a la empresa. En su libro *Who Says Elephants Can't*

Dance? (HarperCollins, Nueva York, 2002) Gerstner esbozó sus estrategias, entre ellas la venta de tecnología de hardware con bajos márgenes de beneficio y el desplazamiento del negocio hacia el software y los servicios. Luego, en 2002, Sam Palmisano liquidó el negocio de los ordenadores personales y mantuvo el crecimiento de IBM durante los diez años siguientes, centrándose en los servicios, Internet y el software.

"Su gestión financiera ha sido igual de brillante", continuó Buffett, "no conozco ninguna otra empresa de esas dimensiones con una mejor gestión financiera, un valor añadido que ha aumentado los beneficios de los accionistas de IBM. La empresa se ha endeudado con prudencia, ha realizado adquisiciones que producen valor casi exclusivamente con su propia liquidez, y ha recomprado sus propias acciones de forma decidida"[48].

En 1993, IBM tenía 2.300 millones de acciones en el mercado. Diez años más tarde, cuando Gerstner se retiró y llegó Palmisano, había crecido hasta los 1.700 millones. En diez años, Gerstner había recomprado el 26 % del capital flotante, aumentando los dividendos en un 136 %. Una lección de la que Palmisano no hizo caso omiso: durante sus diez años en el cargo, IBM redujo aún más sus acciones en circulación en un 36 %, de 1.700 a 1.100 millones. Como si no bastara, el dividendo pasó de 0,59 a 3,30 dólares, un aumento del 460 %.

De los cuatro purasangres de la tecnología —IBM, Microsoft, Intel y Cisco—, solo uno había visto su cotización superar el pico de 1999, el año de la burbuja tecnológica, y era IBM. A finales de 1999, el precio de las acciones de IBM era de 112 dólares, y en 2012 el precio había subido a 191 dólares: es fácil compararlo con Cisco (de 54 a 19 dólares), Intel (de 42 a 20 dólares) y Microsoft (de 52 a 27 dólares). La cuestión no era que IBM hubiera crecido con mayor rapidez que las demás, sino que el precio de la acción había aumentado, porque lo que se había disparado era el valor por acción. Entre 1999 y 2012, Microsoft redujo sus acciones en circulación en un 19 %, Intel y Cisco en un 23 %, mientras que IBM optó por reducir su capital flotante en el mercado hasta un asombroso 36 %.

No olvidemos lo que decía Buffett: después de empezar a comprar acciones de una empresa, es mejor que el mercado tarde un poco en darse cuenta, para poder seguir comprando a buen precio. Lo mismo le sucede a una empresa en medio de un programa de recompra de sus propias acciones: "Cuando Berkshire compra las acciones de una empresa que a su vez las está recomprando, nuestra mayor esperanza es que ocurran dos cosas: en primer lugar, que los beneficios sigan creciendo durante el mayor tiempo posible; en segundo, que el mercado infravalore las acciones, eso también durante el mayor tiempo posible".

Como explicaba Buffett, en los próximos cinco años IBM gastaría unos 50.000 millones para recomprar sus propias acciones: "En ese momento, ¿qué debería desear un accionista a largo plazo como Berkshire? Tenemos grandes esperanzas de que las acciones de IBM se mantengan lo más deprimidas posible durante esos cinco años"[49].

En un mundo obsesionado con el rendimiento a corto plazo, desear que una acción se mantenga deprimida durante tanto tiempo puede parecer, como mínimo, absurdo. Pero para un verdadero inversor a largo plazo es una conclusión perfectamente razonable. Buffett nos guía por los números de su razonamiento: "Si cada título de IBM vale, digamos, 200 dólares, con 50.000 millones de dólares la empresa puede comprar 250 millones de acciones. El capital flotante será entonces de 910 millones de acciones y seremos titulares de un 7 %. Si, por el contrario, a lo largo de esos cinco años, la acción se revaloriza hasta una media de 300 dólares, IBM solo recomprará 167 millones de acciones, dejando 990 millones en capital flotante, de los que poseeríamos el 6,5 %"[50]. Para Berkshire, se trata de una diferencia significativa: a un precio bajo por acción, aumentaría su participación en los beneficios en 100 millones, lo que en un periodo de cinco años podría suponer un aumento de valor de 1.500 millones.

Criterio: proyecciones favorables a largo plazo

Buffett siempre ha confesado haber llegado tarde a la fiesta de IBM. Al igual que con Coca-Cola en 1988, y con Burlington Northern Santa-Fe en 2006, llevaba cincuenta años leyendo sus informes anuales, antes de la epifanía, que le llegó un sábado de marzo de 2011. Citando a Thoreau, Buffett dijo: “Lo que cuenta no es lo que miras, sino lo que ves”. Declaró a la CNBC que recibió “en plena cara” el impacto de las ventajas competitivas de IBM a la hora de encontrar y mantener clientes[51].

El sector de los servicios de la Tecnología de la información (TI) constituye una industria global y dinámica dentro del sector de la alta tecnología, y en ese ámbito no hay nadie con el tamaño de IBM[52]. La TI es un mercado de 800.000 millones de dólares que abarca un amplio espectro de servicios en cuatro áreas: consultoría, integración de sistemas, externalización de la TI y externalización del proceso empresarial. Las dos primeras producen conjuntamente el 52 % de los ingresos de IBM; el 32 % procede de la externalización de la TI y el 16 % de la externalización de los procesos empresariales. En consultoría e integración de sistemas, IBM es el primer proveedor mundial, un 38 % por encima de que su competidor directo, Accenture. En la externalización de la TI sigue siendo el número uno, por delante de su competidor más cercano, Hewlett-Packard, con un 78 %. En la cuarta área es el séptimo proveedor, por detrás de Teleperformance, Atento, Convergys, Sitel, Aegis y Genpact.

Dentro de la alta tecnología, los servicios de la TI se consideran ámbitos de consolidación del crecimiento. Los sectores tecnológicos como el hardware y los semiconductores son intrínsecamente más cíclicos, mientras que los servicios se benefician de una dinámica de crecimiento relativamente más estable. El sector de las tecnologías de la información es más robusto porque sus ingresos, por un lado, tienden a renovarse y, por otro, están ligados a partidas presupuestarias no discrecionales de empresas y gobiernos. Como explica Grady Burkett, director de tecnología de Morningstar.com, “los servicios de la TI son tan importantes que la consultoría, la integración de sistemas y la subcontratación se consideran "cimientos", a causa de activos intangibles como la reputación, el historial profesional y las relaciones con los clientes". Esto es lo que hace que una vez que IBM consigue un cliente, es probable que le sea fiel durante muchos años. Solo un área de intervención, y de carácter menor, como la externalización del proceso empresarial, no está protegida por un mecanismo similar.

Según la Gartner, la mayor empresa de investigación de la TI del mundo, el mercado global de servicios crecerá a una tasa compuesta del 4,6 %, pasando de 844.000 millones en 2011 a 1.050.000 millones en 2016.

Criterios: márgenes de beneficio, rendimiento del capital, la regla del dólar

La transformación iniciada por Lou Gerstner y acelerada por Sam Palmisano hizo que IBM dejara de ser una costilla de la industria de alta tecnología con productos indiferenciados y márgenes reducidos para centrarse en actividades rentables y "protegidas" como la consultoría y la integración de sistemas. Cuando Gerstner enderezó el rumbo en 1994, la plusvalía de IBM era del 14 %. Cuando se jubiló en 2002, había aumentado al 35 %. Palmisano continuó esa tarea, incrementándola aún más y cuando se fue en 2012 había llegado al 62 %.

Parte de este aumento se debe a la drástica reducción del capital flotante del accionariado. Pero la causa más importante fue la decisión de alejarse de los negocios de bajos márgenes y centrarse en la consultoría y en la externalización. En 2002, los beneficios netos de IBM fueron del 8,5 %. Diez años más tarde, casi se habían duplicado hasta alcanzar el 15,6 %.

En el transcurso de unos diez años (2002-2011), la empresa produjo un beneficio neto para los accionistas de IBM de 108.000 millones, repartiendo 20.000 en forma de dividendos y destinando los otros 88.000 para inversiones, adquisiciones y recompra de acciones. En los mismos años, la capitalización bursátil aumentó en

80.000 millones. No es exactamente el dólar de valor de mercado por cada dólar retenido por la empresa que le gustaría ver a Buffett, pero teniendo en cuenta que los diez años anteriores habían sido extremadamente difíciles para las acciones de gran capitalización, se trata de un resultado más que respetable.

Criterio: ¿Cuál es el valor de la empresa?

En 2010, IBM generó 14.800 millones de beneficios netos para los accionistas, gastando 4.200 millones en Capex, que se compensaron en gran medida con 4.800 millones en depreciaciones y amortizaciones. El resultado neto fue una ganancia para el propietario de 15.400 millones. ¿Qué empresa puede producir 15,4 de liquidez? Según John Burr Williams (y Warren Buffett), el valor se calcula descontando la liquidez futura del valor actual. La liquidez futura dependerá a su vez del crecimiento de la empresa, y Buffett utiliza como tipo de descuento el rendimiento de los bonos del Tesoro estadounidense a largo plazo, que son su definición habitual de "libre de riesgo".

No olvidemos que Buffett no incluye en sus cálculos una prima de riesgo sobre el capital, sino que prefiere contabilizarla con un margen de seguridad representado por el precio que está dispuesto a pagar. Utilizando su teoría, podemos calcular el valor de IBM. Utilizando un modelo de descuento en dos etapas, asumimos que IBM aumenta sus beneficios un 7 % durante diez años y un 5 % en los años siguientes. A continuación, descontamos de estos beneficios un 10 % (muy superior al 2 % del bono del Tesoro estadounidense a diez años): un tipo más alto produce un mayor margen de seguridad. Según estos cálculos, IBM vale 326 dólares por acción, mucho más que la media de 169 dólares que paga Buffett. Si reducimos la tasa de crecimiento de los diez primeros años al 5 %, un valor más cercano a la estimación de Gartner para el sector de los servicios informáticos, el valor por acción sube a 279 dólares, que sigue siendo 100 dólares más de lo que pagó Buffett.

Otro posible enfoque de la cuestión de la valoración es preguntarse qué tasas de crecimiento implica un precio de 169 dólares por acción. Para hacer valer esta cantidad, IBM tendría que aumentar los ingresos de los propietarios de forma constante en un 2 %, para siempre. Muchos lectores podrían sobresaltarse ante las estimaciones de 326 o 279 dólares por acción, pero sospecho que al menos otros tantos estarían de acuerdo en que el crecimiento sería superior al 2 % anual durante la primera década. Estoy convencido de que la valoración correcta se encuentra en algún punto entre estas dos estimaciones, lo que nos lleva a una de las máximas favoritas de Buffett: "Prefiero estar vagamente en lo cierto que claramente equivocado".

En muchos sentidos, la compra de la participación de IBM recuerda a la de Coca-Cola. En aquel momento, muchos críticos se mostraron desconcertados: Coca-Cola parecía una empresa aburrida y de lento crecimiento que había dejado atrás sus mejores días (al igual que IBM). Cuando Buffett la adquirió, la acción cotizaba a 15 veces los beneficios y a 12 veces la liquidez, es decir, un 30 % y un 50 % por encima de la media del mercado. Cuando aplicamos el modelo de descuento a los ingresos del propietario de Coca-Cola utilizando varias tasas de crecimiento, descubrimos que las acciones se vendían realmente con un importante descuento sobre su valor, a pesar de los márgenes mencionados. Suponiendo una tasa de crecimiento improbable del 5 %, el resultado era que Coca-Cola valía 20.700 millones, mucho más que el valor de mercado actual de 15.100 millones.

En los diez años siguientes, el precio de la acción se multiplicó por 10, mientras que el índice S&P solo aumentó tres veces. Permítasenos una advertencia: no estamos diciendo en absoluto que IBM vaya a multiplicarse por diez en los próximos diez años, solo que el método de Wall Street de recurrir a índices contables para determinar el valor puede dar una buena fotografía del presente, pero es una forma pésima de calcular el crecimiento sostenible a largo plazo. O, dicho de otro modo, el mercado casi siempre se equivoca en su evaluación del crecimiento sostenible a largo plazo.

Que quede claro, el mayor papel en los éxitos de IBM lo desempeñarán sus futuros beneficios. Toni Sacconaghi, analista de tecnología de Sanford C. Bernstein, la califica como la "fortaleza de IBM, una empresa cuyos beneficios parecen casi impermeables a la ciclicidad del sector". Toni llegó a definir a IBM, el mayor proveedor mundial de tecnologías de la información para empresas y gobiernos, de "aburridamente predecible"[53]. Eso es lo que decían de Coca-Cola en 1989, y es exactamente lo que Buffett prefiere en una empresa.

También hemos aprendido hasta ahora que la gestión financiera es un factor secundario muy importante para el éxito de una empresa. El legado de Gerstner y Palmisano tendrá sin duda una gran influencia en Ginni Rometty, el nueva CEO de IBM. Ya hoy, el "Financial Model and Business Perspective" de IBM (un plan quinquenal) incluye 50.000 millones para futuras recompras de acciones. Al ritmo actual de recompra, la empresa se quedará con un capital flotante de no más de 100 millones de acciones en 2030. Por supuesto, nadie sabe si IBM mantendrá este ritmo, pero eso no impide a Buffett soñar y decir a los accionistas: "Si estas recompras llegan a reducir el capital flotante a 63,9 millones, abandonaré mi frugalidad habitual y daré a los empleados de Berkshire unas vacaciones pagadas"[54].

H. J. Heinz Company

El 14 de febrero de 2013, Berkshire Hathaway y 3G Capital compraron la empresa H. J. Heinz por 23.000 millones de dólares, a 72,50 dólares por acción, una prima del 20 % sobre el precio de la acción del día anterior.

No era difícil ver cómo encajaba Heinz entre los negocios de Berkshire Hathaway. Es una de las empresas de alimentos más conocidas del mundo, con una visibilidad global no muy inferior a la de Coca-Cola e IBM. Las botellas rojas de kétchup de Heinz se encuentran en millones de hogares, junto con otras marcas populares como la salsa Worchester Lea & Perrins. En 2012, la empresa obtuvo unos ingresos de 11.600 millones, gracias a las ventas realizadas principalmente en Europa y en los mercados emergentes de rápido crecimiento. "Ese es el tipo de empresa que preferimos", comentó Buffett[55].

CRITERIO: UN HISTORIAL OPERATIVO COHERENTE

Dieciocho años antes de que el farmacéutico John Pemberton inventara la fórmula de Coca-Cola, Henry J. Heinz fabricaba comestibles en Sharpsburg, Pennsylvania. La empresa comenzó vendiendo salsa de rábano picante en 1869 y pasó al kétchup en 1876. Henry Heinz se hizo con las acciones de sus dos socios en 1888 y rebautizó la empresa como H. J. Heinz Company. El famoso eslogan de "57 variedades" se acuñó en 1896. Se cuenta que un día Henry Heinz viajaba en un tren elevado en Nueva York cuando vio una zapatería que afirmaba vender 21 modelos. Heinz seleccionó el número 57 al azar, pero eligió el "7" intencionadamente, por su influencia psicológica positiva. Buffett también señaló que 1869, cuando Heinz empezó a comercializarse, fue también el año en el que su bisabuelo Sidney abrió una tienda de comestibles.

CRITERIO: PROYECCIONES FAVORABLES A LARGO PLAZO

Heinz es el número uno mundial de kétchup y el número dos de otras salsas. Su futuro no solo depende de mantener la cuota de mercado, sino también de su posicionamiento en los mercados emergentes, donde actualmente le va bastante bien. En 2010 compró Foodstar of China, y en 2011 una participación del 80 % de la brasileña Coniexpress SA Industrias Alimeticias. En la actualidad, los mercados emergentes abarcan siete de las 10 principales marcas del grupo, y además el valor de Foodstar of China ya se ha duplicado.

¿Qué importancia tienen estos mercados para Heinz? En los últimos cinco años han representado más del 80 % del aumento de las ventas, y en el ejercicio 2012 el 21 % de los ingresos, con previsiones del 25 % para 2013. Según su director general, William Johnson, la tasa de crecimiento de la empresa es una de las más altas del sector.

CRITERIO: ¿CUAL ES EL VALOR DEL NEGOCIO?

En 2012, Heinz registró 923 millones de beneficios netos, 342 millones de costes de depreciación y 418 millones de Capex, con lo que distribuyó 847 millones de ganancias de los propietarios a los accionistas. Pero en el informe anual observamos 163 millones de costes después de impuestos por despidos, pérdidas de capital y otras partidas de costes: cuando sumamos estos gastos no operativos, obtenemos una estimación de unos 1.000 millones de dólares para las ganancias del propietario de la empresa.

Utilizando un modelo de descuento en dos etapas, estimamos que estos mil millones crecerán un 7 % durante diez años, y un 5 % en los años siguientes. Descontando la liquidez al 9 % (el coste de las acciones preferentes que Berkshire aportó para cerrar la transacción) obtenemos una estimación de 96,40 dólares por acción. Con un crecimiento constante inferior del 5 % en los años siguientes, obtenemos un valor de 82,10 dólares por acción. Teniendo en cuenta que la empresa ha aumentado los beneficios por acción a una tasa de crecimiento compuesto del 8,4 % en los últimos cinco años, y sabiendo que los mercados emergentes en rápida expansión representarán una parte aún mayor en los próximos cinco, me atrevería a decir que se trata de estimaciones extremadamente conservadoras.

Criterio: comprar con un margen significativo sobre el valor

Si la empresa es capaz de crecer al 7 % durante diez años y más tarde al 5 % en los siguientes, entonces Buffett ha comprado las acciones con un descuento del 25 % sobre su valor intrínseco. Con una estimación más conservadora del 5 % de crecimiento, este margen es del 12 %.

Está claro que estos no son los márgenes de seguridad normales de una inversión de Buffett, pero la conveniencia de Heinz va más allá de estas consideraciones. Berkshire Hathaway y la empresa brasileña de capital riesgo 3G Capital poseerán cada una la mitad de Heinz por 4.000 millones de dólares. Para ello, Berkshire ha invertido 8.000 millones de dólares en acciones preferentes rescatables con un rendimiento del 9 %. Las acciones preferentes también tienen otra característica atractiva a los ojos de Buffett. Para empezar, en algún momento del futuro se amortizarán con un importante excedente; además, conceden a Berkshire el privilegio de comprar el 5 % de las acciones ordinarias por un determinado importe nominal. Al final, Berkshire Hathaway obtendrá un rendimiento anual del 6 % sobre su inversión total, menos el valor de la garantía, el coste de la conversión de las preferentes y cualquier aumento futuro del valor intrínseco de la empresa. Aunque Heinz pierda dinero, Berkshire Hathaway recuperará sus dividendos preferentes. E incluso en el improbable caso de una quiebra, Berkshire estaría en una posición privilegiada en relación con otros acreedores para reposicionarse de forma rentable en una nueva Heinz.

Criterio: racionalidad

Es fácil de entender que Heinz es el tipo de empresa que a Buffett le gusta comprar. Es un negocio sencillo y comprensible; tiene un historial operativo consistente; y, habiendo aprovechado plenamente el crecimiento de los mercados emergentes, tiene atractivas perspectivas a largo plazo. El rendimiento del capital invertible (incluida la deuda) es del 17 %, con un margen del 35 % sobre los fondos propios.

Sin embargo, la compra de Heinz tiene dos inconvenientes, que la hacen absolutamente única. Para empezar, la empresa soporta la carga de 6 dólares de deuda por cada dólar de capital: los intereses de la deuda, junto con el 9 % de dividendos preferentes reconocidos a Berkshire requerirán la mayor parte del beneficio del propietario. En otras palabras, la empresa debe recurrir en buena medida al apalancamiento financiero. En segundo lugar, será gestionada por una dirección elegida por 3G Capital y coordinada por Jorge Paulo Lemann, el hombre más rico de Brasil.

En el pasado, al comprar una empresa, Buffett siempre ha preferido dejarla en manos de la dirección a cargo, pero en este caso el futuro de Heinz dependerá de un nuevo equipo.

Buffett conoció a Lemann en los años noventa, cuando ambos formaban parte del consejo de administración de Gillette. Lemann y la 3G Capital no son especialmente conocidos en Estados Unidos, pero se trata de un grupo con grandes éxitos a sus espaldas en sectores como la comida rápida, los restaurantes, la banca y las cervecerías. En 2004, en lo que se considera un hito en su historia, Lemann fusionó su pequeña cervecera brasileña AmBev con el gigante belga Interbrew, productor de marcas como Stella Artois y Beck's. A pesar de la diferencia de tamaño, fue la gente de Lemann la que ocupó los puestos clave en la nueva empresa, que en 2008 desembolsó 52.000 millones por Anheuser-Busch en la que sigue siendo la mayor fusión del sector de todos los tiempos.

En 2010, 3G Capital adquirió Burger King por 3.300 millones de dólares. En pocas semanas, se despidió a la mitad de los 600 empleados de la oficina de Miami, se liquidaron los inmuebles que ocupaban los ejecutivos y se comunicó a los empleados que a partir de entonces tendrían que solicitar y obtener un permiso para imprimir en color. Desde la adquisición, 3G Capital ha reducido los costes de explotación en un 30 %, mientras que cada uno de sus establecimientos ha introducido nuevos productos, como batidos y "rollitos" para llevar en una campaña de relanzamiento pagada por los titulares de las franquicias. En el cuarto trimestre de 2012, Burger King informó de que había duplicado sus beneficios y había aumentado su liquidez. Al estudiar el perfil de los gestores de 3G Capital y el éxito de sus negocios anteriores, podemos recordar a otro gestor al que Buffett consideraba entre los mejores del mundo, Tom Murphy. La misma pasión con la que Murphy recortó los costes innecesarios y aumentó la productividad de Cap Cities/ABC es evidente en la gestión de 3G Capital.

Según algunos, dado que 3G Capital es una empresa de capital privado, tratará de liquidar su inversión en Heinz más pronto que tarde, pero Lemann insiste en que se trata de un proyecto a largo plazo, exactamente igual que en el caso de AnheuserBusch. Al igual que AmBev ha servido de plataforma para la consolidación y el futuro crecimiento de las cervecerías, Heinz podría servir de punto de partida para la consolidación y el crecimiento de la industria alimentaria.

Tanto si 3G Capital permanece a la guía como si no, a Buffett le parece perfecto ser un propietario a largo plazo. "Heinz será el juguete de 3G", declara. Pero, por supuesto, también añade que "si alguien del grupo 3G vendiera, podríamos optar más adelante por aumentar nuestra participación"[56].

Un hilo conductor

Es posible que el lector haya notado un motivo recurrente en todos estos casos: Warren Buffett nunca tiene prisa por vender, ni siquiera cuando los títulos que compra van bien: lo que le interesa no es la revalorización a corto plazo. Philip Fisher le enseñó que cualquier inversión es mejor que el dinero en efectivo, o no es una inversión, y Buffett se declara "conforme con mantener tal o cual propiedad indefinidamente, siempre que el rendimiento esperado del capital del negocio en cuestión siga siendo satisfactorio, la gestión sea profesional y honesta, y el mercado no empiece a sobrevalorar la empresa"[57]. (¿Resulta difícil reconocer en esta frase sus criterios clave?)

Y recuerda a los accionistas que su periodo de tenencia favorito es "para siempre". Y es con esta frase realmente memorable con la que Buffett nos lleva a examinar la otra cara de la moneda: después de tomar decisiones meditadas y racionales sobre qué acciones comprar, ¿de qué manera debemos gestionar nuestra cartera? Ese es el tema del próximo capítulo.

5

La gestión de la cartera

Matemáticas de la inversión

Hagamos balance por un momento: hasta ahora, hemos estudiado el método de Warren Buffett para comprar una empresa o seleccionar un título bursátil: dos acciones que para él, por supuesto, son la misma cosa. Hemos visto que su enfoque se basa en principios sólidos y coherentes, codificados en 12 métodos o criterios que afectan a la empresa, a la gestión, a las finanzas y al mercado.

También hemos visto cómo estos principios se han aplicado a una serie de compras efectuadas por Berkshire, incluyendo la clásica compra de Coca-Cola Company y la más reciente de IBM, y hemos analizado en detalle cómo la influencia de otras personas le ha ayudado a dar forma a su filosofía como inversor.

Sin embargo, como sabe cualquier inversor, decidir qué acciones comprar es solo la mitad de la historia; la otra mitad es gestionar la cartera a lo largo del tiempo. La gente suele pensar que es algo sencillo, que puede reducirse a las meras "acciones" que hay que "comprar", "vender" o "mantener". Estas decisiones se toman (o deberían tomarse, si se piensa como Buffett) teniendo en cuenta el margen de seguridad, que puede medirse comparando el precio actual de la acción con su valor intrínseco. Las acciones se compran cuando el precio está muy por debajo del valor, se mantienen cuando está ligeramente por debajo y se venden cuando está muy por encima.

Por muy crucial que sea, este tipo de enfoque no es suficiente en sí mismo: también debemos prestar la debida atención a tres importantes metodologías de gestión de carteras desarrolladas por Buffett:

1. cómo construir una cartera orientada al crecimiento a largo plazo;
2. el criterio alternativo que posee para medir el rendimiento de la cartera;
3. las técnicas para gestionar el estrés emocional que inevitablemente acompaña a la gestión de la cartera (los problemas psicológicos que plantea la gestión de una "cartera Warren Buffett" se analizan con más detalle en el capítulo 6).

Hollywood ha construido una especie de cliché estético de los gestores financieros: siempre están hablando por dos teléfonos al mismo tiempo; toman notas frenéticamente, mientras intentan no perder de vista un montón de monitores que escupen un sinfín de textos y datos; ponen expresiones de dolor cada vez que aparece la más mínima caída del precio de una acción en una de esas pantallas.

De Warren Buffett puede decirse de todo menos que cabe asignarlo a ese tipo de frenesí. Se mueve con una gran calma, lo que constituye una expresión de confianza. No tiene necesidad de mirar veinte pantallas al mismo tiempo: los cambios de mercado a corto plazo, minuto a minuto, no le interesan. Warren Buffett no piensa en términos de segundos, minutos, días, meses o trimestres, sino en términos de años. No tiene necesidad de seguir cientos de empresas, porque sus inversiones bursátiles son pocas y seleccionadas. Dice de sí mismo que se considera un "*focus investor*", un inversor selectivo: "Nos concentramos en unas pocas empresas de nivel excelente"[1]. Este enfoque de "inversión selectiva" simplifica enormemente la gestión de la cartera.

Es una idea muy simple. Pero que, como suele ocurrir, se basa en un elaborado entramado de nociones. En este capítulo, examinaremos en detalle las consecuencias de la inversión selectiva: el objetivo es proporcionar nuevas herramientas para la gestión de carteras. Mucha atención, sin embargo: con toda probabilidad, será algo diametralmente opuesto a todo lo que nos han enseñado sobre la inversión en los mercados bursátiles.

Las tendencias actuales en este ámbito parecen estar atrapadas en un tira y afloja entre dos estrategias que compiten entre sí: 1) la gestión activa de la cartera, y 2) la inversión indexada.

Los gestores que defienden el primer enfoque compran y venden constantemente grandes cantidades de acciones comunes. Su trabajo consiste en intentar satisfacer a los clientes que han acudido a ellos, bajo la constante espada de Damocles de perderlos, y con ellos sus puestos de trabajo. Para mantenerse al día, los gestores activos tratan de predecir lo que ocurrirá con la renta variable en los próximos meses, de modo que acaben con una cartera razonablemente bien cuidada y con clientes satisfechos al final del trimestre.

La inversión en valores indexados, por el contrario, se caracteriza por el llamado enfoque "buy-and-hold", compra y mantiene. Quienes operan de esta manera tienden a construir y mantener una cartera de valores lo más diversificada posible a lo largo del tiempo, con el objetivo deliberado de simular un índice bursátil concreto, como el índice S&P o el IBEX-35.

Los gestores activos sostienen que la habilidad y la experiencia en la selección de valores pueden permitirles batir cualquier índice. Los defensores de la segunda estrategia, en cambio, tienen a la historia de su lado: cada año, desde 1980 hasta 2011, solo el 41% de los fondos de pensiones de gran capitalización obtuvieron mejores resultados que el S&P[2].

Desde la perspectiva del inversor, el motivo de interés implícito de ambos enfoques es el mismo: minimizar el riesgo mediante la diversificación. Al poseer un gran número de valores emitidos por numerosas empresas y activos en un amplio espectro del mercado, los inversores esperan protegerse de las posibles pérdidas catastróficas a las que se expondrían si invirtieran todo su dinero en una sola área, y si ésta sufriera algún tipo de derrumbe. En un periodo normal, este es el pensamiento común, en una cartera diversificada algunos títulos subirán y otros bajarán, por lo que se hacen los debidos conjuros mentales y se espera que los segundos compensen los primeros.

Los gestores activos intentan conseguir este tipo de protección sobrecargando sus carteras; su punto de vista se basa en que cuantos más valores se tengan, mayor será la probabilidad de compensación. Diez acciones son mejores que una, y cien son mejores que diez. Por definición, un fondo indexado permite este tipo de diversificación si el índice que pretende replicar está a su vez diversificado. Esto es lo que hacen los fondos de pensiones tradicionales, que abarcan cien títulos o más. Pero hay un problema, que no es fácil de detectar porque todos hemos estado tan expuestos al mantra de la diversificación que ya no podemos ver una consecuencia inevitable: los resultados mediocres. Tanto los fondos activos como los indexados recurren a la diversificación, pero en general ninguna de las dos estrategias obtiene resultados especialmente brillantes.

¿Qué piensa Buffett de esta eterna disputa? De los dos contendientes, su elección inmediata e inamovible sería la indexación. Lo mismo harían los inversores con aversión al riesgo y los que no saben mucho sobre la dinámica de un sector económico concreto, pero aspiran a participar en las ganancias a largo plazo de una inversión bursátil. "Invirtiendo periódicamente en un fondo indexado", argumenta Buffett con su inimitable estilo, "los inversores totalmente inexpertos pueden obtener en efecto más éxito que la mayoría de los profesionales"[3].

Sin embargo, Buffett no tardaría en señalar una tercera vía, una estrategia de gestión activa de la cartera totalmente diferente que puede aumentar enormemente las probabilidades de un resultado superior al del índice. Es lo que él llamaba «inversión selectiva»: reducida al mínimo, significa elegir unos pocos valores con una probabilidad significativa de producir ganancias por encima de la media del mercado a largo plazo, concentrar la mayor parte de las inversiones en estos valores y resistir durante las subidas y bajadas del mercado a corto plazo.

Si se siguen fielmente, los criterios de Warren Buffett conducen inevitablemente a la identificación de empresas sanas y atractivas para una cartera seleccionada: empresas con un largo historial de resultados superiores a la media, con una gestión equilibrada y estable, y una estabilidad que apunta hacia una buena probabilidad de que reproduzcan los buenos resultados del pasado en el futuro. Esta es la esencia de la inversión selectiva: centrarse en las empresas con mayor probabilidad de obtener resultados superiores a la media. La teoría de la probabilidad, que es una rama de las matemáticas, es una de las ideas en las que se basa la inversión selectiva; hablaremos de ella más adelante en este capítulo.

Y, en relación con el consejo de Buffett a los inversores inexpertos de que confíen en los fondos indexados, lo interesante es su siguiente recomendación: “Si es usted un inversor algo más experimentado, capaz de captar y comprender la dinámica económica de un área determinada, y puede identificar entre cinco y diez empresas a un precio razonable con atractivas ventajas competitivas a largo plazo, entonces la diversificación normal no tiene sentido para usted”[4].

¿Qué hay de malo en la diversificación normal? Para empezar, aumenta mucho la probabilidad de comprar algo que no conocemos bien. Los inversores «entendidos», en cambio, aplican los criterios de Buffett y se centran en unas pocas empresas, entre cinco y diez, como se ha mencionado. Para el inversor medio, puede tener sentido invertir en 10 o 20 empresas.

Como vimos en el capítulo 2, el pensamiento de Buffett estaba muy influenciado por Philip Fisher, y es su mano la que vemos en estas consideraciones de gestión de cartera. Fisher era conocido por sus carteras seleccionadas: siempre había dicho que prefería un pequeño número de empresas excelentes que pudiera entender y analizar a fondo, a un número mayor de empresas más cercanas a la media que no pudiera entender especialmente bien. Como ya hemos visto, Fisher limitó su cartera a menos de 10 compañías, de las cuales tres o cuatro representaban el 75 % de su inversión total.

La influencia de Fisher también es evidente en su creencia de que cuando se encuentra una gran oportunidad, el único comportamiento razonable es realizar una gran inversión. Hoy en día, Buffett es el mayor promotor de ese enfoque: "Cualquiera que sea la inversión que esté tomando en consideración, debería tener el valor de comprometer al menos el 10 % de su disponibilidad en ella"[5].

De esta frase se desprende por qué, según Buffett, la cartera ideal no debería contener más de diez acciones. Pero la inversión selectiva no consiste simplemente en encontrar diez buenos valores entre los que dividir la suma disponible. Aunque todos los valores de una cartera de este tipo tuvieran buenas posibilidades de obtener un alto rendimiento, las posibilidades de unos pocos serían inevitablemente mayores, y a estos habría que destinar una mayor parte de la inversión.

Los jugadores de Black Jack entienden bien esta estrategia, a nivel intuitivo: cuando las probabilidades están ampliamente a su favor, apuestan más. Los inversores y los jugadores recurren a la misma ciencia, las matemáticas. En concreto, es la teoría de la probabilidad la que proporciona parte de la base racional de la inversión selectiva: se trata del modelo de optimización de Kelly, que analizaremos en detalle en este capítulo. En particular, las fórmulas de Kelly recurren a las probabilidades para optimizar la inversión de la cartera.

La inversión selectiva es exactamente lo contrario de un enfoque ampliamente diversificado y de recambio rápido. Por un lado, aunque de todas las estrategias activas es la que tiene más posibilidades de superar a un índice determinado a lo largo del tiempo, requiere que los inversores preserven pacientemente sus carteras durante los periodos en los que las otras técnicas parecerán más rentables. A corto plazo, los cambios en los tipos de interés, la inflación o las expectativas de beneficios inmediatos de una empresa pueden afectar a los precios de las acciones. Pero a medida que el horizonte temporal se amplía, las características económicas intrínsecas de las empresas en cuestión tendrán un mayor impacto en la formación del precio de las acciones.

¿De qué margen de tiempo estamos hablando? No hay reglas fijas, aunque Buffett probablemente diría que cinco años, ya que ese es el periodo en el que supervisa el rendimiento de Berkshire Hathaway. Por supuesto, el objetivo no es una tasa de rotación cero, que sería un error de signo contrario, porque no permitiría aprovechar una oportunidad, en caso de que se presentara. Mi sugerencia, en términos muy generales, es que el índice de rotación se sitúe entre el 10 % y el 20 %: en el primer caso, las acciones deberían mantenerse durante diez años, en el segundo, durante cinco.

La inversión selectiva tiene como objetivo obtener rendimientos superiores a los del mercado y, como veremos, hay buenas razones —como demuestran tanto la investigación científica como los casos individuales— para que este enfoque alcance el éxito, si se lleva a cabo de forma metódica y juiciosa. Por supuesto, es igualmente cierto que se trata de un camino accidentado, porque su inevitable subproducto es una mayor volatilidad de los precios. Los inversores selectivos lo soportan porque saben que, a largo plazo, la dinámica económica de las empresas individuales tenderá a prevalecer y a compensar las fluctuaciones a corto plazo.

Y Buffett es un maestro en no dar importancia a los caminos llenos de baches. Al igual que su socio Charlie Munger, que en su momento llegó a abrazar la noción fundamental de la inversión selectiva desde una perspectiva ligeramente diferente. “Eran los años sesenta”, recuerda, “y estaba echando un vistazo a una tabla de tipos de interés compuestos, haciendo varias suposiciones sobre qué tipo de ventaja tendría respecto al comportamiento de ciertas acciones comunes, de forma muy general”[6]. Charlie simuló varios escenarios para determinar el número de acciones que necesitaba para su cartera y la volatilidad que debía esperar: “Como jugador de póquer, sabía que cuando las probabilidades estaban claramente a tu favor, tenías que apostar fuerte”.

Llegó a la conclusión de que mientras fuera capaz de mantener la volatilidad de los precios bajo control, sería más que suficiente con gestionar tres acciones: "Sabía que podría soportarlo desde un punto de vista psicológico, porque me habían educado exactamente así"[7].

Por supuesto, puede ocurrir que uno haya sido educado para soportar el estrés psicológico derivado de la oscilación de precios, pero incluso sin ser tan afortunado, resulta sin duda posible hacerlo. Es necesario decidir de forma deliberada y consciente qué queremos cambiar nuestra forma de pensar y de comportarnos: estas cosas no suceden de la noche a la mañana, pero no cabe duda de que es posible aprender gradualmente a no dejarse llevar por el pánico, o a no actuar precipitadamente como reacción a los caprichos del mercado.

Las matemáticas de la inversión selectiva

Es ciertamente una simplificación, pero no una exageración, afirmar que el mercado bursátil es como un gigantesco almacén repleto de innumerables oportunidades. Dentro del almacén, actúan miles de fuerzas diferentes que se combinan para conformar los precios, todas ellas en perpetuo movimiento y transformación y cada una de los cuales capaz de tener repercusiones drásticas, que nunca pueden predecirse con certeza absoluta. La tarea del inversor es, por lo tanto, reducir el campo de observación identificando y eliminando aquello sobre lo que se tiene más información, para centrarse en lo que es menos conocido. En otras palabras, es un ejercicio de cálculo probabilístico.

Cuando no podemos expresarnos con certeza sobre una situación determinada, pero aun así queremos formular una opinión, a menudo precedemos nuestras observaciones con expresiones como "es probable que", "probablemente" o "no parece probable que...". Cuando intentamos dar un paso más y cuantificar estas frases generales, nos encontramos con el cálculo de la probabilidad, es decir, la formulación matemática del riesgo.

¿Cuál es la probabilidad de que una gata dé a luz a un pájaro? Cero. ¿Cuál es la probabilidad de que el sol salga mañana? Asignamos la probabilidad 1 a este acontecimiento, que consideramos seguro. Por lo tanto, decimos que todos los sucesos que no son completamente imposibles ni absolutamente seguros tienen una probabilidad de producirse que oscila entre el 0 y el 1. Encontrar ese número es el objetivo de la teoría de la probabilidad.

En 1654, Blaise Pascal y Pierre de Fermat mantuvieron una rica correspondencia que constituyó la base de la teoría. Pascal era un niño prodigio extremadamente dotado tanto en matemáticas como en filosofía, a quien el Cavalier de Méré, filósofo y hábil jugador, había desafiado a resolver un problema que había frustrado a más de un matemático. ¿Cómo debe repartirse la apuesta si los dos jugadores deciden abandonar antes del final de la partida? Pascal había involucrado a Fermat, él mismo un gran talento matemático, en este asunto. "La correspondencia de 1654 entre Pascal y Fermat sobre el asunto", explica Peter Bernstein en *Contra los dioses. La extraordinaria historia del riesgo* (Profit, Barcelona, 2020), su espléndido tratado sobre el riesgo, "fue un acontecimiento que marcó época en la historia de las matemáticas y de la teoría de las probabilidades"[8]. Aunque los dos abordaron el problema desde puntos de vista diferentes (Fermat recurrió al álgebra, mientras que Pascal utilizó la geometría), lograron desarrollar un método para determinar la probabilidad de los diferentes resultados posibles. El triángulo numérico de Pascal resuelve en realidad muchos problemas diferentes, y entre ellos responde a la pregunta: "¿Cuál es la probabilidad de que mi equipo favorito gane el Campeonato del Mundo tras perder el primer partido?".

Los trabajos de Pascal y Fermat marcan el inicio de la teoría de la "*decision making*", es decir, el conjunto de prácticas y métodos para tomar decisiones cuando no podemos estar seguros de lo que va a ocurrir. "Tomar una decisión en una situación incierta es el primer paso de cualquier proceso de gestión de riesgos"[9].

El cálculo de probabilidades fue fundado y desarrollado por Pascal y Fermat, pero fue otro matemático, Thomas Bayes, quien escribió la obra que allanó el camino para las aplicaciones prácticas de la teoría. Nacido en Inglaterra en 1701, exactamente cien años después de Fermat y setenta y ocho años después de Pascal, Bayes vivió una vida no especialmente interesante. Fue miembro de la Royal Society, pero durante su vida no publicó ninguna obra matemática; solo después de su muerte se imprimió su trabajo *Essay Towards Solving a Problem in the Doctrine of Chances* [Ensayo para la resolución de un problema en la doctrina de las probabilidades], que pasó prácticamente desapercibida. Sin embargo, según Bernstein, se trataba de "una obra asombrosamente original, que situó a Bayes para siempre entre los grandes de la estadística, la economía y otras ciencias sociales"[10]. En términos prácticos, permite a los inversores aplicar la teoría matemática de la probabilidad.

El análisis bayesiano proporciona una herramienta lógica para considerar un conjunto de posibles resultados, entre los que solo se producirá uno. Conceptualmente, es un procedimiento sencillo: empezamos asignando una probabilidad a cada uno de los resultados en función de la información disponible. Si más adelante venimos a conocer más información, la probabilidad inicial se actualiza para tenerla en cuenta. El teorema de Bayes es un procedimiento matemático para revisar las opiniones iniciales y, por tanto, los riesgos que estamos dispuestos a asumir.

¿Cómo funciona? Imaginemos que estamos pasando la tarde con un amigo jugando a nuestro juego de mesa favorito y, al llegar al final, charlamos sobre esto y aquello. Nuestro amigo dice algo que nos incita a hacer una apuesta: si lanzamos el dado del juego, obtendremos un 6. La probabilidad de que esto ocurra es de una entre seis, es decir, alrededor del 16 %. Pero supongamos que el amigo lanza el dado, lo tapa rápidamente con la mano y echa una mirada furtiva. "Puedo decirte esto", afirma entonces, "es un número par". En este punto, gracias a esta información adicional, las probabilidades aumentan drásticamente a una de cada tres, es decir, alrededor del 33 %. Mientras reflexionamos sobre si debemos cambiar la apuesta, el amigo añade socarronamente: "Y no es cuatro". En este punto, este dato adicional cambia las probabilidades de nuevo, llevándolas a una de dos, es decir, al 50 %. Este ejemplo tan sencillo es una forma de análisis bayesiano: cada nueva pieza de información que cambia la probabilidad inicial se llama inferencia bayesiana.

El análisis bayesiano supone un intento de integrar toda la información disponible en un proceso de producción de inferencias, o decisiones, sobre los fenómenos naturales subyacentes. Las universidades aplican el teorema de Bayes para ayudar a los alumnos a estudiar la "*decision making*": en esos cursos, el enfoque bayesiano es más conocido con el nombre de "teoría del árbol de decisiones", donde cada rama del árbol representa una nueva información que, a su vez, cambia lo que está en juego. "En la Harvard Business School" recuerda Charlie Munger, "el ejercicio cuantitativo que une todos los cursos de primer año se llama teoría del árbol de las decisiones. En definitiva, un poco de álgebra del instituto aplicada a problemas de la vida real. A los estudiantes les encanta: se emocionan cuando descubren que las formulillas que han estado estudiando sirven realmente para algo en la vida"[11].

Como señala Charlie, el álgebra elemental es extremadamente útil para calcular probabilidades, pero para aplicarlo realmente a la inversión, tenemos que mirar un poco más de cerca cómo se procesan estos números. En particular, tenemos que entender la noción de frecuencia.

¿Qué significa que la probabilidad de acertar cara en un solo lanzamiento de moneda es de una entre dos? ¿O que la probabilidad de obtener un número impar con un solo lanzamiento de un dado sigue siendo de una entre dos? Si en una caja hay 70 bolas rojas y 30 azules, ¿qué significa que la probabilidad de elegir una bola azul al azar es de tres sobre diez? En todos estos ejemplos, la probabilidad del suceso es lo que se denomina "interpretación de la frecuencia" y se basa en la ley de los grandes números.

Si un acontecimiento incierto se repite un número infinito de veces, la frecuencia con la que se produce se refleja en su probabilidad. Por ejemplo, si lanzamos una moneda 100.000 veces, el número de veces que esperamos que salga cara es 50.000. Atención: no he dicho que deban ser 50.000. La ley de los grandes números establece que la frecuencia relativa y la probabilidad solo coinciden en el infinito, es decir, para infinitas repeticiones. En teoría, sabemos que al lanzar una moneda (no trucada) la probabilidad de obtener cara es de una entre dos, pero nunca podremos afirmar que esto ocurra realmente hasta que hayamos realizado un número infinito de lanzamientos.

En cualquier asunto que tenga que ver con acontecimientos inciertos, obviamente nunca podremos hacer afirmaciones definitivas. Sin embargo, si el problema está bien definido, debería ser factible enumerar todos los resultados posibles. Si un hecho incierto se repite suficientemente a menudo, la frecuencia de los diferentes resultados debería reflejar la probabilidad. Las dificultades surgen cuando se trata de acontecimientos que ocurren una sola vez.

¿Cómo podemos estimar la probabilidad de aprobar el examen de ciencias del día siguiente o de que los Green Bay Packers ganen la Super Bowl? El problema es precisamente que cada uno de estos dos acontecimientos es único. Podemos analizar el historial de resultados de los partidos de los Green Bay, pero nunca habrá una coincidencia exacta, por ejemplo, entre alineaciones que hayan jugado varias veces en las mismas condiciones. Podemos recordar exámenes anteriores y analizar el resultado de esas ocasiones, pero ningún examen es idéntico a otro y los conocimientos que tenemos nunca son los mismos.

¿Cómo podemos calcular la probabilidad sin pruebas repetidas y su relativa distribución de frecuencias? La respuesta es sencilla: no podemos. Tenemos que contentarnos con confiar en la interpretación subjetiva de la probabilidad, que es en realidad lo que hacemos siempre. Podemos decir, por ejemplo, que la probabilidad de que los Packers ganen la Super Bowl es de dos a uno, o que la probabilidad de aprobar el examen de ciencias es de una entre diez. Se trata de afirmaciones probabilísticas: cuando no es posible realizar un número suficiente de repeticiones de un acontecimiento determinado para formarse una interpretación de la probabilidad a partir de la frecuencia, debemos recurrir a nuestro sentido común.

Queda claro de inmediato que muchas interpretaciones subjetivas de los dos acontecimientos nos llevarían por una dirección equivocada. En la teoría subjetiva de la probabilidad, nos corresponde a nosotros analizar las hipótesis: ¿asumimos una posibilidad entre diez de aprobar el examen porque será difícil y no nos hemos preparado bien, o por falsa modestia? ¿Nuestra lealtad de toda la vida a la bandera de los Packers nos impide ver la superioridad del equipo contrario?

Según los textos de análisis bayesiano, si estamos convencidos de que nuestras hipótesis son razonables, es "perfectamente aceptable" suponer que la probabilidad subjetiva de un determinado suceso coincide con la probabilidad "frecuentista"[12]. Lo que realmente hay que hacer es filtrar y descartar lo que no es razonable ni lógico y quedarnos con el resto. Puede ser útil pensar en la probabilidad subjetiva como una extensión de la definición frecuentista. De hecho, en muchos casos la probabilidad subjetiva tiene su propio valor añadido porque permite tener en cuenta cuestiones operativas, en lugar de depender de una regularidad estadística a largo plazo.

LA TEORÍA DE LA PROBABILIDAD Y EL MERCADO

Aunque no todos los inversores sean siempre conscientes de ello, prácticamente cada decisión que toman es un ejercicio de teoría de la probabilidad. Para tener éxito, es esencial que sus valoraciones tengan en cuenta tanto los datos "históricos", es decir, relativos al pasado, como la información más reciente. En otras palabras, el análisis bayesiano. "Lo que intentamos hacer es, básicamente, tomar la probabilidad de una pérdida y multiplicarla por su propio importe, y luego restarle la probabilidad de una ganancia multiplicada por la posible ganancia. Eso es todo", explica Buffett, "es un método imperfecto, pero eso es realmente todo"[13].

Un útil ejemplo para aclarar la relación entre la inversión y la teoría de la probabilidad es la práctica del "arbitraje de riesgo". El arbitraje puro no es más que aprovechar la diferencia de precio de un activo cotizado en dos mercados diferentes. Por ejemplo, los activos manufacturados y las divisas cotizan en numerosos mercados de todo el mundo, y si dos de ellos asignan precios diferentes al mismo activo, resulta posible comprarlo en un mercado y venderlo en el otro, cobrando la diferencia.

El arbitraje de riesgo, que es la forma en la que esta actividad se practica con más frecuencia hoy en día, aprovecha los anuncios de fusiones o adquisiciones entre empresas. También hay quienes practican el arbitraje de riesgo en negocios no anunciados, pero Buffett lo evita cuidadosamente y nosotros seguiremos su ejemplo. En una reunión con estudiantes de Stanford, Buffett explicó su punto de vista sobre el arbitraje de riesgo, la forma más común: "Mi trabajo es evaluar la probabilidad de que los acontecimientos [las fusiones anunciadas] se produzcan realmente, y la relación beneficios/pérdidas"[14].

Pero antes de pasar a sus comentarios adicionales, consideremos la siguiente situación. Supongamos que la empresa Stanlio abre la sesión bursátil a 18 dólares por acción. Luego, a media mañana, se anuncia que más adelante, digamos seis meses después, Stanlio será adquirida por la Ollio Corporation por 30 dólares la acción. Inmediatamente, las acciones de Stanlio se disparan hasta los 27 dólares, donde se estabilizan y siguen cotizando, fluctuando ligeramente.

Buffett se entera de la fusión anunciada y debe tomar una decisión. Para empezar, intenta evaluar el grado de certeza/incertidumbre. Algunos acuerdos simplemente no llegan a producirse. El consejo de administración podría oponerse repentinamente a la idea de una fusión, o la Federal Trade Commission podría oponerse. Nadie sabe con certeza si un determinado arbitraje de riesgo se cerrará, por eso incluye la palabra "riesgo".

El proceso de toma de decisiones de Buffett es en realidad un ejercicio de probabilidad subjetiva, que él mismo explica así: "Si creemos que hay un 90 % de probabilidades de que la operación salga adelante con un margen de 3 puntos, y un 10 % de probabilidades de que todo salte por los aires con una pérdida de 9 puntos, entonces tenemos que restar 0,90 dólares a 2,70 dólares, lo que nos da una expectativa matemática de 1,80 dólares"[15].

A continuación, prosigue Buffett, tenemos que evaluar el marco temporal del que estamos hablando, y comparar la rentabilidad de la inversión con otras que serían posibles en el mismo periodo. Si compramos una acción de Stanlio Corporation a 27 dólares, obtendríamos una rentabilidad potencial de la inversión de 1,80/2,70=6,6 %. Si la expectativa es que la operación se cierre en un plazo de seis meses, el beneficio previsto sobre una base anual sería del 13,2 %. Llegados a este punto, lo compararemos con el beneficio potencial de otras inversiones disponibles.

Buffett reconoce de buen grado que el arbitraje de riesgo nos expone a pérdidas potenciales: "Estamos perfectamente dispuestos a arriesgar y perder dinero en cualquier transacción, y el arbitraje de riesgo es el ejemplo perfecto; pero lo que nunca haremos es participar en una operación en la que tengamos razones para creer que las probabilidades de una serie de acontecimientos similares mutuamente independientes produzcan la expectativa de una pérdida. Nuestra esperanza es siempre la de realizar operaciones en las que se confirmen nuestros cálculos de probabilidades"[16].

Está claro que las estimaciones de Buffett sobre el arbitraje de riesgo son probabilidades subjetivas. No existe una distribución de frecuencias, cada operación es diferente, cada circunstancia requiere estimaciones diferentes. Aun así, merece la pena abordarlo con algún cálculo matemático. Como veremos, la dinámica no es muy diferente cuando se trata de invertir en acciones ordinarias.

LA OPTIMIZACIÓN DE KELLY

Cada vez que entramos en un casino, la probabilidad de salir con una ganancia es bastante baja. Esto no debería sorprendernos: todos sabemos que se juega siempre a favor de la banca. Pero hay un juego que, jugado correctamente, nos da una posibilidad razonable de vencerla, y es el Black Jack. En su best seller mundial *Beat the Dealer: A Winning Strategy for the Game of Twenty-One*, el matemático Edward O. Thorp describió el proceso para derrotar al casino[17].

La estrategia de Thorp se basa en una idea muy sencilla: cuando hay muchos ases y figuras de 10 puntos en la mesa, el jugador —digamos, usted— tiene una ventaja estadística sobre el crupier. Si asignamos el valor de "-1" a las cartas altas y un "+1" a las cartas bajas, resulta bastante sencillo llevar la cuenta de las cartas repartidas (basta con sumar y restar mentalmente a medida que salen las cartas). Cuando el resultado sea positivo, sabremos que aún quedan más cartas altas por jugar. Los jugadores astutos reservan sus apuestas más altas para cuando el recuento alcanza un valor relativamente alto.

El libro de Thorp también contiene su modelo de apuestas[18], que a su vez se inspiró en los trabajos de Claude Shannon, el padre de la teoría de la información.

Shannon fue un matemático que trabajó en los Laboratorios Bell en la década de los cuarenta, y que pasó la mayor parte de su carrera tratando de establecer la modalidad óptima de transmitir información a través de cables de cobre sin perderla a causa del ruido de fondo. En 1948, expuso sus conclusiones en su artículo "Teoría matemática de la comunicación"[19], que también incluía una fórmula para calcular la cantidad óptima de información que podía transferirse por el cable, dada la probabilidad de éxito.

Unos años más tarde, el matemático J. L. Kelly leyó el artículo de Shannon y se dio cuenta de que la fórmula podía aplicarse fácilmente a los juegos de azar, otra actividad humana que depende en gran medida de conocer la probabilidad de éxito. En 1956, en su artículo "Una nueva interpretación de la tasa de información", Kelly explicaba que las distintas tasas de transmisión de Shannon y los posibles resultados relativos de un suceso aleatorio son esencialmente la misma cosa, es decir, probabilidades, y que podría utilizarse la misma fórmula para optimizar ambos[20].

El modelo de optimización de Kelly, denominado a menudo "estrategia para un crecimiento óptimo", se basa en la idea de que, si conocemos la probabilidad de éxito, podemos apostar la fracción del dinero disponible que maximiza el crecimiento de la cartera. En versión de fórmula: 2p - 1= x, donde p es la probabilidad de ganar y x es el máximo porcentaje que apostar. Por ejemplo, si la probabilidad de ganar a la banca es del 55 %, para conseguir el máximo crecimiento posible de las ganancias tendríamos que apostar el 10 % de nuestro capital. Si la probabilidad fuera del 70 %, deberíamos apostar el 40 %. Y si la probabilidad fuera del 100 %, el modelo dice: apostémoslo todo.

Como es natural, el mercado bursátil es mucho más complejo que el Black Jack: en un juego el número de cartas es pequeño y, por tanto, hay un número razonable de resultados posibles. La bolsa, con sus miles y miles de valores y millones de inversores, permite un número aterrador de resultados posibles. El enfoque de Kelly requiere constantes recálculos y ajustes en el curso de la inversión, pero la idea que subyace —existe un vínculo matemático entre la probabilidad y el tamaño de una inversión— puede enseñarnos una importante lección.

Estoy convencido de que el modelo de Kelly es una herramienta interesante para los inversores selectivos, aunque solo resulte útil para quienes lo apliquen de manera responsable. Hay riesgos asociados a su uso, y los inversores deben tener cuidado de comprender tres limitaciones por lo menos:

1. Quien tenga intención de invertir, con modelo Kelly o sin él, debe hacerlo con un horizonte a largo plazo. Incluso un jugador de Black Jack con una buena estrategia para ganar a la banca

no siempre se da cuenta de que no puede saber cuántas manos tendrá que esperar para tener éxito. Lo mismo ocurre con la inversión: ¿cuántas veces has apostado por la empresa adecuada mientras el mercado se tomaba su tiempo antes de recompensar tu inversión?

2. Cuidado con el apalancamiento financiero. Los peligros de recurrir al crédito para invertir en el mercado de valores (por ejemplo, con el instrumento de la cuenta marginal) han sido claramente señalados por Ben Graham y Warren Buffett. La solicitud de rembolso puede verificarse en un momento muy inoportuno y, si se aplica el modelo de Kelly a una cuenta de margen, una caída de la bolsa puede obligarnos a vender la acción, prescindiendo así de una apuesta con una alta probabilidad de éxito.
3. El mayor peligro en los juegos de probabilidad elevada es el de apostar demasiado. Si valora la probabilidad de éxito en un 70 % cuando en realidad es del 55 %, corremos el riesgo de la "ruina del jugador". La solución es apostar menos, aplicando el llamado modelo de Kelly parcial o fraccionado. Por ejemplo, si el modelo original sugiere una apuesta del 10 % del capital disponible, podríamos optar por utilizar solo el 5 %. Ambos modelos proporcionan un margen de seguridad en la gestión de la cartera, que —combinado con el aplicado en la selección de valores individuales— constituye un doble nivel de protección.

El riesgo de apostar demasiado es infinitamente mayor que su contrario, por lo que pensamos que todos los inversores, especialmente los que se inician en sus aplicaciones de inversión selectiva, deberían efectuar sus apuestas con la óptica de un "Kelly parcial". Obviamente, esto también reduce los beneficios potenciales, pero, dada la tendencia parabólica que predice la fórmula de Kelly, la penalización por apostar menos no es grave: reducir a la mitad una apuesta reduce la tasa de crecimiento potencial en un 25 %.

La opinión de Munger sobre el riesgo de las apuestas

En 1994, Charlie Munger aceptó una invitación del profesor Guilford Babcock para intervenir en un seminario sobre inversión en la facultad de Economía de la University of Southern California. Habló de varias cosas, entre ellas del "arte de hacerse sabio". Explicando por el camino lo que pensaba acerca de la probabilidad y la optimización.

Para ejemplificar la noción de acciones ordinarias en el mercado de valores, dijo: "El modelo que prefiero es el del sistema de totalización de las apuestas hípicas. Si lo pensamos por un momento, es como un mercado: la gente entra y apuesta, y las probabilidades cambian según las apuestas. Que es lo que ocurre en el mercado de valores".

Y continuaba así: "Cualquier idiota puede darse cuenta de que un caballo con un jockey ligero, un gran porcentaje de victorias y una buena posición de salida tiene muchas más probabilidades de ganar que un caballo infravalorado con un jockey pesado, etc. Pero si miramos las cuotas vemos que el caballo infravalorado paga 100 a 1, mientras que el caballo más dotado paga 3 a 2. Así que no está tan claro cuál es la mejor apuesta. Los precios son tan diferentes que resulta muy difícil derrotar al sistema"[21].

Esta analogía de las carreras de caballos es perfecta para los inversores que, con demasiada frecuencia, se ven atraídos por una apuesta que podría pagar unas probabilidades increíbles, pero que luego, por una de las infinitas razones posibles, no llegan al final de la carrera. O, a veces, eligen una apuesta segura sin ni siquiera considerar lo que puede dar de sí. En nuestra opinión, la forma más sensata de abordar las carreras de caballos, o el mercado de valores, es esperar a que el caballo adecuado aparezca en la puerta de salida con las cuotas adecuadas y el jinete adecuado.

Elementos de psicología

Andrew Beyer es autor de varios libros sobre las carreras de purasangres, ha pasado varios años estudiando a los apostantes y los ha visto perder enormes cantidades de dinero a causa de la impulsividad. Tanto en las carreras como en cualquier otro lugar, la mentalidad de casino —ese impulso irrefrenable de entrar en acción, de poner dinero sobre la mesa, de lanzar los dados, de tirar de una palanca, de hacer algo— lleva a la gente a apostar temerariamente, sin tomarse el tiempo de pensar en lo que está haciendo.

Beyer comprende a la perfección el impulso psicológico de participar en el juego y aconseja seguirlo dividiendo nuestra estrategia entre "*actions bets*" (o apuestas "de acción") y "*prime bets*" ("apuestas cualificadas"). Estas últimas están reservadas a los jugadores experimentados, siempre que se cumplan dos condiciones: 1) una elevada confianza en la posibilidad de victoria del caballo, y 2) cuotas más altas de lo esperado. Las apuestas cualificadas requieren cantidades respetables de dinero, mientras que las apuestas de acción, como su nombre indica, se reservan para ciertas clases de juego y pequeñas urgencias que satisfacen la necesidad psicológica de jugar. Son apuestas de importe menor, y nunca deberían alcanzar una fracción significativa del capital disponible para el jugador.

Cuando un apostador empieza a perder la distinción entre las apuestas cualificadas y apuestas de acción, explica Beyer, "está haciendo un movimiento que le llevará inevitablemente a apostar de forma imprudente sin el equilibrio adecuado"[22].

DE LA TEORÍA A LA REALIDAD

Abandonemos ahora el mundo de las carreras y apliquemos estas teorías a la realidad del mercado de valores. El razonamiento es el mismo.

1. Calcular las probabilidades. Estas son las que nos interesan: ¿cuál es la probabilidad de que la acción que estoy sopesando alcance, con el tiempo, unas ganancias mayores a la de la media del mercado?
2. Esperar la mejor cotización. Las posibilidades de éxito están a nuestro favor cuando hay un margen de seguridad; cuanto más

incierta sea la situación, mayor será el margen necesario. En el mercado de valores, esto está representado por un precio inferior al debido: cuando la empresa se vende por debajo de su valor intrínseco, es el momento de actuar.

3. Ponerse al día cuando haya nueva información. Sabiendo que estamos a la espera de un precio que nos resulte favorable, debemos prestar la máxima atención mientras tanto a todo lo que hace la empresa. ¿Ha empezado la dirección a comportarse de manera irresponsable? ¿Se están tomando decisiones financieras diferentes a las del pasado? ¿Ha sucedido algo que ha cambiado las condiciones competitivas en las que opera la empresa? Si es así, es probable que las probabilidades cambien a su vez.
4. Decidir cuánto invertir. De todo el dinero que tenemos a nuestra disposición para operar en el mercado, ¿qué fracción debemos reservar para una compra concreta? Empecemos con la fórmula de Kelly, luego ajustémosla a la baja.

Pensar en términos de probabilidades puede ser algo nuevo, pero no es imposible aprender a utilizarlas. Si conseguimos razonar sobre las acciones de esta manera, estaremos en el buen camino para poner en práctica nuestras propias lecciones. Recordemos la compra de Coca-Cola por parte de Buffett en 1988: invirtió un tercio de la cartera de Berkshire. Coca-Cola era un activo absolutamente excepcional, con una dinámica económica saludable, que se vendía a un precio significativamente inferior a su valor intrínseco.

Oportunidades como esta no se presentan a menudo en el mercado de valores, pero cuando lo hacen, los que entienden bien la probabilidad las reconocen y saben qué hacer. En palabras de Charlie Munger, “Los [inversores] sabios apuestan a lo grande cuando el mundo les da la oportunidad de hacerlo. Apuestan con gran decisión cuando las probabilidades están de su lado. Y el resto del tiempo simplemente no hacen nada. Eso es todo”[23].

Los inversores selectivos de Graham-y-Doddslandia

En 1934, en plena Gran Depresión, se publicó un texto absolutamente excepcional con el título perfectamente normal de *Security Analysis*. Sus autores, Benjamin Graham y David Dodd, llevaban cinco años trabajando en él, con las únicas interrupciones de sus cursos en la Columbia University y de las consultorías para ayudar a sus clientes a afrontar las consecuencias del crac de 1929. Graham declaró más tarde que ese tiempo que emplearon acabó resultando absolutamente providencial, porque les permitió incluir en el libro una sección acerca de "la sabiduría obtenida a costa de tanto sufrimiento"[24]. *Security Analysis* está considerado universalmente como un clásico, y sigue imprimiéndose al cabo de ochenta años y cinco ediciones. Sería muy poco considerado sobreestimar su influencia en el mundo de la inversión moderna.

Cincuenta años después de la primera edición, la Columbia University Business School organizó un seminario con motivo del aniversario. Warren Buffett era uno de los antiguos alumnos más conocidos de la universidad, y el más célebre defensor del enfoque orientado "al valor" de Graham. Su discurso, titulado "The Superinvestors of Graham-and-Doddsville" se ha convertido en sí mismo en un clásico, no menos que el libro al que rendía homenaje[25].

La mayor parte del público de aquel día de 1984 —profesores universitarios, investigadores y académicos varios— seguía aferrándose firmemente a la teoría moderna de la gestión de carteras y a la validez de la teoría del mercado eficiente. Como era de esperar, Buffett discrepó fuertemente de estas posturas y derribó tranquilamente los supuestos de esa teoría en su discurso.

Comenzó resumiendo el punto central de la teoría de la cartera: el mercado de valores es eficiente, todas las acciones tienen un precio correcto y, por lo tanto, cualquiera que sistemáticamente "derrote al mercado" año tras año es simplemente afortunado. "Puede que sea así", argumentó Buffett, "pero conozco a mucha gente que lo hace, y su éxito no puede descartarse por simple casualidad".

A continuación, expuso los hechos. Todos los ejemplos que presentó ese día se referían a personas que habían logrado derrotar al mercado a lo largo del tiempo, y que lo habían hecho no por suerte sino siguiendo principios aprendidos de la misma fuente: Ben Graham. Todos ellos residen, explicó, en la "aldea intelectual" de Graham y Doddslandia.

Incluso cuando toman decisiones particulares de forma diferente, explicó Warren Buffett, todos comparten un enfoque común que busca aprovechar las diferencias entre el precio de mercado y el valor intrínseco. "No hace falta decir que nuestros inversores 'Graham y Dodd' no discuten el modelo de valoración de activos de capital o la covarianza de los beneficios", continuó Buffett, "no son temas que encuentren interesantes y, de hecho, la mayoría tendría problemas para definir estos términos."

En un artículo publicado posteriormente, basado en su discurso de 1984, Buffett adjuntó tablas que ilustraban los asombrosos resultados de los residentes en Graham y Doddslandia[26]. Sin embargo, no era solo el "enfoque Graham del valor" lo que unía a estos grandes inversores. Cada uno de ellos —Charlie Munger, Bill Ruane y Lou Simpson— había sido capaz también de gestionar carteras selectivas, al igual que Buffett, y podemos aprender mucho de sus resultados. Pero antes de comenzar este análisis, conozcamos al primer inversor selectivo de la historia.

John Maynard Keynes

La mayor parte de la gente conoce a John Maynard Keynes por sus contribuciones a la teoría económica, pero pocos saben que también fue un inversor legendario, como demuestra el rendimiento del Chest Fund del King's College de Cambridge (Inglaterra).

Antes de 1920, las inversiones del King's College se limitaban a valores de renta fija. A finales de 1919, Keynes fue elegido "Second Bursar" (responsable administrativo), y convenció a los fideicomisarios para poner en marcha un fondo dedicado a las acciones ordinarias, las divisas y los commodity futures. Esta cuenta separada se convirtió en el Chest Fund y, desde 1927, cuando fue nombrado "First Bursar", hasta su muerte en 1945, Keynes fue su único responsable. Durante todos estos años, solo se centró en un puñado de empresas y en 1934, el mismo año de *Security Analysis*, Keynes escribió a un colega explicando sus ideas.

> Es un error pensar que el riesgo se limita distribuyendo demasiados recursos entre empresas de las que se conoce poco y en las que no hay razón para depositar ninguna confianza particular... En tales casos, el conocimiento y la experiencia están limitados y rara vez hay más de dos o tres empresas en un momento dado en las que personalmente me sienta capaz de depositar toda mi confianza[27].

Cuatro años más tarde, Keynes publicó un informe sobre las políticas del Chest Found, en el que exponía sus principios:

1. Selección escrupulosa de unas pocas inversiones, sobre la base de la economía en relación con el potencial valor *intrínseco*, plausible y efectivo, para un periodo de algunos años futuros, y en relación con posibles inversiones alternativas en ese momento.
2. Tenaz conservación de estas participaciones relativamente importantes, en periodos de altibajos, incluso durante varios años, hasta que hayan realizado el potencial previsto inicialmente, o se haya vuelto evidente que su compra ha sido un error.
3. Una inversión *equilibrada*, es decir, un surtido razonable de riesgos a pesar de las posiciones individuales y relativamente grandes, y a ser posible riesgos opuestos entre sí[28].

Aunque Keynes no utilizó este término, de su política de inversión se desprende de forma evidente que podemos considerarlo un inversor selectivo: limitó deliberadamente sus acciones a unos pocos nombres cuidadosamente seleccionados, y se basaba en el análisis de sus fundamentos para estimar el valor de sus elecciones en relación con el precio. Prefería mantener la rotación de la cartera al mínimo, y trataba de elegir "riesgos opuestos" introduciendo una gama de posiciones económicas mediante la identificación de activos predecibles y de alto perfil.

¿Qué resultados obtuvo Keynes? Durante sus dieciocho años de gestión, el Chest Fund obtuvo un rendimiento medio del 13,2 % anual en un momento en que el mercado general del Reino Unido estaba prácticamente estancado. Si se tiene en cuenta que era la época de la Gran Depresión y de la Segunda Guerra Mundial, los logros de Keynes fueron extraordinarios.

A pesar de todo, el Chest Found vivió momentos difíciles; en tres años distintos (1930, 1938 y 1940) el valor gestionado cayó mucho más que el mercado británico. Analizando los resultados de Keynes en 1983, dos analistas modernos observaron que "considerando las fortunas ampliamente alternas del fondo, está claro que fue más volátil que el mercado"[29]. De hecho, si medimos su desviación estándar, descubrimos que el Chest Fund fue casi dos veces y media más volátil que el mercado general. En todo caso, incluso después de una trayectoria ocasionalmente accidentada, los que habían invertido en el fondo acabaron obteniendo resultados significativamente mejores que los del mercado.

Llegados a este punto, y por si alguien pensara que por su formación macroeconómica Keynes poseía un timing particular para intervenir en el mercado, sigamos leyendo para ver lo que escribió en su informe: "No hemos podido obtener ninguna ventaja particular de un movimiento sistemático y generalizado de entrada y salida de valores en diferentes momentos del ciclo comercial. En consecuencia, ahora tengo claro que la idea de las intervenciones a gran escala es, por diversas razones, poco práctica y, de hecho, indeseable. La mayoría de los que intentan poner en práctica [dicha estrategia] venden y compran demasiado tarde, o hacen ambas cosas con demasiada frecuencia, incurriendo en grandes costes y desarrollando una mentalidad inquieta y especulativa que, si se extendiera, tendría también la grave contrapartida social de aumentar la escala de las fluctuaciones"[30].

La alta rotación produce costes elevados, alimenta un enfoque especulativo y empeora las fluctuaciones del mercado. Era cierto entonces, y lo sigue siendo hoy.

La Charles Munger Partnership

Aunque los grandes logros de Berkshire Hathaway suelen estar vinculados a su presidente, no debemos olvidar jamás que el vicepresidente Charlie Munger es en sí mismo un inversor excepcional. "Nos conocimos en torno a 1960", recuerda Buffett, "y recuerdo que le dije que ser abogado era un excelente pasatiempo, pero que podía hacer cosas mucho mejores"[31]. Como recordará el lector por el capítulo 2, Munger dirigía entonces un exitoso bufete de abogados en Los Ángeles, pero poco a poco fue concentrando sus energías en un nuevo negocio de inversión que llevaba su nombre.

"Su cartera se centraba en muy pocos valores y, en consecuencia, los resultados eran mucho más volátiles", recuerda Buffett, "pero ya se basaba en el mismo enfoque de descuento-del-valor". A la hora de tomar decisiones, Charlie seguía la filosofía de Graham y solo se interesaba por las empresas que se vendían por debajo de su valor intrínseco: "estaba dispuesto a aceptar altibajos en los resultados y se da la casualidad de que es un tipo que tiende naturalmente a la concentración"[32].

Obsérvese que Buffett no habla de riesgo al describir los resultados de Charlie. Si utilizáramos la definición convencional de riesgo, tal y como se utiliza en la moderna teoría de las carteras, en la que el riesgo surge de la volatilidad de los precios, podríamos decir incluso que, durante sus trece años de actividad, las participaciones de Charlie fueron extremadamente arriesgadas. Su desviación estándar era casi el doble de la del mercado, pero un rendimiento de 18 puntos por encima de la rentabilidad media anual del mercado durante ese periodo no era el resultado de una persona dispuesta a asumir riesgos, sino de un inversor experto.

El Sequoia Fund

Buffett conoció a Bill Ruane en 1951, cuando ambos asistían a las clases de Ben Graham en la Columbia. Los dos compañeros de clase no dejaron de estar en contacto, y Buffett siguió con admiración los logros de gestión de Ruane a lo largo de los años. Cuando Buffett cerró su empresa en 1969, pidió a Ruane que gestionara los fondos de algunos de los antiguos socios, y ese fue el comienzo del Sequoia Fund.

Ambos sabían que era un momento difícil para crear un fondo de pensiones, pero Ruane siguió adelante. El mercado bursátil se estaba separando en dos: la mayor parte del gran capital tendía a gravitar hacia los nuevos "Nifty Fifty", dejando las migajas para los títulos "orientados al valor". Como subrayaba Buffett, los resultados comparativos de estos últimos fueron decepcionantes a principios de los años setenta, pero aun así, "me complace decir que mis socios, en gran medida, no solo permanecieron conmigo, sino que inyectaron capital adicional, con muy buenos resultados"[33].

El Sequoia Fund fue un auténtico pionero: el primer fondo de pensiones que se gestionó según los principios de la inversión selectiva. La cartera de Sequoia demuestra claramente que Bill Ruane y Rick Cuniff, su socio en Ruane, Cuniff & Company, gestionaron un conjunto de propiedades muy bien seleccionadas y con poca rotación. Por término medio, más del 90 % del fondo se invirtió en un grupo que oscilaba entre las seis y las diez empresas. Aun así, la diversificación se consideraba, y se sigue considerando, elevada. Ruane ha subrayado a menudo que, sin dejar de ser selectiva, el Sequoia siempre ha tratado de gestionar participaciones en una gama de empresas muy distintas entre sí.

Desde el principio, Bill Ruane se distinguió por ser absolutamente único entre los gestores financieros. En general, podemos decir que, en su mayoría, estos profesionales tienden a componer una cartera de valores que no difiere demasiado del índice con el que se medirán. El gestor conoce bien los mecanismos de las ponderaciones con las que el índice engloba a los distintos sectores industriales y, a partir de ahí, procede a seleccionar los valores de cada sector. Normalmente, Ruane, Cuniff & Company opera partiendo de la idea de seleccionar los mejores valores posibles; luego deja que la cartera se forme en torno a esa selección inicial.

Como resulta obvio, la elección de las mejores acciones requiere una amplia investigación, y la empresa se ha ganado una sólida reputación en el campo de la gestión financiera. Empieza por hacer caso omiso a los informes de Wall Street y se basa en su propia investigación sobre el terreno, en las mismas empresas. "No nos morimos de ganas de buscar nuevos nombres", ha declarado Ruane, "pero cuando lo hacemos en mi tarjeta de visita pone Bill Ruane, *Research Analyst*".

Esta es una mentalidad ajena a Wall Street. "Normalmente, las carreras comienzan en un puesto de analista, pero con aspiraciones de pasar al puesto mucho más prestigioso de gestor de cartera", añade, "en cambio, nosotros siempre hemos tenido la convicción de que con los inversores a largo plazo predomina el momento del análisis y la gestión de la cartera se produce después de forma natural"[34].

¿Cómo ha funcionado este enfoque para los accionistas del Sequoia Fund? De 1971 a 2013, el Sequoia Fund obtuvo una rentabilidad media anual del 14,46 %, frente al 10,64 % del índice S&P.

Al igual que otras carteras selectivas, el Sequoia Fund logró estos resultados superiores a la media recorriendo un camino algo más accidentado. La desviación estándar del mercado durante este periodo fue del 16,1%, frente al 21,2% del Sequoia Fund. Quienes aceptan la definición de riesgo de la teoría moderna de carteras concluirían que, como en el caso del estudio de Munger, el Sequoia Fund asumió mayores riesgos para lograr un mejor resultado. Quienes observan la minuciosidad con la que el Sequoia Fund lleva a cabo sus investigaciones dudarían en sacar esta conclusión.

Lou Simpson

En la época en que Warren Buffett comenzó a adquirir acciones de GEICO, a finales de los años setenta, más o menos, también realizó otra adquisición que tendría una relación directa con la salud financiera de la empresa. Se trataba de Lou Simpson.

Simpson había obtenido un máster en economía por la Princeton University. Antes de que Buffett le llamara a GEICO en 1979, había trabajado tanto para Stein Roe & Farnham como para Western Asset Management. En relación con la entrevista de trabajo, Buffett recuerda que Lou tenía "el carácter ideal para un inversor. Se caracterizaba por un temperamento independiente, confiaba en los resultados de sus investigaciones y "no sentía ningún placer especial por seguir la corriente o ir a en contra de ella"[35].

Lou tenía fama de ser un lector voraz que hacía caso omiso de las investigaciones de Wall Street, y prefería pasarse horas con los informes anuales de las empresas. Su método de selección de acciones ordinarias era similar al de Buffett. Solo le interesaban las empresas que generaban ingresos elevados, las encabezaba una dirección capaz y estaban disponibles a precios razonables. También tenía otra cosa en común con Buffett: prefería concentrar su cartera en unos pocos valores.

Normalmente, la cartera de mil millones de dólares de GEICO incluía menos de diez valores. La misma cartera que produjo unos beneficios anuales del 20,3 % entre 1980 y 2004, frente a la media del mercado del 13,5 %. El comentario de Buffett fue el siguiente: "Lou invirtió de forma regular y continua en acciones infravaloradas que, consideradas individualmente, era poco probable que produjeran graves pérdidas permanentes y que, en conjunto, estaban prácticamente libres de riesgo"[36].

Y aquí entra de nuevo en acción el concepto de riesgo de Buffett: no tiene nada que ver con la volatilidad de los precios, sino con la certeza de que las acciones individuales producirán, con el tiempo, un beneficio.

La trayectoria y el estilo de inversión de Simpson encajaban perfectamente con las ideas de Buffett: "Lou tiene el mismo enfoque —cauteloso y selectivo— que adoptamos en Berkshire, y tenerlo a bordo con nosotros supone contar con una fantástica marcha extra. No hay muchas personas a las que dejaría gestionar el dinero y los negocios que controlamos, pero en el caso de Lou es un verdadero placer para nosotros"[37].

Buffett, Munger, Ruane, Simpson. Está claro que los superinversores de Buffettlandia comparten una misma actitud intelectual a la hora de invertir: les une la creencia de que la forma de reducir el riesgo es comprar acciones solo cuando el margen de seguridad (es decir, la diferencia a su favor entre el valor intrínseco de la empresa y el valor de mercado en el momento de la compra) es suficientemente alto. También piensan que concentrar sus carteras en torno a un número limitado de estos títulos de alta probabilidad no solo reduce el riesgo, sino que también ayuda a generar rendimientos de mercado muy superiores a la media.

Aun así, cuando se destacan los resultados de estos inversores, hay quienes se mantienen escépticos y se preguntan: ¿será que su éxito se debe a sus numerosas y estrechas relaciones personales? Lo cierto es que siempre han escogido títulos diferentes entre ellos: Buffett no tenía la misma cartera que Munger, y Munger compraba valores diferentes a los de Ruane, que a su vez no tomaba las mismas decisiones que Simpson. Y nadie sabía qué compraba Keynes. De acuerdo, continúan los escépticos, pero solo son cinco inversores y no son suficientes para sacar conclusiones estadísticamente significativas. En un sector con miles de gestores, estas cinco historias de éxito podrían ser completamente aleatorias.

Exacto. Para descartar la posibilidad de que los cinco superinversores de Buffettlandia no sean más que excepciones estadísticas, tenemos que ampliar nuestras observaciones. Por desgracia, la población de inversores selectivos es muy reducida: entre los muchos miles de gestores financieros, solo una pequeña minoría gestiona carteras selectivas. Y esto nos lleva al punto de partida.

Este es el mismo problema al que me enfrenté cuando escribí el libro *The Warren Buffett Portfolio: Mastering the Power of the Focus Investing Strategy* (John Wiley & Sons, 1999). Sencillamente, no había suficientes inversores para estudiar y sacar conclusiones estadísticamente significativas. ¿Y qué hice? Junto con el editor, involucré a un grupo de estadísticos, y con ellos construimos una simulación inventando 3.000 inversores selectivos con diferentes características[38].

Utilizando la base de datos de Compustat sobre el rendimiento de las acciones, aislamos 1.200 empresas de las que se disponía de información medible, como la facturación, los beneficios y las ganancias relativas. A continuación, creamos un programa para reunir 12.000 carteras de diversos tamaños de estas 1.200 empresas, organizándolas en cuatro grupos:

- 3.000 carteras con 250 títulos.
- 3.000 carteras con 100 títulos.
- 3.000 carteras con 50 títulos.
- 3.000 carteras con 15 títulos (el grupo "selectivo").

El siguiente paso fue calcular el beneficio medio anual de cada cartera en cada grupo, durante un periodo de unos diez años (1987-1996). A continuación, comparamos los beneficios de los cuatro grupos con el rendimiento global del mercado de títulos (identificado con el índice S&P) durante el mismo periodo.

- Entre las carteras con 250 títulos, la desviación estándar fue del 0,65 %; la mejor cartera generó un 16,0 % anual y la peor un 11,4 %.
- Entre las carteras de 100 títulos, la desviación estándar fue del 1,11 %; la mejor cartera generó un 18,6 % y la peor un 10 %.
- Entre las carteras de 50 títulos, la desviación fue del 1,54 %; la mejor generó un 19,1 % y la peor un 8,6 %.
- Entre las carteras de 15 títulos, la desviación fue del 2,78 %; la mejor generó un 26,6 % y la peor un 6,76 %.

De estos datos se desprende un resultado crucial: la reducción del número de acciones en la cartera aumentaba la probabilidad de generar beneficios superiores a la media del mercado. Al mismo tiempo, y esto no fue una sorpresa, aumentaba también la probabilidad de generar menores beneficios.

Para reforzar la primera conclusión, al procesar los datos nos dimos cuenta de otros hechos notables:

- De 3.000 carteras con 250 títulos, 63 habían superado al mercado.
- De 3.000 carteras con 100 títulos, 337 habían superado al mercado.
- De 3.000 carteras con 50 títulos, 549 habían superado al mercado.
- De 3.000 carteras con 15 títulos, 808 habían superado al mercado.

Con una cartera del primer grupo (250 títulos), la probabilidad de superar al mercado era de aproximadamente una entre cincuenta (0,02 %). Con una cartera del cuarto grupo (15 títulos) aumentaba drásticamente a más de una de cada cuatro (27 %).

Otra consideración importante es que el estudio no incluye los costes de explotación. Evidentemente, si los beneficios son elevados, también lo serán los costes, lo que generalmente reducirá la rentabilidad para los inversores.

En cuanto a la segunda conclusión, no hace sino reforzar la importancia decisiva de una selección inteligente y meditada de las acciones. No es casualidad que los superinversores de Buffettlandia sean también muy superiores a la media en la selección de valores. La gestión de una cartera selectiva sin una adecuada selección de valores puede producir resultados brutalmente inferiores a la media del mercado.

Generar las 3.000 carteras selectivas de nuestro estudio estadístico de hace quince años fue un ejercicio simple y sencillo. Desde entonces, la noción de inversión selectiva ha sido objeto de estudios profundos en trabajos académicos, que han analizado el rendimiento de las carteras en relación con sus dimensiones durante períodos mucho más largos. En particular, K. J. Martijn Cremers y Antti Petajisto han llevado a cabo una detallada investigación sobre la inversión selectiva basada en la noción de "*active share*" (porcentaje activo)[39].

El *active share* representa la parte de una cartera que difiere de los valores del índice de referencia con el que se compara la cartera. Se expresa mediante un porcentaje y mide no solo la selección de títulos, sino también la sobrevaloración o infravaloración de los valores de la cartera en comparación con las ponderaciones de referencia. Según Cremers y Petajisto, los gestores de carteras con un porcentaje activo no superior al 60 % son *closet indexers*. En otras palabras, sus carteras se asemejan a los índices con los que se comparan. En cambio, las carteras con un porcentaje activo del 80 % o más son carteras que se desvían significativamente del índice.

Cremers y Petajisto calcularon los porcentajes activos de los fondos de pensiones entre 1980 y 2003 y los relacionaron con las características de los propios fondos, como el tamaño, los costes de gestión, la tasa de rotación y el rendimiento. ¿Qué descubrieron? Que el *active share* predice el rendimiento. Los fondos con un elevado porcentaje activo, es decir, que se desvían del índice de referencia, obtuvieron resultados significativamente mejores, mientras que los que tenían un porcentaje activo más bajo obtuvieron peores resultados.

Otro dato interesante que señala Cremers es el siguiente: en 1980, el 50 % de los fondos de pensiones de alta capitalización tenían un porcentaje activo del 80 % o más. En otras palabras, tenían una cartera que se desviaba significativamente de su índice de referencia. En la actualidad, solo el 25 % de los fondos de pensiones se consideran realmente "activos". "Tanto los inversores como los gestores de fondos son mucho más conscientes del papel de los índices", comenta Cremers, "un gestor quiere evitar hallarse en el 20 % o el 40 % inferior (de su grupo de referencia), y la forma más segura de hacerlo —sobre todo cuando se le juzga a corto plazo— es adecuarse al índice»[40].

Dado que los inversores tienden a retirar el dinero de los fondos de pensiones de bajo rendimiento, los gestores de carteras se esfuerzan cada vez más por estructurarlos para que imiten a los índices. Por supuesto, como hemos visto, cuanto más se parezca una cartera a un índice, menos probabilidades tendrá de superarlo; y no hay que olvidar nunca que un gestor con una cartera que difiere del índice de referencia es un gestor "activo". Nos queda una última pregunta: ¿*hasta qué punto* es activa nuestra cartera?

La verdadera medida del valor

En su famoso discurso de Graham-y-Doddslandia, Warren Buffett dijo muchas cosas importantes, la más profunda de las cuales es esta: "Cuando el precio de una acción puede estar influenciado por un 'rebaño' de Wall Street, con precios fijados al margen por personas emocionales, es difícil argumentar que el mercado es siempre racional. De hecho, los precios del mercado a menudo no tienen ningún sentido"[41].

Lo importante es la dirección que nos indica. Si aceptamos la idea de que los precios no son siempre el resultado de un proceso racional, nos liberamos del hábito miope de utilizarlos como única base posible para nuestras decisiones. Si aceptamos que el precio de una acción no es lo único que importa, podemos ampliar nuestros horizontes y centrarnos en lo que realmente cuenta: la investigación y el análisis meticulosos de la actividad económica subyacente. Como es natural, debemos estar al corriente de los precios, para poder reconocer cuando caen por debajo de su valor real, pero no debemos seguir dejándonos estrangular por esta medida unidimensional que puede engañarnos brutalmente.

No se trata de una transición fácil de realizar. Todo el sistema —los gestores financieros, los inversores institucionales y todas las variedades y tipos posibles de inversores individuales— no ve más que los precios. Si el precio de una determinada acción sube, imaginamos que algo bueno está ocurriendo; si empieza a bajar, pensamos que algo malo está pasando y actuamos en consecuencia.

Es un hábito mental estéril, que se ve acentuado por otro: la valoración de la evolución de los precios a corto plazo. En esta situación, diría Buffett, no solo dependeremos únicamente de algo incorrecto (el precio), sino que lo miraremos con demasiada frecuencia y estaremos demasiado dispuestos a echarnos las manos a la cabeza en cuanto no nos guste lo que veamos.

Esta falacia —la mentalidad de anclarse al precio, y al corto plazo— es una forma de pensar profundamente errónea y en este campo se da en todos los niveles. Es lo que lleva a muchos a verificar los precios de las acciones cada día, a veces cada hora, y es la razón por la que los inversores institucionales —personas e instituciones a cargo de miles de millones de dólares— están dispuestos a comprar y vender con un chasquido de dedos. También es la razón por la que los gestores de fondos de pensiones rotan los valores de la cartera a una velocidad vertiginosa: creen que su trabajo consiste precisamente en eso.

Sorprendentemente, esos mismos gestores financieros son los primeros en aconsejar a los clientes que mantengan la calma cuando las cosas se ponen más inciertas, enviando cartas tranquilizadoras que alaban las virtudes de mantener el rumbo. Si esto es así, ¿por qué no practican lo que predican?

Resulta especialmente fácil observar esta contradicción en la gestión de los fondos de pensiones porque está documentada con todo detalle y es analizada y reseñada en la prensa financiera. Dada la disponibilidad de tanta información, y por tratarse de fondos bien conocidos e investigados, creo que podemos entender especialmente bien la insensatez de confiar en el precio observando qué resultados produce en este caso.

El escritor financiero Joseph Nocera ha señalado la contradicción entre las recomendaciones de los gestores de fondos de pensiones a los accionistas —"comprar y mantener"— y lo que realmente hacen con sus carteras, es decir, comprar y vender continuamente. Reiterando su anterior observación sobre este doble juego, Nocera cita a Don Philips, de Morningstar.com: "Existe una profunda desconexión entre lo que el sector hace y lo que dice a los inversores que hagan"[42].

La pregunta que se plantea de forma espontánea es la siguiente: si se aconseja a los inversores que compren y mantengan acciones, ¿por qué los gestores compran y venden frenéticamente cada año? La respuesta, según Nocera, es que "la dinámica interna del sector de los fondos hace casi imposible que los gestores miren más allá del corto plazo"[43]. ¿Por qué? Porque el negocio de los fondos de pensiones se ha transformado en una competición sin sentido para ver quién consigue obtener los mejores resultados en el menor tiempo, con el precio como única medida de todo.

En la actualidad, los gestores de carteras se ven sometidos a una gran presión para obtener resultados espectaculares en poco tiempo, resultados que además pretenden llamar la atención. Cada tres meses, distinguidas publicaciones como el *Wall Street Journal* y *Barron's* publican clasificaciones de rendimiento de los fondos de pensiones: los más rentables pasan a encabezar la lista, son elogiados en la televisión y en los periódicos por los comentaristas financieros, se apresuran a publicar anuncios y artículos de autopromoción y atraen un aluvión de nuevas inversiones. Los inversores, que mientras tanto han estado esperando a ver qué fondo tenía la llamada "mano caliente", se aferran a estas clasificaciones. De hecho, las clasificaciones trimestrales se utilizan ampliamente para distinguir a los directivos considerados hábiles de los mediocres.

Como resulta brutalmente obvio en el caso de los fondos de pensiones, esta obsesión por el rendimiento de los precios a corto plazo constituye en realidad la mentalidad dominante y más extendida en el sector de las inversiones: ya no es en el largo plazo donde se evalúa a los gestores. Incluso quienes son gestores de sí mismos se ven influenciados por las malsanas tendencias del entorno: en muchos sentidos, es como si nos hubiéramos convertido en esclavos de una máquina que prácticamente certifica y garantiza los mediocres rendimientos.

En 1986, V. Eugene Shahan, antiguo alumno de la Columbia University Business School y gestor de carteras del U.S. Trust, escribió un artículo comentando el mencionado artículo de Buffett "The Superinvestors of Graham-and-Doddsville". Se titulaba "Are Short-Term Performance and Value Investing Mutually Exclusive?" [¿Son el rendimiento a corto plazo y la inversión en valor mutuamente excluyentes?]. Shahan se preguntaba lo mismo que nosotros: ¿hasta qué punto es justo medir las capacidades de un gestor financiero por sus resultados a corto plazo?

Observó que, con la excepción del propio Buffett, muchos de los que denominaba "superinversores", innegablemente hábiles y exitosos, habían experimentado períodos de malos resultados a corto plazo. Como en su propia versión financiera de la fábula de la tortuga y la liebre, Shahan comentó: "Puede que se trate de una de esas paradojas de la vida, por la que los inversores que se preocupan principalmente por los resultados a corto plazo pueden llegar a conseguirlos, pero a costa de los de largo plazo. La extraordinaria cosecha de medallas de los superinversores de Graham y Doddslandia ha sido conseguida con una indiferencia aparentemente total por el rendimiento inmediato"[44]. En lo que constituye un auténtico derbi de los fondos de pensiones de hoy, concluyó Shahan, los superinversores de Graham y Doddslandia no recibiría atención alguna. Como tampoco los de Buffettlandia.

Durante sus dieciocho años de gestión del Chest Fund, John Maynard Keynes obtuvo un rendimiento inferior al del mercado durante un tercio de ese tiempo. Es más, tuvo un rendimiento inferior durante los tres primeros años, quedando 18 puntos por detrás del mercado.

La historia de Sequoia es similar: estuvo por debajo de la media del mercado durante el 37 % del periodo de observación. Al igual que Keynes, Ruane también experimentó un difícil período de maduración. "A lo largo de los años", confesó más tarde, "se nos señalaba periódicamente como los reyes del bajo rendimiento. La idea, aún confusa, de fundar Sequoia se nos ocurrió a mediados de los años setenta, y tuvimos que soportar la auténtica tortura china de la gota al permanecer por debajo del índice S&P durante cuatro años seguidos". A finales de 1974, se encontraba 36 sonorísimos puntos por debajo del mercado. "Cómo explicarlo, nos escondíamos debajo de los escritorios, sin devolver las llamadas telefónicas y preguntándonos si la tormenta pasaría alguna vez"[45]. Pero, por supuesto, la tormenta pasó. Siete años después de su salida, Sequoia había ganado 220 puntos frente al 60 % del índice S&P.

Ni siquiera Charlie Munger se libró de los inevitables altibajos de la inversión selectiva. Al igual que otros inversores de filosofía parecida, Charlie estuvo por debajo de la media del mercado el 36 % del tiempo, en el transcurso de catorce años, encadenando una serie de caídas a corto plazo. De 1972 a 1974 estuvo 37 puntos por debajo de la media y Lou Simpson estuvo un 24 % por debajo del mercado durante diecisiete años, con un mínimo de 15 puntos para su resultado relativamente peor, que, eso sí, duró un año.

Por cierto, hemos observado las mismas tendencias en los resultados analizados en nuestro estudio de 3.000 carteras selectivas. De los 808 que superaron al mercado durante un periodo de diez años, un asombroso 95 % experimentó periodos prolongados de rendimiento inferior de tres, cuatro, cinco e incluso seis años de cada diez.

¿Qué les habría pasado a Keynes, Munger, Ruane o Simpson si hubieran sido gestores novatos que empezaran su carrera hoy, cuando parece que solo importan los resultados del año en curso?

Y, sin embargo, también es justo plantearse la siguiente pregunta: si de una estrategia de inversión selectiva podemos esperar periodos de vacas flacas, incluso largos, ¿cómo distinguimos —utilizando únicamente los movimientos de los precios como medida— si estamos ante un inversor experto en su trabajo, que está atravesando un mal año (o incluso un periodo de tres años) pero que tendrá un buen rendimiento a largo plazo, o un gestor que puede simplemente no tener las cualidades necesarias para una buena estrategia "selectiva"?

No nos cuesta imaginar la respuesta de Warren Buffett. Para él, la moraleja de la historia es muy clara: tenemos que renunciar al precio como unidad exclusiva de medida, y deshacernos del improductivo e ineficiente hábito mental de emitir juicios a corto plazo.

Pero si el precio no es la medida de todas las cosas, ¿qué debemos de utilizar"? "Nada" no es una buena respuesta y ni siquiera una estrategia de comprar y mantener implica quedarse con los ojos cerrados. Simplemente tenemos que encontrar otro indicador de rendimiento y, afortunadamente, existe uno y es la piedra angular de la filosofía con la que Buffett mide sus propios resultados y los de las distintas unidades de negocio de Berkshire Hathaway.

Buffett declaró en una ocasión que "no me importaría mucho que la bolsa cerrara durante uno o dos años. Al fin y al cabo, ya cierra los sábados y domingos, y eso tampoco me ha preocupado nunca"[46]. Es cierto que "un mercado de negociación muy activo es útil y cumple una función, presentando periódicamente atractivas oportunidades de negocio", aclaraba, "pero no se trata en absoluto de algo fundamental"[47]. Para apreciar plenamente tal afirmación, debemos sopesar cuidadosamente la siguiente: "Una suspensión prolongada de la negociación de nuestras participaciones no nos preocuparía más que la falta de cotizaciones diarias [de las empresas de propiedad exclusiva de Berkshire]. Al final, nuestro destino económico vendrá determinado por el de nuestras participaciones, ya sean parciales [en forma de acciones o bonos] o totales"[48].

Si no fuéramos propietarios de una empresa, y no tuviéramos cotizaciones diarias para medir su rendimiento, ¿cómo mediríamos su progreso? Lo más probable es que midiéramos el crecimiento de los beneficios, en términos absolutos y como porcentaje del capital, o la mejora de los márgenes operativos. Sencillamente, la estructura económica de la empresa nos indicaría si el valor de la inversión aumenta o disminuye.

Según Buffett, la verdadera prueba de fuego para medir el rendimiento de una empresa que cotiza en bolsa es exactamente la misma. "Junto con Charlie, dejamos que los resultados operativos de nuestros valores en el mercado hablen por sí mismos y nos digan si la inversión ha funcionado, no las cotizaciones diarias o incluso anuales", explica Buffett. "El mercado puede hacer caso omiso de una empresa de éxito durante cierto tiempo, pero al final se percatará de ella"[49].

¿Pero podemos contar con que el hecho de que mercado acabe recompensándonos por elegir las empresas adecuadas? ¿Es posible identificar una correlación significativamente estrecha entre los beneficios de explotación de una empresa y el precio de sus acciones? La respuesta parece ser "sí", si se nos concede el horizonte temporal adecuado.

Cuando decidimos establecer la consistencia de relación entre el precio de las acciones de una empresa y sus beneficios utilizando nuestro grupo de 1.200 empresas (cfr. p. 192 y ss.), descubrimos que cuanto más largo era el periodo de observación, más fuerte resultaba la correlación. Con acciones mantenidas durante tres años, variaba entre el 0,131 y el 0,360 (una correlación de 0,360 significa que el 36 % de la variación del precio se debe a la variación de los beneficios). En el caso de las acciones mantenidas durante cinco años, la correlación varió entre el 0,374 y el 0,599. En un periodo de diez años aumentó a 0,593-0,695.

Esto apoya la tesis de Buffett de que, durante un periodo de tiempo suficientemente largo, el precio de una empresa se alinea con su valor. Sin embargo, él mismo advierte que la traslación de los beneficios al precio de las acciones es "injusta" e "imprevisible". Aunque la correlación entre ambas magnitudes tiende a reforzarse con el tiempo, no siempre representa una predicción: "A largo plazo, los valores del mercado reflejan razonablemente bien los valores económicos, pero en un año determinado la relación entre ambos puede variar caprichosamente"[50]. Esta es la misma lección de Ben Graham: "A corto plazo, el mercado cuenta los votos, pero a largo plazo los pesa"[51].

Muchas unidades de medida

A estas alturas tenemos claro que Buffett no tiene prisa alguna por ver cómo el mercado confirma lo que ya sabe que es cierto. "La velocidad a la que se reconoce el éxito de un activo no es especialmente importante mientras su valor intrínseco siga aumentando a un ritmo satisfactorio", señala[52]. "Por el contrario, un reconocimiento tardío puede resultar útil, dando la posibilidad de comprar una buena tajada a precios accesibles"[53].

Para ayudar a los accionistas a apreciar las grandes inversiones de Berkshire Hathaway en acciones ordinarias, Buffett ha acuñado el término "*look-through*" (enfoque de trasparencia). Los beneficios *look-through* de Berkshire se obtienen sumando los beneficios de explotación de las empresas consolidadas (las filiales), los beneficios retenidos de las mayores inversiones en acciones ordinarias y teniendo en cuenta un margen para los impuestos que Berkshire tendría que pagar si los beneficios retenidos se pagaran.

La noción de beneficios *look-through* se desarrolló originalmente para los accionistas de Berkshire, que necesitaban una forma de entender el valor de sus carteras cuando los precios de las acciones se desviaban del valor económico (lo que ocurre a menudo): "El objetivo de cualquier inversor debe ser componer una cartera (en realidad, una empresa) que genere el máximo beneficio *look-through* en los siguientes diez años".

Según Buffett, desde 1965 (año en que tomó el control de Berkshire Hathaway) los beneficios de la empresa han crecido al mismo ritmo que el valor de mercado de las propiedades. Aunque no siempre, han avanzado en paralelo. A menudo los beneficios han superado a los precios, otras veces ha ocurrido lo contrario. Lo que no debemos olvidar es que este tipo de relación es verdadera y funciona con el tiempo. "Este enfoque", aconseja Buffett, "obliga al inversor a pensar a largo plazo en lugar de seguir las oportunidades del mercado en lo inmediato, una perspectiva que muy probablemente mejorará los resultados"[54].

Cuando Buffett considera una posible inversión, primero revisa sus participaciones en ese momento para ver si la posible nueva compra representa una mejora en algún sentido. En la práctica, la cartera de Berkshire es un buen indicador económico con el que comparar posibles adquisiciones. Como dice Charlie Munger: "Lo que Buffett defiende es algo extremadamente útil para prácticamente cualquier inversor. Para el individuo concreto, la mejor medida debería ser siempre lo que ya tiene". El siguiente paso es uno de los secretos más cruciales, pero en gran medida subestimado, para aumentar el valor de una cartera. "Si la nueva compra que estás considerando no es mejor que algo que ya tienes o que sabes que está disponible", continúa Charlie, "entonces no ha pasado la prueba. De esa forma, podéis excluir el 99 % de lo que hay a vuestro alrededor"[55].

Así pues, lo que ya poseemos constituye nuestra unidad de medida, y nuestro ratio de comparación personal puede definirse de muchas maneras: el beneficio *look-through*, el rendimiento de los fondos propios o el margen de seguridad, por ejemplo. Cuando compramos o vendemos títulos de una empresa, estamos aumentando o disminuyendo nuestro índice económico. El trabajo de un gestor de carteras, que actúa a largo plazo y está convencido de que en el futuro los precios de las acciones reflejarán el valor económico subyacente, es aumentar nuestro índice.

Si damos ahora un paso atrás y razonamos por un momento, nos daremos cuenta de que el índice S&P es una determinada unidad de medida: está formado por 500 empresas y cada una de ellas tiene sus propios resultados económicos de explotación. Para hacerlo mejor que el índice S&P —para obtener mejores resultados— tenemos que componer y gestionar una cartera de empresas con un rendimiento económico superior al rendimiento económico medio ponderado del índice. Buffett lo explica así: "Si mi universo de oportunidades de negocio se limitara, por ejemplo, a las empresas privadas de Omaha, primero trataría de evaluar su economía a largo plazo; en segundo lugar, trataría de entender las capacidades de los hombres que las dirigen; y, por último, trataría de entrar en la mejor a un precio razonable. Ciertamente, no tengo ningún interés en poseer el mismo porcentaje de todos los activos de la ciudad. Entonces, ¿por qué Berkshire debería tener un enfoque diferente cuando se trata de grandes empresas que cotizan en bolsa? Y puesto que es muy difícil encontrar empresas realmente excelentes, y con una buena gestión, ¿por qué deberíamos descartar de plano los productos ya probados? Nuestro lema es: si te funciona en seguida, deja de hacer pruebas"[56].

La inversión selectiva prevé necesariamente un enfoque a largo plazo, y si le preguntamos a Buffett cuál cree que es el periodo ideal para mantener las acciones, diría: "Para siempre". En otras palabras, mientras la empresa siga rindiendo por encima de la media del sector y su dirección asigne sus beneficios de forma racional. "Estamos convencidos de que la inacción puede ser un comportamiento racional", explica Buffett, "ni nosotros ni la mayoría de los gestores nos apresuramos a negociar febrilmente propiedades muy rentables a la primera señal de la más mínima subida de los tipos de descuento por parte de la Reserva Federal, o porque algún gurú de Wall Street haya cambiado de opinión sobre el mercado. ¿Por qué, entonces, deberíamos comportarnos de forma diferente con nuestras participaciones minoritarias en buenos activos?"[57].

Por supuesto, si constatamos que hemos adquirido una empresa mal gestionada, tendremos que deshacernos de ella, ya que, de lo contrario, por definición, cargaremos con el peso de un negocio de bajo rendimiento. Por el contrario, si poseemos algo que es excelente, lo último que deberíamos pensar es en venderlo.

Este enfoque "al estilo del perezoso" de la gestión de la cartera puede parecer extraño a quienes están acostumbrados a la actividad habitual de compra y venta de valores, pero tiene dos importantes ventajas económicas, además de hacer crecer el capital a un ritmo superior a la media: reduce los costes de transacción y aumenta los beneficios después de impuestos. Cada uno de ellos es muy deseable por sí mismo, y su efecto combinado es enorme.

En su revisión de 3.650 fondos de bonos nacionales, Morningstar.com, la empresa de análisis de fondos de pensiones con sede en

Chicago, descubrió que los fondos con baja rotación generaban mayores beneficios que los que tenían recambios más acentuados. Para ser precisos, el estudio descubrió que, durante un periodo de diez años, los fondos con menos del 20 % de rotación tuvieron un 14 % más de rentabilidad que los que tenían más del 100 % de rotación. Se trata de una de esas dinámicas de sentido común que es tan obvia que a menudo se hace caso omiso de ella. El problema de las altas rotaciones es que todas esas operaciones gravan el fondo con costes de gestión e intermediación que, obviamente, reducen los beneficios netos finales.

Salvo en el caso de los beneficios no imponibles, los impuestos son el mayor coste para los inversores, más altos que las comisiones y, a menudo, más altos que el coste porcentual global de la gestión del fondo. De hecho, los impuestos son una de las principales razones por las que los fondos producen escasos beneficios. "Y esa es la mala noticia", señalan los gestores Robert Jeffrey y Robert Arnott, autores del artículo "Is your Alpha Big Enough to Cover Its Taxes? [¿Es su coeficiente Alpha lo suficientemente grande como para cubrir los impuestos?"] publicado en el influyente *Journal of Portfolio Management*, "la buena noticia es que existen estrategias de negociación que pueden minimizar las consecuencias generalmente infravaloradas de los impuestos"[58].

En esencia, la estrategia es otra de esas nociones de puro sentido común que con demasiada frecuencia se subestiman: el enorme valor de las ganancias no realizadas. Cuando una acción sube de precio, pero no se vende, el aumento representa una ganancia no realizada. No hay que pagar el impuesto sobre las ganancias de capital hasta que se realice la venta, y si dejamos el beneficio donde está, obtendremos necesariamente una cantidad de dinero a nuestra disposición.

En general, los inversores subestiman con demasiada frecuencia la enorme importancia de estas ganancias no realizadas, que Buffett denomina "un préstamo del Tesoro a interés cero". Para explicarlo mejor, Warren Buffett nos pide que imaginemos qué pasaría si hiciéramos una inversión de un dólar que cada año duplicara su precio. Si lo vendemos al final del primer año, obtendremos un beneficio neto de 0,66 dólares (suponiendo un tipo impositivo del 34 %). Supongamos que reinvertimos 1,66 dólares, que se habrán duplicado al final del segundo año. Si la inversión sigue duplicándose cada año y seguimos vendiendo, pagando impuestos y reinvirtiendo los beneficios, al cabo de veinte años habremos obtenido un beneficio neto de 25.200 dólares tras pagar 13.000 dólares en impuestos. Si, por el contrario, no vendemos nada hasta pasados veinte años, habremos ganado 692.000 dólares después de pagar unos 356.000 dólares en impuestos.

El estudio de Jeffrey-Arnott concluye que para conseguir altos beneficios después de impuestos es necesario mantener la rotación anual de la cartera entre el 0 y el 20 %. ¿Qué estrategias tienen más probabilidades de llevarnos a una reducción de las rotaciones? Un posible enfoque es un fondo indexado de baja rotación. Otra es una cartera selectiva. "Es algo así como el asesoramiento prematrimonial", comentan Jeffrey y Arnott, "en el sentido de que el objetivo es tratar de componer una cartera con el que podamos quedarnos durante mucho, mucho tiempo"[59].

Antes de concluir este capítulo, es fundamental que meditemos detenidamente sobre qué consiste exactamente un enfoque selectivo de la inversión:

- No acudir nunca al mercado si no estamos preparado para pensar en los valores, en todo momento, como acciones de propiedad en actividades económicas.
- Preparémonos para estudiar detenidamente las empresas que poseemos, así como sus competidores, con la idea de que nadie debe conocerlas mejor que nosotros.
- Nunca abramos una cartera selectiva si no estamos dispuestos a mantener la inversión durante un mínimo de cinco años (diez años sería mejor).
- Nunca recurramos al apalancamiento financiero. Una cartera sin deudas logrará sus resultados con la suficiente rapidez. No

olvidemos que, con toda probabilidad, un peso sobre el capital puede perturbar una cartera bien equilibrada.

- Aceptemos que para convertirnos en un inversor selectivo debemos adquirir la justa mentalidad y poseer la personalidad adecuada.

Nuestro objetivo será entonces lograr un grado de comprensión de nuestras empresas superior al de cualquiera de Wall Street. Puede que nos parezca una hipótesis poco realista, pero teniendo en cuenta en lo que pone el acento la la bolsa, puede que no sea tan difícil como pensamos. Wall Street vende resultados a muy corto plazo, prestando atención a lo que ocurre de un trimestre a otro. Los titulares de una actividad económica, en cambio, están más interesados en las ventajas competitivas a largo plazo de sus empresas. Si estamos dispuesto a trabajar y a estudiar mucho, es muy probable que con el tiempo lleguemos a conocer las empresas en las que tenemos acciones mejor que el inversor medio, y eso es todo lo que necesitamos para obtener una ventaja concreta.

Algunos inversores prefieren parlotear sobre "lo que hace el mercado" que tomarse la molestia de leer un informe anual. Pero una conversación de bar sobre la orientación futura de la bolsa y los tipos de interés será mucho menos útil que treinta minutos dedicados a leer el último comunicado de la empresa en la que estamos interesado en invertir.

¿Nos parece demasiado esfuerzo? Es más sencillo de lo que creemos. No tenemos que aprender a usar programas ni descifrar manuales de cinco centímetros de lomo. Para beneficiarnos de un enfoque selectivo, no hay por qué convertirnos en una autoridad en valoración de empresas: no hay nada científico en valorar una empresa y, por lo tanto, en pagar menos de lo que vale.

"No hace falta ser un genio", confiesa Buffett, "la inversión no es una actividad en la que alguien con el cociente intelectual de 160 supera al de 130. El tamaño del cerebro de un inversor es menos importante que su capacidad para desprenderse de sus emociones"[60].

Cambiar nuestro enfoque de la inversión, incluyendo la actitud con la que, a distancia, interactuaremos con el mercado de valores, implica algunos ajustes emocionales y psicológicos. Aunque estemos dispuesto a aceptar las leyes matemáticas de la inversión en toda su extensión, y aunque podamos ver claramente cómo otras muchas personas muy brillantes lo hacen con éxito, emocionalmente podemos seguir sintiendo cierta clase de titubeos.

La cuestión es situar y mantener nuestras emociones en perspectiva, y eso también es más fácil de lo que creemos, si somos capaces de dominar algunas nociones de psicología básica necesaria para aplicar el método Warren Buffett. Lo que nos lleva al siguiente capítulo.

6

La psicología de la inversión

La primera inversión en acciones de Warren Buffett le supuso una enorme decepción, tanto financiera como emocional. Con todo, quizá podamos disculparle: tenía once años y, como se recordará por el capítulo 1, había reunido sus ahorros con los de su hermana Doris para comprar seis acciones de Cities Service Preferred a 38,25 dólares cada una. Unos meses después, las acciones cotizaban a 26,95 dólares, un 30% menos. Buffett era muy joven, pero había hecho sus deberes, lo que en aquella época significaba analizar el historial de precios y luego adherirse a uno de los títulos favoritos de su padre. Pero Doris no podía dormir ante la idea de perder dinero, y no pasaba un día sin que reprochara a su hermano menor aquella inversión fallida. En cuanto Cities Service Preferred se recuperó y el capital inicial volvió a estar sólidamente en negro, Buffett vendió las acciones, para luego mirar con incredulidad cómo se disparaban por encima de los 200 dólares.

A pesar de esta dolorosa experiencia, su primera incursión en el mercado de valores no fue una pérdida de tiempo, y le enseñó dos cosas muy importantes. La primera era el valor de la paciencia; la segunda, el hecho de que los cambios a corto plazo en el precio de un título tienen poco que ver con el valor intrínseco que posee, pero pueden producir un gran trastorno emocional. En el próximo capítulo examinaremos el papel de la paciencia en la inversión a largo plazo, mientras que ahora estudiaremos los efectos debilitantes que los cambios a corto plazo pueden tener en el comportamiento de los inversores. Lo que nos lleva al fascinante campo de la psicología.

Pocos aspectos de la existencia humana están tan impregnados de emociones como nuestra relación con el dinero, y eso resulta especialmente cierto e importante cuando hablamos del mercado bursátil. Muchos de los factores que impulsan las decisiones de compra de acciones de las personas solo pueden explicarse en términos de comportamiento. Y dado que el mercado —por definición— es la suma de las decisiones individuales de todos los que compran y venden acciones, no es exagerado decir que el mercado en su conjunto está gobernado por fuerzas de naturaleza psicológica.

En la intersección entre la psicología y la economía

El estudio de lo que nos mueve y nos hace vivir es de una fascinación infinita. Desde mi punto de vista, también resulta de lo más apasionante que desempeñe un papel tan decisivo en el mundo de la inversión, que generalmente se considera dominado por números y datos fríos y sin alma. A la hora de tomar decisiones de inversión, nuestro comportamiento es a veces imprevisible, a menudo contradictorio y en ocasiones torpe.

Lo más alarmante, y lo que todos los inversores deberían entender, es que a menudo son completamente inconscientes de sus malas decisiones. Para comprender a fondo los mercados y las inversiones, hemos llegado por fin a la conclusión de que es necesario entender nuestros aspectos irracionales. Para un inversor, el estudio de la psicología de los errores de valoración es tan indispensable como el análisis de un balance general o de una cuenta de resultados.

En los últimos años hemos asistido a lo que representa ni más ni menos que una revolución, una nueva forma de analizar las cuestiones financieras en el marco del comportamiento humano. Esta unión de la economía y la psicología se llama "finanzas conductuales o del comportamiento", y está saliendo poco a poco de las torres de marfil de las universidades para entrar en las conversaciones y la formación de los profesionales más preparados... que, si echaran la vista atrás, verían la sombra sonriente de Ben Graham.

"¡Con todos ustedes, Mr. Market!"

Ben Graham, unánimemente considerado como el padre del análisis financiero, enseñó a tres generaciones a navegar por las procelosas aguas del mercado bursátil sirviéndose de un mapa matemático. Sin embargo, lo que a menudo se subestima son sus enseñanzas sobre psicología e inversión. Tanto en *Security Analysis* como en *The Intelligent Investor*, Graham destinó esfuerzos significativos en un intento de explicar cómo las emociones de los inversores producen las fluctuaciones bursátiles. Graham creía que el peor enemigo de un inversor no era el mercado, sino él mismo. Por excelentes que sean sus cualidades y habilidades en matemáticas, finanzas y contabilidad, una persona que no pueda dominar sus emociones no podrá ser considerada apta para la inversión.

Warren Buffett, su alumno más famoso, explicaba de esta manera esta cuestión: "El enfoque de Graham se caracteriza por tres importantes principios". El primero consiste sencillamente en considerar las acciones como partes de una empresa, lo que "proporciona un punto de vista completamente diferente al de la mayoría de la gente que opera en el mercado". El segundo es la idea del margen de seguridad, que "proporciona una ventaja competitiva". Y el tercero es poseer la actitud de un verdadero inversor hacia la bolsa, pues "quien tiene esta actitud, parte con un 99 % de ventaja sobre los demás operadores. Una ventaja enorme"[1].

Según Graham, desarrollar una actitud propia de inversor significa estar preparado, tanto desde un punto de vista financiero como psicológico, para los inevitables altibajos del mercado, es decir, no se trata solo de ser racionalmente consciente de la posibilidad de que se produzca algún revés, sino también de disponer de los recursos emocionales para reaccionar adecuadamente en tal caso. Según

Graham, la reacción ideal de un inversor ante un problema es la misma que la de un empresario cuando se le ofrece un precio que no le interesa: hacer caso omiso. “El verdadero inversor”, explica Graham, “rara vez, por no decir nunca, se ve obligado a vender sus acciones y el resto de las veces es libre de no atender a las cotizaciones del momento”[2]. Para argumentar este razonamiento, Graham creó un personaje de ficción al que llamó “Mr. Market”.

La célebre historia de Mr. Market es una brillante lección sobre cómo y por qué los precios de las acciones dejan de reflejar periódicamente la racionalidad. Imaginémonos que somos socios de Mr. Market en un negocio determinado. Todos los días, infaliblemente, Mr. Market nos comunica un precio al que está dispuesto a comprar nuestras acciones, o a vendernos las suyas. Tenemos la suerte de que el nuestro es un negocio con características económicas estables, a diferencia de las ofertas de Mr. Market. La cuestión es que Mr. Market es emocionalmente inestable. Algunos días está alegre, solo ve un futuro halagüeño por delante y da un valor muy alto a sus acciones. Otros días Mr. Market se siente decaído, desanimado, no ve más que problemas y dificultades, y ofrece precios muy bajos. Mr. Market también tiene otra característica de lo más tierno, nos explica Graham: no le importa ser desdeñado. Si alguien desatiende sus cotizaciones, al día siguiente propondrá otras nuevas. Graham también advirtía de que lo útil era la cartera de Mr. Market, no su sentido común. Si un día se presenta con un humor absurdo, somos libres de no hacerle caso o de aprovecharnos de él, pero sería un desastre que cayéramos bajo su influencia.

Han pasado más de sesenta años desde que Ben Graham creara la parábola de Mr. Market, pero los errores de valoración contra los que quería prevenirnos siguen acompañándonos hoy. Los inversores actúan de forma irracional, el miedo y la codicia impregnan el mercado y los errores estúpidos son de lo más habitual. Por lo tanto, además de un buen asesoramiento, los inversores deben saber cómo protegerse del torbellino emocional desatado por Mr. Market. Para ello, necesitamos estudiar las finanzas conductuales, esa parcela del conocimiento que se halla en la frontera entre las finanzas y la psicología.

Las finanzas conductuales

Su objetivo es explicar las ineficiencias del mercado utilizando teorías psicológicas. Empezando por la constatación de un hecho —ante decisiones que afectan a sus intereses económicos y financieros, las personas cometen errores estúpidos y asunciones ilógicas— los estudiosos han profundizado en ciertas nociones de psicología para tratar de explicar la irracionalidad de estos comportamientos. Se trata de un campo de estudio relativamente nuevo, pero que ya está aportando intuiciones originales y fascinantes muy útiles para los inversores inteligentes.

EXCESO DE CONFIANZA

Muchos estudios psicológicos han demostrado que los errores de valoración se producen porque las personas adolecen de un exceso de confianza. Si, por ejemplo, pedimos a una gran muestra de la población que califique su habilidad en la conducción de un coche, una amplia mayoría dirá que está por encima de la media. Otro ejemplo: los médicos están convencidos de ser capaces de diagnosticar la neumonía con un 90 % de certeza, cuando en realidad solo están seguros en un 50 %. "Una de las cosas más difíciles de imaginar es que no somos más inteligentes o más brillantes que la media", explica Daniel Kahneman, profesor de Psicología de la Woodrow Wilson School of Public and International Affairs de la Princeton University y premio nobel de Economía[3]. Pero la dura realidad es que no todo el mundo puede estar por encima de la media.

En sí misma, la seguridad en uno mismo no es nada malo, pero el exceso de confianza es otra cosa y puede ser especialmente peligroso cuando se trata de asuntos financieros. Los inversores demasiado confiados no solo toman decisiones precipitadas para sí mismos, sino que estas decisiones también tienen un efecto en el mercado en su conjunto. Por lo general, los inversores son personas seguras de sí mismas que están convencidas de que son más inteligentes que los demás, tienen tendencia a sobreestimar sus propias capacidades y conocimientos. Normalmente, se basan en la información que confirma algo de lo que ya están convencidos, y descartan toda la información de signo contrario. Además, debemos recordar que nuestra mente tiende de forma natural a organizar y consolidar la información fácilmente disponible, en lugar de profundizar en hechos menos conocidos. Con demasiada frecuencia, los inversores y los gestores financieros están convencidos de que poseen mejor información que los demás y que, por tanto, pueden obtener una ventaja respecto a sus competidores.

El exceso de confianza explica por qué tantos directivos toman decisiones equivocadas: confían demasiado en la información que recogen. Cuando esta situación se generaliza —todos los actores del mercado creen saber algo que los demás no saben— el resultado es una explosión de transacciones.

EL "OVERREACTION BIAS"

Uno de los nombres más destacados de las finanzas conductuales es Richard Thaler, profesor de Ciencias del Comportamiento y Economía, que se trasladó de la Cornell University a la Universidad de Chicago con el único propósito de cuestionar el comportamiento racional de los inversores. Para empezar, Thaler señala los resultados de varios estudios recientes según los cuales la gente atribuye demasiada importancia a ciertos acontecimientos aleatorios, convencida de haber identificado una tendencia. En particular, los inversores tienden a obsesionarse con la información más reciente y a hacer extrapolaciones a partir de ella; el último informe anual de beneficios se convierte de esa manera en una anticipación de los beneficios futuros. Así, convencidos de que tienen información que los demás no poseen, toman decisiones rápidas basadas en un razonamiento superficial.

Es evidente que se trata de un caso de exceso de confianza: creen que entienden e interpretan los datos mejor que los demás. Pero hay algo más que eso. Este exceso de confianza se ve agravado posteriormente por un exceso de reacción. Los psicólogos del comportamiento saben que los individuos tienden a reaccionar de forma exagerada ante las malas noticias y a tomar nota de las buenas con mayor lentitud: este mecanismo se denomina "*overreaction bias*" (prejuicio de sobrerreacción). En nuestro caso, si el informe de beneficios a corto plazo no es positivo, la reacción típica del inversor será repentina, irreflexiva y excesiva, con un inevitable contagio en la cotización de los títulos. Thaler califica de "miope" este exceso de énfasis en el cortoplacismo y está convencido de que la mayoría de los inversores obtendrían mejores resultados si no recibieran informes mensuales. Sobre esta base, Thaler desarrolló su propio y sencillo análisis: tomó todos los valores de la Bolsa de Nueva York y los clasificó según su rendimiento en los cinco años anteriores. A continuación, aisló los 35 mejores títulos (los que más habían subido) y los 35 peores (los que más habían bajado); luego utilizó esos 70 valores para formar carteras hipotéticas que mantuvo durante los cinco años siguientes, observando que los "perdedores" obtuvieron mejores resultados que los "ganadores" el 40 % de las veces. En el mundo real, cree Thaler, pocos inversores habrían tenido el valor de resistir el impulso de reaccionar a la primera señal de caída de los precios, y habrían perdido las ganancias que se producirían cuando los peores títulos mejoraran[4].

La noción de *overreaction bias* es bien conocida desde hace tiempo, pero en los últimos años se ha vuelto más profundamente radical por la aceleración generada por la tecnología. Antes de la llegada de internet y de los programas de noticias financieras por cable, la mayoría de los inversores consultaban las cotizaciones bursátiles con relativa poca frecuencia. Puede que echaran un vistazo al informe de su gestor a final de mes, que comprobaran los resultados trimestrales cada tres meses y que tomaran nota de los resultados anuales en a final de año.

Hoy en día, con los avances tecnológicos en las comunicaciones, los inversores pueden estar conectados con el mercado bursátil a tiempo completo. Los terminales móviles les permiten comprobar sus carteras mientras viajan en coche o en tren, a la vez que una cuenta en línea les consiente verificar el rendimiento de su posición desde el primer momento tras la campana de apertura de las negociaciones. Estas cuentas pueden calcular la rentabilidad relativa instantánea, con beneficios diarios, en los últimos cinco y diez días, de forma mensual, trimestral y anual. En resumen, los inversores pueden comprobar los precios de las acciones en cada momento de cada hora de cada día.

¿Es esta constante obsesión con los precios saludable para los inversores? La respuesta de Richard Thaler es muy clara. En sus frecuentes intervenciones en la Behavioral Conference patrocinada por el National Bureau of Economic Research y por la John F. Kennedy School of Government de Harvard, incluye siempre el siguiente consejo: "Invierta y no abra el correo"[5]. A lo que suele añadir: "Y no se le ocurra ponerse a vigilar su cartera cada minuto en su ordenador, su teléfono o cualquier otro terminal".

Aversión a las pérdidas

La forma en que Doris Buffett regañaba a su hermano pequeño por su inversión en Cities Service Preferred era una clara demostración de lo difícil que le resultaba soportar el malestar asociado a la caída de los precios. Pero no debemos ser demasiado duros con ella: Doris sufría un problema emocional que afecta a millones de inversores cada día. Se llama "aversión a las pérdidas": según muchos estudiosos, es el factor más importante que impide a la mayoría de los inversores aplicar con éxito el enfoque de Warren Buffett. Se trata de una condición psicológica descubierta hace treinta y cinco años por dos gigantes del sector, el premio nobel Daniel Kahneman, de quien ya hemos hablado al principio de este capítulo, y Amos Tversky, profesor de psicología en Stanford. Los dos investigadores llevaban tiempo colaborando y estaban interesados en la teoría de la decisión.

En 1979 escribieron un artículo titulado "Prospect Theory: An Analysis of Decision under Risk"(Teoría de las perspectivas: un análisis de la decisión en presencia de riesgo"), que se convertiría en el trabajo más citado de todos los tiempos en *Econometrica*, la prestigiosa revista académica de economía. Hasta ese momento, el canon más aceptado en economía era la "teoría de la utilidad esperada en la formación de decisiones", fundada y popularizada por John von Neumann y Oskar Morgenstern en su clásico *Theory of Games and Economic Behavior* (Princeton University Press, Princeton, 1944). Según esta teoría, no importa cómo se presenten las alternativas al decisor, lo que importa es que este haga lo que más le convenga. Por ejemplo, ante un juego con una probabilidad de ganar del 65 % y una probabilidad de perder del 35 %, el sujeto que actúa según la teoría de la utilidad esperada debería participar en el juego porque cabe esperar un resultado de suma positiva.

Se trata de una teoría matemáticamente impecable, y en un mundo ideal es el enfoque perfecto para la toma de decisiones. La formación de Kahneman y Tversky, sin embargo, era en Psicología, no en Economía, y todo aquello les dejaba un poco perplejos. Habían pasado la mayor parte de su carrera estudiando errores específicos en las evaluaciones humanas y habían aprendido que los individuos confieren diferentes pesos a las ganancias y a las pérdidas. Según la teoría de la utilidad esperada, el valor se atribuye al resultado final. En la teoría de las perspectivas de Kahneman y Tversky, el valor se asigna a las ganancias y pérdidas de cada individuo. Los dos investigadores han demostrado que las personas tienden a concentrarse no en la riqueza final que se consigue, sino en las ganancias y pérdidas incrementales que contribuyen acumulativamente a formarla. Su conclusión más importante es, por tanto, que los individuos tienen aversión a las pérdidas: Kahneman y Tversky han demostrado matemáticamente que los seres humanos lamentan las pérdidas más de lo que se alegran de las ganancias, hasta 2/2,5 veces más.

En otras palabras, el miedo a sufrir una pérdida es mucho mayor que el disfrute de una ganancia y, de acuerdo con este resultado, numerosos experimentos han demostrado que se necesita más del doble de un incentivo para superar este miedo. Ante una apuesta

50/50, con exactamente la misma probabilidad de ganar o perder, la mayoría de los sujetos se negaron a arriesgar en ausencia de una ganancia potencial superior al doble de la pérdida potencial.

Este fenómeno se conoce como “aversión asimétrica a las pérdidas”: los aspectos negativos pesan más que los positivos, lo que constituye un rasgo profundo de la psicología humana. Aplicado al mercado de valores, significa que la decepción de un inversor por una pérdida es más de dos veces superior a su alegría por haber elegido el título correcto. El impacto de la aversión a las pérdidas en las decisiones orientadas a la inversión es evidente y profundo. Todos queremos creer que hemos tomado las decisiones correctas, y para defender nuestra autoestima nos aferramos a las malas decisiones durante demasiado tiempo, con la vaga esperanza de que las cosas cambien: no vender los títulos equivocados es una manera de no afrontar nuestros errores.

Esta forma de aversión al riesgo hace que los inversores sean peligrosamente conservadores. En Estados Unidos, las personas que han contratado los llamados planes de pensiones “401(k)” con un horizonte temporal de décadas siguen manteniendo inmovilizados grandes cantidades de dinero en el mercado de bonos. ¿Por qué? Solo una profunda aversión al riesgo puede llevar a las personas a una asignación de capital tan conservadora. Además, puede haber consecuencias aún más inmediatas, por ejemplo, como dijimos, el conservar irracionalmente títulos que han resultado ser una mala elección. Nadie quiere admitir que ha cometido un error, pero si el error consiste en la compra de un título equivocado, al no venderlo se está renunciando potencialmente a una ganancia que podría provenir de una reinversión juiciosa.

La contabilidad mental

A lo largo de los años, Richard Thaler ha tenido la suerte de estudiar y colaborar con Kahneman y Tversky, así como con otros estudiosos del campo de las finanzas conductuales. Ha escrito varios trabajos sobre la teoría de la decisión, muchos de los cuales se recogen en su popular texto *The Winner's Curse: Paradoxes and Anomalies of Economic Life* (Free Press, Nueva York, 1992). Sin embargo, Thaler es más conocido por un artículo que escribió en 1995 con Shlomo Benartzi, profesor y codirector del grupo de la Teoría de la Decisión Conductual de la Anderson School of Management de la Universidad de California de Los Ángeles, titulado "Myopic Loss Aversion and the Equity Risk Puzzle Premium" [La aversión miope a las pérdidas y el rompecabezas del riesgo en la renta variable]. En este trabajo, Thaler y Benartzi examinaron la aversión al riesgo tal como la definen y describen la teoría de Kahneman y Tversky y la relacionaron directamente con el mercado de valores. Lo que les intrigaba era una pregunta básica: ¿por qué un agente económico con una perspectiva a largo plazo prefiere adquirir bonos en lugar de acciones, aun sabiendo que las acciones rinden sistemáticamente más con el tiempo? Según ellos, la respuesta está en dos nociones clave de Kahneman y Tversky. La primera era la conocida aversión al riesgo, de la que ya hemos hablado; la segunda era un concepto comportamental llamado "*mental accounting*" o "contabilidad mental", que describe cómo los individuos codifican los resultados financieros. En concreto, se refiere al hábito de cambiar nuestra visión del dinero a medida que se alteran las circunstancias del entorno. En otras palabras, tendemos a colocar el dinero en diferentes "cuentas", y eso influye en las decisiones a la hora de utilizarlo.

Ilustremos el concepto con un ejemplo sencillo. Imaginémonos que acabamos de volver a casa después de una noche de fiesta y echamos mano a la cartera para pagar a la canguro. En ese momento, descubrimos que el billete de 20 dólares que creíamos tener no está ahí. Por lo tanto, mientras acompañamos a la canguro a casa, paramos en un cajero automático y sacamos el dinero. Al día siguiente, nos damos cuenta de que el billete que echamos de menos la noche anterior está en el bolsillo de la chaqueta.

La reacción de la mayoría de la gente será de alivio o incluso de alegría: los 20 dólares en el bolsillo de la chaqueta cuentan como dinero encontrado. Tanto este billete como el retirado la noche anterior proceden de nuestra cuenta corriente, y ambos representan dinero ganado con esfuerzo, pero los 20 dólares que tenemos en la mano a la mañana siguiente es un dinero que no pensábamos poseer y nos sentimos autorizados a gastarlo en frivolidades. Una vez más, Richard Thaler ha ideado un interesante experimento para ilustrar esta noción.

Su estudio da comienzo con la selección de dos grupos de personas. A las personas del primer grupo se les entregan 30 dólares en efectivo y se les dan dos opciones: 1) guardar el dinero y marcharse, o bien 2) apostarlo al lanzamiento de una moneda, con la posibilidad de ganar o perder otros 9 dólares. La mayoría de las personas (el 70 %) aceptan la apuesta, en la íntima convicción de que en el peor de los casos acabarán con 21 dólares regalados. A los del segundo grupo se les ofrece una opción diferente: 1) apostar al lanzamiento de una moneda: el ganador recibirá 39 dólares, el perdedor solo 21, o 2) recibir 30 dólares directamente sin apostar. Más de la mitad (57 %) de las personas del segundo grupo decidieron aceptar los 30 dólares seguros. A ambos grupos se les ofrecía la posibilidad de ganar la misma cantidad de dinero en las mismas condiciones (de probabilidad), pero la situación se percibía de forma diferente[6].

Las implicaciones son claras: la forma en que decidimos invertir y cómo elegimos gestionar las inversiones depende en gran medida de cómo vemos el dinero. Por ejemplo, se ha sugerido que la contabilidad mental es otra de las razones por las que la gente no vende las acciones que van mal: la pérdida no se considera real hasta que se realiza. También nos ayuda a comprender nuestra tolerancia al riesgo: estamos más dispuestos a asumir riesgos con el dinero "encontrado" ("regalado").

LA AVERSIÓN MIOPE A LAS PÉRDIDAS

Thaler y Benartzi no se detuvieron ahí. Thaler recordó un acertijo financiero propuesto en su momento por el premio nobel Paul Samuelson, quien en 1963 preguntó a un colega si estaba dispuesto a aceptar la siguiente apuesta: un 50 % de posibilidades de ganar

200 dólares, o un 50 % de posibilidades de perder 100 dólares. Según Samuelson, el colega rechazó la primera oferta, pero luego lo reconsideró: estaría encantado de jugar si pudiera hacerlo 100 veces sin tener que mirar los resultados individuales cada vez.

La disponibilidad para jugar con nuevas reglas dio a Thaler y Benartzi una idea. El colega de Samuelson estaba dispuesto a apostar con dos condiciones: ampliar el horizonte del juego y reducir la frecuencia con la que tendría que observar los resultados. Trasladando esta observación al negocio de la inversión, Thaler y Benartzi señalaron lo siguiente: cuanto más tiempo mantiene un inversor una compra, más interesante se vuelve la compra a sus ojos, pero solo si la inversión no se valora con demasiada frecuencia.

Si analizamos la evolución histórica de los beneficios, descubrimos que la gran mayoría de los obtenidos a largo plazo son el resultado de apenas el 7 % de los meses de negociación. El 93 % restante se equilibra, por término medio, con el cero[7]. Por lo tanto, está claro que la evaluación de la rentabilidad en periodos cortos de tiempo aumenta la probabilidad de ver una pérdida en la cartera: si se revisa la cartera cada día, hay un 50 % de posibilidades de ver una pérdida, y las cosas no mejoran mucho si se amplía el periodo a un mes.

Si, por el contrario, revisamos nuestra cartera con mucha menos frecuencia, nos ahorraremos el estrés de las interminables microvariaciones diarias de cotización; cuanto más tiempo nos abstengamos de hacerlo, en cambio, menos probable será que tengamos que lidiar con el conocimiento de la volatilidad de los precios, y más atractivas nos parecerán los títulos elegidos. En otras palabras, los dos factores que influyen en la turbación emocional de un inversor son la aversión a las pérdidas y la alta frecuencia de valoración: Thaler y Benartzi acuñaron por tanto la locución "aversión miope a las pérdidas" para reflejar la combinación de ambos elementos.

Thaler y Benartzi intentaron entonces establecer una perspectiva temporal ideal. Ya sabemos que los precios de las acciones son mucho más volátiles en periodos de tiempo cortos que los de las obligaciones, y también sabemos que si aceptamos alargar el periodo en el que medimos las variaciones de las acciones, la desviación estándar de los beneficios relativos disminuirá. Lo que Thaler y Benartzi querían entender era lo siguiente: ¿cuánto tiempo tendría que mantener un inversor las acciones sin comprobar su rendimiento para volverse indiferente a la aversión miope a las pérdidas en el contraste entre acciones y bonos? La respuesta fue: "Un año".

Thaler y Benartzi analizaron la rentabilidad, la desviación estándar y la probabilidad de rentabilidad de las acciones con un horizonte temporal de una hora, un día, una semana, un mes, un año, diez años y cien años. A continuación, aplicaron una simple función de utilidad derivada del factor 2 de aversión a las pérdidas de Kahneman y Tversky (utilidad = probabilidad de aumento de precio - probabilidad de disminución × 2). Concluyeron de forma matemática que el factor de utilidad emocional de un inversor no adquiriría un valor positivo antes de un periodo observado de un año. A menudo me he preguntado si el deseo de Warren Buffett de que el mercado bursátil abra solo una vez al año coincide con los resultados psicológicos de la aversión miope a las pérdidas.

Thaler y Bernatzi sostienen que siempre que se habla de aversión a las pérdidas hay que tener en cuenta la frecuencia con la que se calculan los rendimientos: si los inversores evalúan sus carteras en periodos cada vez más cortos, es evidente que estarán menos interesados en los valores volátiles. "La aversión a las pérdidas es un hecho de la vida", explican Thaler y Benartzi, "en cambio, la frecuencia de la valoración es una decisión comportamental sobre la que, presumiblemente, se puede influir, al menos en principio"[8].

El factor lemming

Otra típica trampa psicológica en la que suelen caer los inversores es la tentación de seguir todo lo que hacen los demás, aunque no tenga necesariamente sentido. Lo llamaremos "el engaño de los lemmings".

Los lemmings son pequeños roedores originarios de las regiones de la tundra escandinava, conocidos por su éxodo masivo hacia el mar. En tiempos normales, los lemmings se desplazan durante la primavera en búsqueda de alimento y nuevos refugios. Sin embargo, cada tres o cuatro años ocurre algo extraño. Debido a su alta fecundidad y baja mortalidad, la población de lemmings empieza a crecer y, una vez que alcanzan un cierto número, comienzan a desplazarse durante la noche y, al poco tiempo, también durante el día. Cuando se encuentran con un obstáculo, la manada crece aún más hasta que se desencadena una reacción de pánico que les impulsa a cruzar o a trepar por el obstáculo. A medida que estos comportamientos se exacerban, los lemmings desafiarán a animales que normalmente evitarían. Muchos mueren de hambre, devorados por depredadores y a causa de accidentes, pero muchos llegan al mar, donde se sumergen y nadan hasta morir.

Todavía no hemos podido entender del todo el comportamiento de los lemmings: según los zoólogos, las migraciones masivas se producen como consecuencia de cambios en la disponibilidad de alimentos y/o de condiciones de estrés. La aglomeración y la competencia entre los individuos sugieren entonces cambios hormonales que, a su vez, inducen a alteraciones en el comportamiento.

¿Por qué hay tantos inversores que se comportan como lemmings? Para ayudarnos a entenderlo, en el informe anual de Berkshire Hathaway de 1985, Warren Buffett contó una de las parábolas favoritas de Ben Graham.

Un buscador de petróleo, ya fallecido, va al cielo donde se encuentra con san Pedro, que le comunica una mala noticia: "Se te ha permitido quedarte, pero como ves, el departamento de petroleros está saturado, no hay manera de que puedas entrar". El buscador se lo piensa un momento y luego pregunta si puede tener una charla con los actuales ocupantes del departamento. La propuesta le parece totalmente inofensiva a san Pedro, que le da permiso. Entonces ese individuo se lleva las manos a la boca y grita: "¡Han encontrado petróleo en el inferno!" Inmediatamente las puertas se abren de par en par y todos los petroleros salen corriendo. Impresionado, san Pedro invitó al buscador a entrar y sentarse. Este duda un momento y luego responde: "No. Creo que me iré con los chicos. Después de todo, puede haber algo de verdad en esos rumores".

Para ayudar a los inversores a evitar esta trampa psicológica, Buffett nos pide que pensemos en los gestores financieros que, con demasiada frecuencia, son recompensados por un sistema que identifica la seguridad con la mediocridad, y premia la adhesión a un comportamiento estándar en lugar de al pensamiento independiente.

"La mayoría de los gestores", explica Buffett, "no están incentivados para tomar decisiones inteligentes-pero-con-la-probabilidad-concreta-de-pasar-por-idiotas. Su relación beneficio/riesgo está demasiado clara: si una decisión poco convencional tiene éxito, se ganarán una palmadita en la espalda, pero si no funciona simplemente los despedirán. Fracasar de forma convencional es el comportamiento más fomentado; como población, los lemmings tienen mala imagen, pero nunca se ha sacrificado individualmente a un solo lemming"[9].

CÓMO GESTIONAR LAS TRAMPAS EMOCIONALES

Cada una de estas formas tan comunes de pensar en el dinero crea problemas a los inversores, que no son capaces de librarse de sus consecuencias; en mi opinión, el mayor y más grave obstáculo psicológico que les impide aplicar con éxito el método Warren Buffett es la aversión miope a las pérdidas. En mis casi treinta años de experiencia profesional, he observado de primera mano la dificultad que tienen los inversores, los gestores de carteras, los asesores y los miembros de los consejos de administración de los grandes fondos institucionales para internalizar unas pérdidas que se hacen aún más dolorosas por una tabulación demasiado frecuente. Conseguir superar esta desventaja psicológica es cosa de unos pocos elegidos.

No debería sorprendernos que uno de los que lo ha conseguido, Warren Buffett, sea al mismo tiempo el mayor inversor del mundo. Siempre he pensado que el duradero éxito de Buffett se debe en gran medida a la estructura absolutamente única de su empresa.

Berkshire Hathaway es propietaria tanto de acciones ordinarias como de empresas enteras, lo que ha permitido a Buffett observar y estudiar de cerca cómo se entrelazan inextricablemente el aumento de valor de estas empresas y el precio de sus acciones. No tiene necesidad de mirar las cotizaciones bursátiles todos los días porque no necesita la confirmación del mercado para convencerse de que ha hecho la inversión correcta. Como le gusta repetir: "No necesito que una cotización bursátil me diga lo que ya sé sobre el valor".

Otra observación de cómo funcionan las cosas para Buffett puede extraerse de un estudio de su inversión de mil millones de dólares en la Coca-Cola Company en 1988. En aquel momento fue la mayor inversión que Berkshire había realizado en un mismo título. En los diez años siguientes, el precio de las acciones se multiplicó por 10 y el índice S&P por aproximadamente 3. De forma retrospectiva, podríamos pensar que era una de las inversiones más fáciles y al alcance de cualquier inversor. A finales de los noventa, asistí a muchos seminarios para inversores y cada vez preguntaba al público: "¿Cuántos de ustedes han tenido acciones de Coca-Cola en los últimos diez años?". Y prácticamente todas las manos se levantaban. Después preguntaba: "¿Cuántos de ustedes han obtenido los mismos beneficios que Buffett de esas inversiones en Coca-Cola?". Avergonzados, todos bajan lentamente las manos.

Entonces pasaba a la pregunta importante: "¿Por qué?". Si tanta gente tenía acciones de Coca-Cola (y, de hecho, todos los del sector habían optado por hacer la misma inversión que Buffett), ¿por qué ninguno había obtenido los mismos beneficios? Creo que la respuesta tiene que ver con la aversión miope a las pérdidas. En esos diez años (1989-1998) Coca-Cola había obtenido resultados superiores a los de mercado, pero en términos anuales solo había superado a la bolsa en seis años. Recordando la base matemática de la aversión a las pérdidas, invertir en Coca-Cola implicaba una utilidad emocional negativa (seis unidades emocionales positivas - cuatro unidades negativas × 2). Esta es mi suposición, y solo puedo imaginar que, en los años en que las acciones rendían menos, los titulares de acciones de Coca-Cola habían decidido venderlas. ¿Qué hizo Buffett en su lugar? Primero comprobó la evolución económica de la empresa, que siempre fue excelente, y luego decidió mantenerlas.

Benjamin Graham siempre nos recordaba que “la mayoría de las veces las acciones ordinarias están sujetas a fluctuaciones de precios irracionales y excesivas en ambas direcciones (venta y compra de acciones) como resultado directo de la tendencia de ciertas personas a especular o a apostar, es decir, a dar voz a la esperanza, el miedo y la codicia”[10]. Los inversores, nos ponía en guardia, deben estar preparados para los altibajos del mercado, y al decir “preparados” se refería a “preparados psicológicamente” además de financieramente: no solo ser racionalmente conscientes de que puede producirse una caída, sino tener la energía emocional necesaria para actuar adecuadamente en esa eventualidad.

“El inversor que se deja abrumar o preocupar indebidamente por las caídas injustificadas del mercado es como si utilizara perversamente las ventajas que posee en su propio perjuicio”, decía Graham, “sería mejor para él que sus acciones no cotizaran en absoluto, porque por lo menos así se ahorraría la angustia de tener para verse perjudicado por los errores de juicio de otros”[11].

“¡Y en la esquina opuesta, Warren Buffett!”

El enfoque de Warren Buffett sobre la inversión, su peculiar forma de concebir las acciones como si fueran partes de empresas, y de gestionar la cartera de acciones de forma selectiva, va en contra de todas las teorías financieras que se enseñan cada año a miles de estudiantes universitarios. Este contexto financiero se denomina genéricamente “teoría moderna de la cartera” y, como veremos, es una teoría de la inversión desarrollada no por gestores o empresarios, sino por académicos encerrados en sus torres de marfil.

Se trata de un edificio intelectual en el que Buffett se niega a establecer su residencia. Quienes sigan sus principios no tardarán en encontrarse emocional y psicológicamente en desacuerdo con el comportamiento de la mayoría de los inversores.

Harry Markowitz - la covarianza

En marzo de 1952, Harry Markowitz, estudiante de la Universidad de Chicago, publicó un artículo de 14 páginas en el *Journal of Finance* titulado "Portfolio Selection"[12], en el que explicaba lo que consideraba una noción elemental: las ganancias y los riesgos están inextricablemente conectados entre sí, y presentaba cálculos para respaldar su conclusión de que ningún inversor puede obtener resultados superiores a la media sin asumir riesgos superiores a la media. Puede parecer una conclusión tan obvia que casi roza el ridículo, pero era un concepto revolucionario en los años cincuenta, una época en la que las carteras de acciones se montaban casi al azar. Hoy en día, ese breve artículo está considerado como el nacimiento de las finanzas modernas.

Siete años más tarde, Markowitz publicó su primer libro, *Portfolio Selection: Efficient Diversification of Investments* (John Wiley & Sons, 1959), que muchos consideran su mayor contribución a la materia. En este libro, el autor centra su atención en la medición de los riesgos de toda una cartera. Lo llamó "covarianza", y era una técnica para evaluar la "dirección" de un conjunto de títulos: cuantos más títulos fueran en la misma dirección, más probable sería que los cambios en la economía los deprimieran simultáneamente. Del mismo modo, una cartera formada por valores de riesgo podría revelarse, de hecho, prudente si los precios de los distintos valores variaran de forma independiente. En cualquier caso, Markowitz argumentaba que la diversificación es la clave y, concluía que la opción más sabia para los inversores era identificar primero el nivel de riesgo que están dispuestos a soportar y luego construir una cartera eficiente y diversificada con valores de covarianza reducida.

Eugene Fama- el mercado eficiente

En 1965, Eugene Fama, de la Universidad de Chicago, publicó su tesis doctoral "The Behavior of Stock Market Prices" [El comportamiento de los precios de la Bolsa] en el *Journal of Business*, proponiendo una teoría coherente y exhaustica acerca del comportamiento del mercado de valores. Su mensaje era muy claro: las predicciones sobre los precios futuros son inútiles porque el mercado es demasiado eficiente. En un mercado eficiente, a medida que la información está disponible, un gran número de actores inteligentes la ponen en práctica y esto hace que los precios se ajusten instantáneamente, antes de que nadie pueda aprovecharla. En cualquier momento, los precios reflejan toda la información disponible y por eso decimos que el mercado es eficiente.

Bill Sharpe-un modelo de valoración de los activos

Unos diez años después de la publicación del artículo de Markowitz, un joven estudiante de doctorado llamado Bill Sharpe sometió a una honda consideración con él su trabajo sobre la teoría de carteras y la necesidad de un número infinito de covarianzas. Al año siguiente, en 1963, también se publicó la tesis de Sharpe "A Simplified Model of Portfolio Analysis" [Análisis simplificada de un modelo de carteras]. Aun reconociendo plenamente que se basaba en las ideas de Markowitz, Sharpe sugirió un método más sencillo: estaba convencido de que todos los valores se caracterizaban por alguna relación común con un factor subyacente, y que esto reducía un análisis a la tarea de medir la volatilidad de un valor concreto con respecto a ese factor. Confirió incluso un nombre a su medida de la volatilidad: Factor Beta.

Un año más tarde, Sharpe introdujo un concepto de amplio alcance, el llamado "modelo de valoración de activos financieros", o CAPM (*Capital Asset Pricing Model*), una extensión directa del anterior modelo de un solo factor para la composición de carteras eficientes. El CAPM contempla dos tipos diferentes de riesgo para los títulos. Uno es el riesgo sistemático, es decir, sencillamente el riesgo de estar en el mercado. El riesgo sistemático es la "beta" del modelo de índice único, y no puede eliminarse mediante la diversificación. El segundo tipo de riesgo se denomina no sistemático y refleja la situación económica específica de una empresa. A diferencia del primero, el riesgo no sistemático puede "diluirse" mediante la diversificación añadiendo simplemente otros títulos a la cartera.

En el curso de una década, tres estudiosos habían definido elementos importantes que más tarde se denominarían colectivamente «teoría moderna de la cartera»: Markowitz con su idea de que el equilibrio adecuado entre la recompensa y el riesgo depende de la diversificación; Fama con su teoría del mercado eficiente; Sharpe con su definición del riesgo. Por primera vez en la historia, nuestros destinos financieros no dependían únicamente de Wall Street o de Washington, ni estaban solo en manos de los operadores. El panorama financiero quedaba definido por un grupo de académicos a cuyas puertas se agolpaban los profesionales del sector: desde sus torres de marfil, se habían convertido en los nuevos sumos sacerdotes de las finanzas modernas.

La opinión de Buffett sobre el riesgo y la diversificación

Volvamos a Warren Buffett por un momento. Tras abrir un negocio de inversión con unos pocos miles de dólares, lo había convertido en un negocio de 25 millones de dólares. Con estos ingresos tomó el control de Berkshire Hathaway, avanzando rápidamente hacia un patrimonio que no tardaría en superar los mil millones. Durante esos veinticinco años, nunca se preocupó de la covarianza de las acciones, de estrategias para reducir la fluctuación de los rendimientos —que Dios no lo permita—, ni de la idea de que las valoraciones bursátiles eran eficientes en su conjunto. Buffett había reflexionado profundamente sobre el concepto de riesgo, pero su interpretación era muy diferente de lo que afirmaban los estudiosos antes mencionados.

Recordemos que, en la teoría moderna de la cartera, el riesgo se define como la volatilidad del precio de las acciones. Pero Buffett siempre había percibido la caída de un precio como una oportunidad. Y, en todo caso, como reducción del riesgo. En sus propias palabras: "Para los titulares de una actividad —y así es como entendemos los accionistas— la definición académica de riesgo está tan alejada del mercado que genera un auténtico sinsentido"[13].

Su definición es muy diferente: para Buffett, el riesgo está vinculado a la posibilidad de conseguir un daño o una disminución del valor intrínseco del activo, no al comportamiento del precio de la acción. El verdadero riesgo, según Buffett, es saber si después de los impuestos el rendimiento de una inversión "dejará al inversor con al menos el mismo poder adquisitivo que tenía al principio, más un tipo de interés razonable sobre la inversión inicial"[14].

El riesgo, para Buffett, está indisolublemente vinculado, pues, con el horizonte temporal del inversor. Esta es la única y singular diferencia importante entre su noción de riesgo y la formulada en el marco de la teoría de la cartera. Si compramos una acción hoy con la intención de venderla mañana, explica además Buffett, hemos realizado una operación arriesgada. Las probabilidades no son mejores que las de lanzar una moneda al aire: es decir, perderemos aproximadamente la mitad de las veces. Si, por el contrario, ampliamos el horizonte temporal a varios años como mínimo, la probabilidad de que se trate de una operación arriesgada disminuye de forma significativa, obviamente, suponiendo que hayamos realizado una compra bien meditada y sensata: "Si me piden que evalúe el riesgo de comprar Coca-Cola hoy y venderla mañana, diría que es muy, muy elevado"[15]. Pero comprarla hoy y venderla dentro de diez años es, en opinión de Buffett, una operación de riesgo cero.

Esta misma original concepción del riesgo de Buffett inspira también su estrategia de diversificación de carteras; también en este caso, su filosofía contrasta con la de la teoría de la cartera. Recordemos que, según esta última, la principal ventaja de una cartera ampliamente diversificada es mitigar la volatilidad de los precios de los títulos singulares. Si no nos preocupa en absoluto la volatilidad de los precios, como, por ejemplo, es en el caso de Buffett, entonces también veremos la diversificación bajo una luz diferente.

"La diversificación sirve de protección contra la ignorancia", argumenta, "si quieres asegurarte de que no te ocurra algo malo, simplemente por estar en el mercado, deberías poseerlo todo. No hay nada malo en ello, es un enfoque perfectamente razonable para alguien que no sabe hacer análisis financieros". En cierto sentido, la teoría de la cartera protege a los inversores con un conocimiento y una comprensión limitados sobre cómo valorar una empresa. Pero la protección tiene un coste: según Buffett, la teoría de la cartera "nos dirá cómo obtener resultados ajustados a la media. Pero creo que prácticamente cualquiera puede darse cuenta de ello ya en quinto de primaria"[16].

Por último, si la teoría del mercado eficiente (en adelante TME) es correcta, solo existe una probabilidad completamente aleatoria de que un individuo o grupo supere al mercado, y desde luego es nula la probabilidad de que ese individuo o grupo siga haciéndolo sistemáticamente. Pero el historial de Buffett en los últimos años es una prueba flagrante de que, de hecho, es posible, sobre todo en conjunción con la experiencia de otros brillantes inversores que, a su vez, han superado al mercado siguiendo sus pasos. ¿Qué nos dice todo esto sobre la TME? Los problemas que Buffett ve en él dependen de un único punto central: no hace predicciones para los inversores que analizan toda la información disponible y obtienen una ventaja competitiva al hacerlo. "Al observar —correctamente— que el mercado es a menudo eficiente, concluyen —incorrectamente— que siempre lo ha sido. La diferencia entre estas afirmaciones es como la diferencia entre la noche y el día"[17].

Sin embargo, la TME se sigue enseñando casi religiosamente en las escuelas de negocios, lo que resulta infinitamente gratificante para Buffett. "Evidentemente, el flaco favor que se hace a los estudiantes y a los inversores profesionales ingenuos que se beben la TME hasta la saciedad ha sido un servicio impagable que se nos ha prestado a nosotros y a los demás discípulos de Graham", comenta sarcásticamente. "En cualquier tipo de competición financiera, mental o física, tener oponentes a los que se les ha enseñado que incluso intentarlo es completamente inútil es una enorme ventaja. Desde un punto de vista puramente egoísta, probablemente deberíamos financiar cátedras para garantizar la enseñanza perpetua de la TME"[18].

Los inversores se encuentran hoy en día en una encrucijada intelectual y profundamente emocional.

A la izquierda está el camino trazado por la teoría de la cartera, una teoría con medio siglo de historia, repleta de estudios científicos, fórmulas impecables y premios nobel. Es un camino que intenta llevar a los inversores desde el punto A al punto B con la menor volatilidad posible a lo largo del recorrido, minimizando así el dolor emocional de un viaje accidentado. Convencerse de que el mercado es eficiente y, por lo tanto, de que el precio y el valor intrínseco son simplemente lo mismo, lleva a los defensores de la teoría a centrarse primero en los precios y en el valor del activo solo después; o a veces nunca.

A la derecha se encuentra el camino seguido por Warren Buffett y otros inversores de éxito. También representa una historia de más de cincuenta años llena de experiencias vitales, simple aritmética y propiedad de acciones a largo plazo. Trata de llevar a los inversores del punto A al punto B, no garantizándoles un viaje cómodo y corto, sino orquestando un enfoque de la inversión cuyo objetivo es maximizar la tasa de crecimiento del valor intrínseco. Los que proponen un enfoque similar al de Buffett no creen que el mercado sea siempre eficiente e intentan centrarse en los valores primero y en los precios solo después; o a veces nunca.

Ahora que hemos esbozado —aunque sea brevemente— las ideas que sustentan la teoría moderna de la cartera, es fácil entender cómo un enfoque al estilo de Buffett puede llevarle a un conflicto con sus defensores. No solo nos veremos intelectualmente incompatibles con ellos, sino que también estaremos ampliamente en minoría, tanto en el ámbito académico como en el laboral. Adoptar el método Warren Buffett nos convertirá en una especie de rebeldes, obligados a enfrentarse a un poderoso ejército enemigo compuesto por individuos que invierten de forma totalmente diferente a la nuestra. Como aprenderemos a nuestra costa, ser condenados al ostracismo puede suponer un verdadero desafío emocional.

Llevo más de veinte años escribiendo sobre Warren Buffett, durante los cuales nunca he conocido a nadie que esté claramente en desacuerdo con la metodología que describo en este libro. En cambio, he conocido a mucha gente que, por mucho que esté integral y desapasionadamente de acuerdo con los escritos de Buffett, nunca ha sido capaz de aplicar emocionalmente sus lecciones. Por lo tanto, me he convencido de que estriba en esto la clave más importante para entender su éxito, y es una parte del mosaico que nunca se ha explorado a fondo. En una palabra, el comportamiento de Warren Buffett es racional y no emocional.

Por qué es tan importante la psicología

En 2002, Daniel Kahneman recibió el Premio Nobel de Economía "por integrar los hallazgos de la investigación psicológica en las ciencias económicas, especialmente en lo que concierne a la actividad humana de evaluación y toma de decisiones en condiciones de incertidumbre". La motivación supuso el establecimiento definitivo de las finanzas conductuales como un enfoque legítimo con el que estudiar los mercados. Así que, a pesar de los ordenadores o de otras cajas negras similares, siguen siendo las personas las que configuran los mercados.

Las emociones son más fuertes que la razón, por eso son el miedo y la codicia los que mueven los precios de las acciones por encima y por debajo del valor intrínseco de una empresa. Cuando la gente se asusta, o se vuelve ambiciosa, explica Buffett, es probable que venda acciones a precios absurdos, por lo que, a corto plazo, son las actitudes de los inversores, las emociones humanas, las que tienen un mayor impacto en los precios del mercado que la organización económica de una empresa.

Mucho antes de que las finanzas conductuales se llamaran así, sus principios fueron bien comprendidos por unos pocos renegados como Warren Buffett y Charlie Munger, que los aceptaron con toda tranquilidad. A Charlie le gusta recordar que cuando él y Buffett salieron del instituto entraron “en el mundo de los negocios y lo encontraron impregnado de una colosal, extrema y predecible irracionalidad”[19]. Con “predecible” no se refiere a los plazos, sino a la idea de que una situación de irracionalidad induce un comportamiento con rasgos predecibles.

Aparte de Buffett y Munger, solo en tiempos recientes la mayoría de los profesionales de la inversión han empezado a prestar seria atención a esta intersección entre las finanzas y la psicología. Cuando se trata de invertir, las emociones son factores extremadamente concretos, en el sentido de que afectan e influyen en el comportamiento de los individuos y, por lo tanto, en última instancia, en los precios del mercado. Sin duda, el lector ya se habrá dado cuenta de dos razones por las que comprender las dinámicas humanas es tan importante y valioso para sus inversiones: 1) para proporcionarle pautas que le ayuden a evitar cometer los errores más comunes; 2) para permitirle reconocer los errores de los demás con la suficiente antelación como para aprovecharlos.

Todos podemos cometer errores de juicio que afecten a nuestro éxito personal. Cuando mil personas o un millón cometen este tipo de errores, el impacto colectivo puede empujar el mercado en direcciones peligrosas. En circunstancias así, la tentación de seguir a la multitud es abrumadora, y se cometen errores que se amontonan unos sobre otros. En un mar que bulle en comportamientos irracionales, los pocos que actúan racionalmente pueden ser, al final, los únicos que sobrevivan.

Mejor dicho, el único antídoto contra los errores inducidos por las emociones es la racionalidad, especialmente si se aplica a largo plazo, con paciencia y con perseverancia. Y este es el tema del próximo capítulo.

7

El valor de la paciencia

En su obra maestra *Guerra y Paz*, Lev Nikoláievich Tolstói hizo la siguiente profunda observación: "El tiempo y la paciencia son las mayores virtudes de todos los guerreros". Como es natural, hablaba desde un punto de vista militar, pero el concepto se aplica brillantemente a la economía también y es de gran utilidad para aquellos que realmente quieren profundizar en su comprensión de los mercados.

Cualquier actividad bursátil tiene lugar en un continuo temporal: representado como algo que fluye de izquierda a derecha, observamos que las decisiones de compra y venta tienen lugar en el curso de microsegundos, minutos, horas, días, semanas, meses, años y décadas. Aunque no sea en absoluto evidente dónde podría trazarse una línea de demarcación, existe un acuerdo general acerca de que los actos de la izquierda (alta frecuencia) pueden considerarse especulativas, mientras que los de la derecha (períodos más largos) son formas de inversión. Probablemente no hace falta decir que Warren Buffett se sienta con toda comodidad a la derecha, esperando pacientemente la evolución a largo plazo.

Lo que nos lleva a preguntarnos: ¿por qué tanta gente se lanza frenéticamente hacia la extrema izquierda, tratando de ganar el mayor dinero posible en el menor tiempo posible? ¿Es una cuestión de avidez? ¿De la injusta convicción de que pueden predecir los cambios en la psicología del mercado? ¿O es que han perdido la fe en la posibilidad de obtener resultados positivos con inversiones a largo plazo, después de dos periodos de contracción económica y una crisis financiera en los últimos diez años? Pues bien, la respuesta a las tres preguntas es "sí". Aunque cada una de estas actitudes representa un problema, la que más me preocupa es esta última, la falta de confianza en la inversión a largo plazo: porque esto está en el corazón mismo del método Warren Buffett.

En nombre del largo plazo

El trabajo decisivo sobre la comparación de estrategias a corto y largo plazo se remonta a hace más de dos décadas y fue obra de Andrei Shleifer, profesor de Harvard y ganador de la medalla John Bates Clark, junto a Robert Vishny, profesor de finanzas en la Booth School of Business de la Universidad de Chicago. En 1990, Shleifer y Vishny publicaron un artículo de investigación para la *American Economic Review* titulado "The New Theory of the Firm: Equilibrium Short Horizons of Investors and Firms"[1] en el que comparaban los costes, los riesgos y los resultados del arbitraje a corto y a largo plazo.

El coste de un arbitraje es el periodo de tiempo durante el cual el capital permanece invertido; el riesgo es una medida de la incertidumbre del resultado; y el resultado es la cantidad de dinero producida por la inversión. En los arbitrajes a corto plazo, los tres factores son menos importantes; a largo plazo, el capital permanece invertido durante más tiempo, la incertidumbre sobre cuándo se obtendrán los beneficios es mayor y los beneficios también pueden ser mayores.

Shleifer y Vishny afirman que "en una condición de equilibrio, el beneficio neto derivado del arbitraje debe ser el mismo para cada activo. Dado que el arbitraje es más caro a largo plazo, para que el beneficio neto sea el mismo, la diferencia de valoración tendrá que ser mayor"[2]. En otras palabras, dada la mayor inversión, el beneficio a largo plazo tendrá que ser mayor.

Shleifer y Vishny señalan que las acciones ordinarias pueden utilizarse para el arbitraje a corto plazo. Por ejemplo, los especuladores que actúan como "árbitros de la información" podrían apostar por el resultado de una posible adquisición, o por la publicación de los beneficios de la empresa, o por cualquier otra comunicación al mercado que despeje rápidamente la diferencia de precio. Incluso si el precio de la acción no reacciona como se esperaba, el operador puede desprenderse rápidamente de ellas con repercusiones financieras limitadas. Siguiendo el razonamiento de Shleifer y Vishny, el coste para el especulador pasa a ser mínimo (el capital se invierte durante un corto periodo), y el riesgo se reduce (la incertidumbre sobre los resultados se resuelve rápidamente). Como es natural, los beneficios también son bajos.

Resulta interesante notar que, para generar beneficios no marginales con estrategias de arbitraje a corto plazo, estas deben aplicarse con frecuencia, cuando no de forma continua. Shleifer y Vishny también explican que para que los beneficios superen los esperados en este tipo de especulación, hay que estar dispuesto a aumentar el coste de la inversión (el periodo de tiempo durante el que el dinero permanece invertido), y asumir más riesgo (mayor incertidumbre sobre cuándo se conocerá el resultado del arbitraje). Tanto para el especulador como para el inversor, la variable clave es el horizonte temporal: el primero trabaja a corto plazo y acepta menores beneficios, el segundo trabaja a más largo plazo y espera mayores rendimientos.

Y esto nos lleva a la siguiente pregunta: en las operaciones de arbitraje a largo plazo, ¿es realmente posible generar grandes beneficios comprando y vendiendo acciones ordinarias? Para responder a esta pregunta, realicemos una pequeña investigación examinando los hechos de cerca. Calculemos el beneficio sobre una base anual en los últimos tres años, y luego en los últimos cinco (solo el precio) entre 1970 y 2012. Durante este periodo de cuarenta y tres años, el número de valores del índice S&P que duplicaron sus beneficios en un año fue de media 1,8, es decir, unos 9 de cada 500 títulos. A tres años, fue el 15,3 % de las acciones (unas 77 de 500). En cinco años, fue el 29,9 % de los títulos (unos 150 de 500).

Volviendo a la pregunta original: ¿es realmente posible obtener grandes beneficios con la compra y venta de acciones a largo plazo? La respuesta es, sin duda, "sí". Y si duplicar en cinco años nos parece una nimiedad, debemos tener en cuenta que equivale a un interés compuesto anual del 14,9 %.

Como es natural, estos resultados solo son aplicables a los inversores que son capaces de seleccionar a priori los valores que probablemente se duplicarán en cinco años, y la solución "real" a este problema es la solidez de su proceso de selección y de su estrategia de gestión de la cartera. Estoy seguro de que quienes apliquen los criterios de inversión expuestos en este libro, y practiquen una estrategia de diversificación reducida de la cartera, tienen muchas posibilidades de acabar con un número adecuado de estos valores "duplicadores".

La teoría financiera también predice que los inversores se ven recompensados (es decir, pueden ganar dinero) cuando consiguen identificar las valoraciones erróneas de los precios. Podemos suponer, por ejemplo, que si los márgenes de beneficio de cada título concreto son suficientes, cada uno de ellos atraerá a un mayor número de inversores que intentarán beneficiarse de la diferencia entre el precio y el valor. Sabemos que a medida que el número de arbitrajistas aumenta, la potencial rentabilidad debería disminuir. Sin embargo, cuando analizamos el porcentaje medio de rentabilidad de nuestra cesta de valores "duplicadores" durante los cinco años transcurridos entre 1970 y 2012, no constatamos una disminución significativa de la rentabilidad. Como es lógico, el número absoluto de estos títulos depende del estado de salud y del rendimiento del mercado en su conjunto: cuando el mercado es más fuerte, el número de valores "dobladores" aumenta. Pero su porcentaje de "rendimiento superior" en relación con el rendimiento del mercado, e independientemente del entorno, sigue siendo excepcional. En resumen: casi no hay señales de los arbitrajistas a largo plazo que podríamos esperar dispuestos al "asalto de la diligencia" (la diferencia entre el precio y el valor).

¿Quién se encuentra en mejor posición para cerrar esta brecha, en una perspectiva de cinco años? La respuesta es: los inversores a largo plazo. Pero como esa brecha no se ha cerrado en cuarenta y tres años, quizá podamos concluir que el mercado ha estado dominado por los gestores a corto plazo.

Entre 1950 y 1970, el periodo medio de tenencia de valores osciló entre los cuatro y los ocho años, si bien empezó a descender de forma constante a partir de los años setenta. Hoy en día, los fondos de pensiones mantienen un título por término medio durante un periodo que no pasa de meses. Nuestra investigación indica claramente que el mayor número de oportunidades para llevarse a casa beneficios sustanciales se produce después de tres años. No cabe duda de que las tasas de rotación de la cartera superiores al 100 % garantizan que la mayoría de los inversores no obtengan beneficios.

Existen sólidos argumentos para quienes defienden que al mercado le convendría cierto equilibrio entre los inversores a corto y a largo plazo. Por ejemplo, si los operadores se dividieran a partes iguales entre los dos enfoques —la mitad tratando de beneficiarse de los precios a corto plazo, y la otra mitad trabajando para cerrar la brecha precio-valor a largo plazo— las ineficiencias del mercado a corto y largo plazo desaparecerían en gran medida. Sin embargo ¿qué ocurre con el mercado cuando este equilibrio se ve comprometido? Un mercado dominado por los inversores a largo plazo haría caso omiso de las diferencias de precios a corto plazo y, a la inversa, si prevalecieran los gestores a corto plazo, estos no estarían muy interesados en los cambios a largo plazo.

¿Por qué el mercado ha perdido gran parte de la variedad que lo caracterizaba en otros tiempos? La respuesta es: debido a la lenta migración desde las inversiones a largo plazo hacia la especulación a corto plazo. Incluso a grandes rasgos, es posible predecir cómo se desarrollará este cambio evolutivo, ya que es una simple cuestión de aritmética. Hay demasiados especuladores activos en comparación con el pasado, por lo que la dificultad de acertar una apuesta a corto plazo ha aumentado, y los beneficios que pueden obtenerse de ella han disminuido. El poderoso imán del dinero fácil ha inducido a muchas personas a convertirse en especuladores, mientras que al mismo tiempo deja a muy pocos el campo de las inversiones a largo plazo, con la tarea añadida de suavizar las ineficiencias, es decir, el exceso de beneficios.

Racionalidad: una diferencia crítica

Según el Oxford American Dictionary, el racionalismo es la convicción de que las opiniones o acciones de un individuo deben basarse en la razón o el conocimiento, y no en reacciones emocionales. Una persona racional piensa de forma clara, razonable y lógica.

Lo primero que hay que entender es que la racionalidad es algo distinto de la inteligencia, y que, en consecuencia, las personas inteligentes pueden actuar de forma irracional. El profesor de Psicología Aplicada y del Desarrollo de la Universidad de Toronto, Keith Stanovich, cree que test como el del CI son una mala medida del pensamiento racional. "Como mucho, se trata de un leve indicador", explica, "pues ciertas características del pensamiento racional están completamente desvinculadas de la inteligencia"[3].

En su libro *What Intelligence Tests Miss: The Psychology of Rational Thought*, Stanovich acuñó el término "disracionalidad" (*dysrationalia*), que define como la incapacidad de pensar y comportarse racionalmente a pesar de una elevada inteligencia. Algunas investigaciones de la ciencia cognitiva sugieren dos causas principales. La primera es un problema de procesamiento. La segunda, un problema de contenido. Veámoslo más de cerca. Stanovich está convencido de que los seres humanos no son eficientes en el procesamiento de los pensamientos. Al resolver un problema, explica, podemos elegir entre diferentes mecanismos cognitivos. En un extremo del espectro, encontramos a quienes poseen una gran capacidad de cálculo, pero esta tiene un precio: son modalidades de pensamiento lentas, que requieren una gran concentración. En el otro extremo del espectro hallamos menos necesidad de concentración y capacidad para tomar decisiones rápidas. "Desde el punto de vista cognitivo, los seres humanos somos tacaños", escribe Stanovich, "nuestra tendencia más generalizada es limitarnos a los mecanismos de procesamiento que requieren menos esfuerzo computacional, aunque sean menos precisos"[4]. En otras palabras, somos pensadores perezosos y tomamos siempre el camino más fácil cuando se trata de resolver un problema. El resultado es que las soluciones que adoptamos suelen ser a menudo ilógicas.

Ideas a cámara lenta

Pasemos ahora al papel que desempeña la información, tan íntimamente relacionada con el tema de este capítulo, la paciencia, y al valor de una "idea lenta".

Quizá no todos los lectores conozcan a Jack Treynor, un verdadero gigante intelectual en el campo de la gestión financiera. Formado como matemático en el Haverford College, Treynor se graduó con honores en la Harvard Business School en 1955 y empezó a trabajar en el departamento de investigación de la consultora Arthur D. Little. Todavía era un joven analista cuando, durante unas vacaciones de tres semanas en Colorado, elaboró un documento de 44 páginas de notas matemáticas sobre el problema del riesgo. Autor prolífico, también fue editor del *Financial Analysts Journal* del Chartered Financial Analyst Institute (CFA, un programa privado de formación y actualización para analistas financieros).

A lo largo de los años, Treynor intercambió cartas con muchos grandes economistas, como los premios nobel Franco Modigliani, Merton Miller y William Sharpe. Varios de sus artículos han sido galardonados con prestigiosos premios y reconocimientos, como el Graham and Dodd Award del *Financial Analysts Journal* y el Roger F. Murray Prize. En 2007, recibió el prestigioso CFA Institute Award for Professional Excellence. Afortunadamente para nosotros, la obra de Treynor, antes de difícil acceso, está ahora disponible en un volumen de 574 páginas titulado *Treynor on Institutional*

Investin, que debería estar en la estantería de cualquier inversor serio.

Mi ejemplar tiene algunas páginas dobladas y está ligeramente desgastado, ya que suelo leer y releer mis capítulos favoritos. Escondido hacia el final, en la página 424, está mi artículo favorito: se titula "Long-Term Investing" ("Inversiones a largo plazo"), y se publicó por primera vez en el número de mayo-junio de 1976 del *Financial Analysts Journal*. Treynor empieza hablando de la siempre actual cuestión de la eficiencia del mercado. ¿Es cierto —se pregunta— que, por mucho que nos esforcemos, nunca podremos generar una idea que el mercado no tenga ya? Para abordar esta cuestión, Treynor pide al lector que distinga entre "dos tipos de ideas de inversión: a) las que tienen implicaciones claras y directas, que requieren relativamente poca experiencia para evaluarlas y que, en consecuencia, se difunden rápidamente; y b) las que requieren reflexión, análisis y conocimientos especiales, y que, en consecuencia, se difunden lentamente"[5].

"Si el mercado es ineficiente" concluye, "no lo será con respecto a las ideas del primer tipo, ya que, por definición, es improbable que estas ideas sean malinterpretadas o infravaloradas por la masa de inversores"[6]. En otras palabras, es improbable que las ideas simples —el PER, la rentabilidad de los dividendos, la relación precio-valor nominal, algunos diagramas técnicos y cualquier otra visión elemental de las acciones— produzcan ganancias fáciles. "Si existe alguna ineficiencia de los mercados, y por tanto alguna posibilidad de inversión" argumenta Treynor, "provendrá del segundo tipo de inversión, la que se extiende lentamente. Es el segundo tipo de idea el que constituye la única base verdaderamente significativa para la inversión a largo plazo"[7].

Estoy convencido de que el lector ya se habrá dado cuenta de que los criterios de inversión descritos en este libro son precisamente aquellas ideas que "viajan lentamente", que producen "desarrollos financieros a largo plazo" y que, por tanto, constituyen la base de la "inversión a largo plazo". Tengamos clara una cosa: las ideas "lentas" no son difíciles de entender, pero adoptarlas sigue siendo más complejo que confiar en las "obvias e inmediatas".

El Sistema 1 y el Sistema 2

Durante años, los psicólogos han jugado con la idea de que nuestros procesos cognitivos se dividen en dos modalidades de pensamiento, tradicionalmente denominadas "intuición", que produce al parecer un tipo de cognición "rápida y asociativa", y "racionalidad", definida como "lenta y regida por reglas". En la actualidad, estos dos modos se denominan brevemente "Sistema 1" y "Sistema 2". El sistema 1 es aquel que permite que las ideas simples y directas se difundan rápidamente: calcular una relación PER o un beneficio por dividendo lleva poco tiempo y no requiere grandes dotes intelectuales.

El Sistema de Pensamiento 2 constituye la parte reflexiva de nuestros procesos cognitivos. Funciona de forma controlada, lentamente y con esfuerzo. Nuestras "ideas a cámara lenta", que requieren "reflexión, evaluación y una habilidad particular", constituyen el Sistema 2.

En 2011, el premio nobel Daniel Kahneman publicó un importante libro titulado *Pensar rápido, pensar despacio* (Debate, Barcelona, 2012). Ese año fue un best seller del *New York Times* y uno de los cinco mejores libros de no ficción: nada mal para un tomo de 500 páginas sobre la teoría de la decisión. Mi parte favorita es el capítulo 3, "El controlador perezoso", en el que Kahneman nos recuerda que el esfuerzo cognitivo representa una parte del trabajo mental y, como en todo trabajo, muchos de nosotros tendemos a la pereza cuando la tarea que tenemos entre manos se vuelve más difícil. Él mismo se muestra realmente sorprendido por la facilidad con la que los individuos inteligentes están lo suficientemente satisfechos con su primera respuesta como para —simplemente— dejar de pensar.

Como todas las actividades que acceden al Sistema 2, el pensamiento requiere autocontrol, cuyo uso continuado puede no ser apreciado por muchos. Si nos vemos obligados a hacer algo de forma continua, tenderemos a relajar nuestro autocontrol la siguiente vez que lo hagamos, hasta que simplemente dejemos de hacerlo. Por el contrario, “podríamos llamar ‘motivados’ a los que no caen en el pecado de ‘pereza intelectual’. Estas personas son astutas, activas de manera inteligente y consciente, menos propensas a conformarse con respuestas superficialmente gratificantes y poco conciliadoras con sus propias intuiciones”[8].

Shane Frederick es profesor asociado de *marketing* en la Yale University y nos ha dado una descripción fascinante de cómo los individuos de alto cociente intelectual “se mueven” entre los modos 1 y 2. Para empezar, reunió a un grupo de estudiantes de la Ivy League, es decir, de las universidades más prestigiosas de Estados Unidos (en nuestro caso, Harvard, Princeton y MIT): podemos imaginarnos que todos ellos son personas notablemente inteligentes. Luego les pidió que respondieran a las siguientes tres preguntas:

1. Una pelota y un bate de béisbol cuestan 1,10 dólares. El bate cuesta 1 dólar más que la pelota. ¿Cuánto cuesta la pelota?
2. Si cinco máquinas tardan cinco minutos en producir cinco objetos, ¿cuánto tardarán 100 máquinas en producir 100 objetos?
3. Hay nenúfares en el agua de un lago. A medida que crecen, cada día cubren el doble de superficie que el día anterior. Si tardan 48 días en cubrir todo el lago, ¿en cuántos días cubrirán la mitad?[9]

Para asombro de Frederick, más de la mitad de los alumnos erraron en sus respuestas, lo que le llevó a identificar dos problemas importantes. El primero es que las personas no están acostumbradas a concentrarse en los problemas y se apresuran a dar la primera respuesta plausible que se les ocurre, para no tener que utilizar el exigente y largo Sistema 2. El segundo problema, inquietante en sí mismo, es la constatación de que los mecanismos de tratamiento del Sistema 2 son ineficaces y no comprueban satisfactoriamente los errores del Sistema 1. Estaba claro que los estudiantes estaban atascados en este último y no podían, o no querían, pasar al Sistema 2.

¿Cómo funcionan exactamente los Sistemas 1 y 2 en la práctica de la inversión? Supongamos que un inversor se plantea comprar un determinado título. Según el Sistema 1, comprobaría algunos parámetros de la empresa, como el PER, los valores nominales y la rentabilidad por dividendo. Tras verificar que los dos primeros parámetros están cerca de sus mínimos históricos y que la empresa ha aumentado regularmente sus dividendos en los últimos diez años, el inversor concluiría rápidamente que el título goza de buena salud. Por desgracia, son demasiados los inversores que se basan únicamente en este razonamiento del Sistema 1 para tomar sus decisiones, sin tomarse nunca el tiempo necesario para detenerse y pasar al "pensamiento 2".

¿Qué significa estar "motivado"? Simplemente, tener un Sistema 2 fuerte que no sea propenso al estrés del esfuerzo. Los dos sistemas son tan distintos e independientes entre sí que, según Stanovich, "tienen dos mentes separadas".

Pero "una mente separada" solo lo es si resulta distinguible como tal. En el contexto de la inversión, la "mente separada" que anima el Sistema 2 se distingue de la del Sistema 1 solo si está adecuadamente equipada con la necesaria comprensión de las ventajas competitivas de la empresa en cuestión, la capacidad del gestor para asignar racionalmente su capital, los factores de desarrollo económico que determinan su valor y la solidez psicológica que impide al inversor tomar decisiones precipitadas.

Mi opinión es que la mayoría de las decisiones que se toman en Wall Street son el resultado del pensamiento propio del Sistema 1: predominantemente intuitivo, que produce decisiones tomadas de forma automática y rápida, sin tiempo ni espacio para la reflexión sosegada. El sistema 2 implica pensar de forma consciente y deliberada, y para ello se requiere concentración. La persona que lo hace es una persona naturalmente paciente, y para que el enfoque funcione es necesario asignar tiempo para este tipo de decisiones y, sí, incluso para la meditación. No sorprenderá a nadie si digo que los criterios descritos en este libro son más adecuados para los pensadores lentos, no para las decisiones a ráfagas típicas del Sistema 1.

El "mindware gap"

Según Stanovich, la segunda causa de la "disracionalidad" es la falta de contenidos adecuados para el Sistema 2. Los psicólogos especializados en la toma de decisiones llaman a esta deficiencia "*mindware gap*". *Mindware* es una noción desarrollada por David Perkins, científico cognitivo de Harvard: consiste en el conjunto de reglas, estrategias, procedimientos y conocimientos que los individuos tienen a su disposición para resolver un problema. "Al igual que el software es el conjunto de herramientas para trabajar con el ordenador, el *mindware* es el conjunto de herramientas para trabajar con la mente", nos explica Perkins, "un fragmento de *mindware* es cualquier cosa que cualquiera pueda aprender, y que amplía la capacidad del individuo para pensar de forma crítica y creativa"[10].

¿Qué tipo de *mindware* sería necesario para activar una actividad racional de tipo 2? Como mínimo, deberíamos leer el informe anual de la empresa y los de sus competidores. Si la empresa se encuentra en una posición fuerte con una perspectiva positiva a largo plazo, entonces deberíamos realizar distintas simulaciones con modelos de dividendos, variando las tasas de crecimiento de los ingresos de los propietarios en diferentes periodos de crecimiento, para tratar de enmarcar las posibles valoraciones. A continuación, pasaríamos a estudiar la estrategia de asignación de capital a largo plazo de la dirección y, por último, podríamos llamar a unos cuantos amigos, colegas o asesores financieros y pedirles su opinión sobre la empresa o, mejor aún, sobre sus competidores.

Una observación importante: nada de todo esto requiere un cociente intelectual parcialmente alto, pero es más laborioso y requiere más esfuerzo mental que, por ejemplo, tratar simplemente de adivinar la relación PER actual.

Tiempo y paciencia

Aunque esté ampliamente demostrado que un enfoque a largo plazo, si se persigue con paciencia, es el mejor criterio de inversión, poco parece haber cambiado. Ni siquiera la crisis financiera de 2008-2009 y la posterior depresión de los mercados han alterado los comportamientos financieros y en la actualidad prácticamente toda la actividad de los mercados es a corto plazo. En 1960, el *turnover NYSE/AMEX value-weighted*, es decir, normalizado al valor, era inferior al 10 %, mientras que en la actualidad es superior al 300 %, lo que supone un aumento de 30 veces en cincuenta años[11]. Es imposible, desde luego, que cifras tan relevantes no hayan tenido un impacto tanto en el mercado como en sus actores, transformándolos a ambos.

En teoría, cabría pensar que un aumento de la participación en las actividades de mercado asociado a un mayor volumen de transacciones conduciría a un mayor éxito en la búsqueda del mejor precio, lo que a su vez produciría una reducción de la diferencia entre el precio y el valor, con la correspondiente reducción de la volatilidad del mercado. En realidad, una vez que se constata que la mayoría de los operadores son especuladores y no inversores, aumenta la probabilidad de asistir exactamente a lo contrario: el incremento de las transacciones a corto plazo producirá una mayor diferencia entre el precio y el valor, aumentará el ruido en el sistema y generará picos de volatilidad. En este mundo, un inversor rehén de la presión ejercida por los resultados a corto plazo se sentirá incómodo.

No tiene por qué ser así. El éxito de Warren Buffett es sobre todo indicativo de su voluntad de jugar con reglas diferentes un juego al que todos estamos invitados. El único requisito para tener éxito en el juego es la voluntad de adoptar un conjunto diferente de reglas, la más importante de las cuales es el valor de la paciencia.

El tiempo y la paciencia son dos caras de la misma moneda: este es el más puro "destilado Buffett". Su éxito radica en la actitud paciente que mantiene siempre, con mucha calma y de la misma manera, hacia las empresas de propiedad exclusiva de Berkshire y las participaciones en forma de valores de la cartera. En este mundo frenético y en constante actividad, Buffett opera deliberadamente a un ritmo más lento. Un observador externo podría pensar que este comportamiento "propio de perezoso" le está haciendo perder ganancias fáciles, pero cualquiera que haya aprendido a apreciarlo entiende que Buffett y Berkshire están amasando una fortuna increíble. El especulador no tiene paciencia. El inversor Buffett vive para ella. Como nunca deja de recordarnos: "Lo mejor del tiempo es que nunca se acaba".

Y así cerramos el círculo, en lo que a la cuestión fundamental de las emociones se refiere y a su contrapartida: la racionalidad. La inteligencia por sí sola no es suficiente para garantizar el éxito de nuestras inversiones. El tamaño del cerebro del inversor no es tan importante como su capacidad para resguardarlo de las emociones. "La racionalidad es esencial, especialmente cuando todos los demás toman decisiones a corto plazo basadas en la codicia o el miedo", reitera Buffett "es entonces cuando se gana dinero"[12].

Buffett reconoce que no es más rico ni más pobre por las fluctuaciones del mercado a corto plazo, ya que la suya es una cartera a largo plazo. Sencillamente, mucha gente no puede soportar la incomodidad asociada a la caída de los precios de las acciones, cosa que no afecta a Buffett, ya que está convencido de ser superior al mercado a la hora de valorar una empresa. También opina que quien no esté convencido de ello no debería jugar a este juego. Es como el póquer, explica: "Si después de jugar un rato no has descubierto quién es el incauto al que hay que desplumar, el incauto eres tú".

Ante la carencia de racionalidad, los inversores vuelven a caer rápidamente en el modo Sistema 1, que es adecuado para tareas sencillas y predecibles, pero no para la complejidad del mercado de valores. Ante la carencia de racionalidad, los inversores se convierten en esclavos de emociones básicas como el miedo y la codicia. Ante la carencia de racionalidad, los inversores están destinados a convertirse en los incautos a los que se despluma en el juego de la inversión.

8

El mejor inversor del mundo

A menudo se califica a Warren Buffett como “el mejor inversor del mundo”, pero ¿cómo podemos estar seguros de que eso es cierto? ¿De qué manera puede verificarse exactamente esa afirmación? Mi opinión es que deberíamos considerar simplemente dos únicas variables: el rendimiento superior relativo y la duración, es decir, la consistencia en el tiempo. Ambas son necesarias porque, por ejemplo, no basta con superar al mercado a corto plazo. Muchas personas lo han conseguido en algún momento. Lo que marca la diferencia es tener éxito durante un largo periodo de tiempo. Como dice Michael Mauboussin en su libro *The Success Equation*, en los negocios, los deportes y las inversiones hay una combinación de suerte y habilidad, y la única forma de saber cuál de las dos prevalece es analizar los resultados a lo largo del tiempo. A corto plazo, la suerte puede desempeñar un papel, pero será el tiempo quien nos diga si también hay algo de habilidad. Y en esto, Buffett no tiene rival.

La carrera de Warren Buffett como gestor financiero abarca casi sesenta años, empezando por su primera etapa en la Buffett Investment Partnership, Ltd. (1956-1969) y los años con Berkshire Hathaway a partir de 1965. Buffett comenzó su negocio a la joven edad de veinticinco años y con un capital relativamente escaso (su inversión personal fue tan solo de 100 dólares). Aunque el objetivo era producir un beneficio de al menos el 6 % anual, Buffett se propuso una tarea personal mucho más difícil: superar el índice Dow Jones en 10 puntos porcentuales al año. Hizo mucho más que eso: entre 1965 y 1969, Buffett consiguió hacer crecer su negocio a una tasa anual compuesta del 29,5 %, superando al Dow Jones en 22 puntos. Un inversor que le confiara 10.000 dólares desde el inicio de su negocio hasta el final habría ganado —descontando la comisión de Buffett— 150.270 dólares. La misma cantidad invertida en el Dow Jones habría aumentado a 15.260 dólares. Durante el mismo periodo, el Dow Jones perdió terreno (y dinero) en cinco años diferentes, mientras que Buffett obtuvo beneficios, superando al índice todos los años.

En ese momento, no había muchos gestores de alto nivel comparables a Buffett. Gerald Tsai y Fred Carr, dos de los gestores de fondos de pensiones más conocidos, empezaron a operar a mediados de los años sesenta, más o menos cuando Buffett se planteaba cerrar su empresa. Construyeron y luego destruyeron su reputación comprando los valores "Go-Go" de aquellos años: en uno de los primeros artículos de Carol Loomis para *Fortune* (cuyo título era «The Jones Nobody Keeps Up With" ["El Jones con el cual nadie puede estar al día"], publicado en abril de 1966), la autora comparaba los resultados de Buffett con el famoso gestor de *hedge fund* Alfred Winslow Jones. La A.W. Jones & Company tenía un historial de diez años, mientras que Buffett solo tenía nueve. Cuando Carol analizó los últimos cinco años de ambas empresas, descubrió que Buffett había superado a Jones por un pequeño margen (334 % frente a 325 %). Pero, como la periodista señaló más tarde, Buffett cerró la empresa poco después, mientras que Jones pasó a sufrir las mismas pérdidas que todos los que no se habían dado cuenta de que las acciones estaban sobrevaloradas.

Incluso ignorando los asombrosos resultados de la Buffett Investment Partnership, la afirmación que considera a Warren Buffett como el mayor inversor del mundo podría demostrarse simplemente por sus resultados con Berkshire Hathaway. Como se demuestra claramente en el cuadro 8.1. En el transcurso de cuarenta y ocho años, de 1965 a 2012, el valor nominal de la empresa ha pasado de 19 dólares por acción a la asombrosa cifra de 114.214 dólares, lo que supone un incremento anual del 19,7 %. Durante el mismo periodo, el índice S&P, incluyendo los dividendos, subió un 9,4 %, perdiendo dinero en once años (casi uno de cada cinco), mientras que Berkshire solo tuvo dos años negativos.

Tabla 8.1 - Rendimiento empresarial de Berkshire frente al índice S&P

Año	Variación porcentual anual		
	Valor nominal por acción de Berkshire	S&P (incluidos los dividendos)	Resultados relativos
	(1)	(2)	(1) - (2)
1965	23,8	10,0	13,8
1966	20,3	(11,7)	32,0
1967	11,0	30,9	(19,9)
1968	19,0	11,0	8,0
1969	16,2	(8,4)	24,6
1970	12,0	3,9	8,1
1971	16,4	14,6	1,8
1972	21,7	18,9	2,8
1973	4,7	(14,8)	19,5
1974	5,5	(26,4)	31,9
1975	21,9	37,2	(15,3)
1976	59,3	23,6	35,7
1977	31,9	(7,4)	39,3
1978	24,0	6,4	17,6
1979	35,7	18,2	17,5
1980	19,3	32,3	(13,0)
1981	31,4	(5,0)	36,4
1982	40,0	21,4	18,6
1983	32,3	22,4	9,9
1984	13,6	16,1	7,5
1985	48,2	31,6	16,6
1986	26,1	18,6	7,5
1987	19,5	5,1	14,4

(continúa)

Tabla 8.1 - (continúa)

Año	Variación porcentual anual		
	Valor nominal por acción de Berkshire	S&P (incluidos los dividendos)	Resultados relativos
	(1)	(2)	(1) - (2)
1990	7,4	-3,1	10,5
1991	39,6	30,5	9,1
1992	20,3	7,6	12,7
1993	14,3	10,1	4,2
1994	13,9	1,3	12,6
1995	43,1	37,6	5,5
1996	31,8	23	8,8
1997	34,1	33,4	0,7
1998	48,3	28,6	19,7
1999	0,5	21	-20,5
2000	6,5	-9,1	15,6
2001	-6,2	-11,9	5,7
2002	10	-22,1	32,1
2003	21	28,7	-7,7
2004	10,5	10,9	-0,4
2005	6,4	4,9	1,5
2006	18,4	15,8	2,6
2007	11	5,5	5,5
2008	-9,6	-37,7	27,4
2009	19,8	26,5	-6,7
2010	13	15,1	-2,1
2011	4,6	2,1	2,5
2012	14,4	16	-1,6
Beneficio anual compuesto, 1965-2012	19,7%	9,4%	10,3%
Beneficios en conjunto, 1964-2012	586,817%	7,433%	

Así pues, en términos de números puros y duros —resultados superiores logrados durante largos periodos de tiempo— es difícil discutir que la declaración que da título a este capítulo pueda no ser atribuible a Warren Buffett. Pero ¿y si intentamos ir más allá de las cifras?

Buffett en privado

¿Qué opinión deberíamos formarnos sobre un hombre que comenzó su carrera como gestor financiero en la época de Eisenhower, y que casi seis décadas después sigue operando al mismo nivel?

Cuando ni siquiera era un adolescente, el pequeño Warren anunció al mundo que a los 30 años sería millonario o, de lo contrario, saltaría del rascacielos más alto de Omaha. Como es natural, estaba bromeando, y su ambición de hacerse rico tampoco es exactamente lo que cabría esperar. Hoy en día ha superado, y con creces, los objetivos que se propuso, pero quienes le conocen bien saben lo poco que le importa el estilo de vida de los ricos. Sigue viviendo en la misma casa de Omaha que compró en 1958, conduce viejos coches americanos y prefiere las hamburguesas con queso, las coca-colas y los helados a los platos sofisticados. Su única concesión al exceso es un jet privado. "No me importa demasiado el dinero", ha declarado en repetidas ocasiones, "pero me divierto mucho haciéndolo y viéndolo crecer"[1]. Y, como sabemos ahora por el capítulo 1, también obtiene un enorme placer al deshacerse de él.

En un mundo en el que con demasiada frecuencia el patriotismo se convierte en un cliché superficial, Warren Buffett apoya declaradamente a los Estados Unidos de América. Nunca ha sido tímido a la hora de expresar su profunda convicción de que su país ofrece enormes oportunidades a cualquiera que esté dispuesto a trabajar duro. Es positivo, alegre y, en general, optimista en todos los aspectos de la vida. El tópico exige que sean los jóvenes los eternos optimistas, y a medida que envejecen, el pesimismo empiece a imponerse. Pero Buffett parece ser una excepción y, en mi opinión, parte de la razón por la que ha seguido gestionando el dinero durante casi sesenta años, pasando a través de una larga lista de acontecimientos dramáticos y traumáticos, es ver cómo el mercado, la economía y el país se recuperan y prosperan.

Es un ejercicio interesante repasar los principales acontecimientos de los años cincuenta, sesenta, setenta, ochenta y noventa, así como la primera década del siglo XXI con la ayuda de Google. Aunque son demasiado numerosos para enumerarlos aquí, los titulares de las portadas deberían incluir la práctica de la disuasión nuclear; asesinatos y dimisiones de presidentes; disturbios y revueltas; conflictos regionales; crisis petrolíferas e hiperinflación; tipos de interés de dos dígitos y atentados terroristas; por no mencionar unas cuantas recesiones aquí y allá y periódicos desplomes de los mercados bursátiles. Cuando se le pregunta cómo se las arregla para afrontar episodios tan tremendos como esos que pueden abrumar a los mercados y, inevitablemente, alejar a la mayoría de los inversores, confiesa con su inconfundible estilo informal que simplemente trata de ser "codicioso cuando otros tienen miedo, y de tener miedo cuando otros son codiciosos". Pero en mi opinión hay algo más que eso. Buffett posee la asombrosa capacidad no solo de sobrevivir a los peligros y a los grandes acontecimientos del mercado bursátil, sino de seguir invirtiendo durante esos mismos tiempos difíciles.

La ventaja Buffett

Durante años, estudiosos y profesionales de la inversión han debatido la validez de lo que ahora se denomina la "teoría del mercado eficiente". Como recordará el lector del capítulo 6, esta controvertida hipótesis sostiene que cualquier análisis del mercado bursátil es una pérdida de tiempo porque, en todo momento, los precios reflejan siempre toda la información disponible. Por lo tanto, en cierto sentido, es el propio mercado el que realiza toda la investigación que uno pueda necesitar. Los que defienden esta teoría argumentan, solo medio en broma, que los inversores profesionales podrían dedicarse a lanzar dardos a una página de cotizaciones de acciones y apostar por aquellas que han alcanzado con las mismas probabilidades de éxito que un analista financiero experimentado que se pasa horas sudando sobre los últimos informes anuales o comunicados trimestrales.

Pero el éxito de una persona que supera sistemáticamente a los principales índices —Warren Buffett— sugiere que esa teoría no es exacta. Otros, incluido el propio Buffett, sostienen que la mayoría de los gestores financieros obtienen resultados inferiores a los del mercado no porque este sea eficiente, sino porque utilizan métodos equivocados.

Los consultores de gestión afirman que las empresas de éxito se caracterizan por tres ventajas particulares: una ventaja conductual, una analítica y una organizativa[2]. Estudiando a Warren Buffett, podemos entender cómo operan y funcionan estos tres factores.

VENTAJA CONDUCTUAL

Según Buffett, para invertir con éxito no es necesario tener un alto cociente intelectual ni una formación universitaria. Lo que más importa es el temperamento, y cuando Buffett utiliza esta palabra se refiere a la racionalidad. La piedra angular de la racionalidad es la capacidad de ver más allá del presente y analizar diferentes escenarios posibles, para tomar en última instancia una decisión informada. Esa es, en pocas palabras, la propia esencia de Warren Buffett.

Quienes le conocen coinciden en que lo que le distingue de los demás es la racionalidad. "En mi clase de la facultad de Derecho de Harvard, éramos miles", recuerda Charlie Munger, "conocí a todos los mejores estudiantes y ninguno era como Warren. Su cerebro es como un mecanismo magníficamente racional"[3]. Carol Loomis, de *Fortune*, que conoce a Buffett desde hace más de cincuenta años, también cree que su racionalidad es el aspecto más importante de su éxito financiero[4]. Roger Lowenstein, autor de *Buffett: The Making of an American Capitalist*, afirma que "el genio de Buffett se debe en gran medida al carácter, la paciencia, la disciplina y la racionalidad"[5].

Bill Gates forma parte del consejo de administración de Berkshire Hathaway y también considera que el rasgo distintivo de Buffett es la racionalidad, lo que resultó especialmente claro cuando los dos amigos pasaron una tarde respondiendo a las preguntas de los estudiantes en un auditorio repleto de la Universidad de Washington en Seattle. Una de las primeras preguntas fue: "¿Cómo consiguió usted llegar a dónde ha llegado? ¿Cómo se hizo tan rico?" Buffett respiró hondo y respondió: "La respuesta es bastante sencilla. No se trata del cociente intelectual, imagino que eso le gustará a la mayoría. La cuestión es la racionalidad. Siempre he pensado que el cociente intelectual y el talento son el combustible del motor, pero que los resultados —la eficacia del motor— dependen de la racionalidad. Mucha gente tiene un motor de 400 caballos, pero obtiene los resultados de un motor de 100. Es mucho mejor tener un motor de 200 caballos y hacerlo funcionar a pleno rendimiento".

Luego continuó: "¿Por qué entonces muchas personas inteligentes se empeñan en hacer cosas que les impiden obtener los resultados a los podrían aspirar? Tiene que ver con los hábitos, el carácter, el temperamento y la actuación racional. Con no interponerse en el camino de uno mismo. Como he dicho, todos ustedes tienen absolutamente la capacidad de hacer lo que yo hago, y mucho más. Algunos tendrán éxito y otros no. Para estos últimos, la razón será que se obstaculizarán ellos mismos, y no porque el mundo haya conspirado contra ellos para detenerlos"[6].

Quienes lo conocen, así como el propio Buffett, están de acuerdo: su verdadera marcha extra es la racionalidad. Se aprecia en sus estrategias de inversión cuando se trata de la asignación racional del capital, y esta es la decisión más importante que puede tomar un inversor, para una empresa o un individuo. Y la racionalidad —utilizar el pensamiento racional a la hora de tomar este tipo de decisiones— es la cualidad que más admira Buffett. A pesar de su constante tendencia a la excentricidad, existe una línea de razonabilidad que recorre los mercados financieros, y los éxitos de Buffett provienen de identificarla y seguirla constantemente.

VENTAJAS ANALÍTICAS

Cuando Buffett invierte, lo hace porque ve una empresa. La mayoría de los inversores solo ven las cotizaciones bursátiles. Dedican demasiado tiempo y energía a observar, predecir y anticipar los cambios de precios, y muy poco tiempo y energía a comprender el negocio del que ahora poseen una pequeña parte. Por muy elemental que parezca, ésta es la esencia de lo que distingue a Buffett de los demás.

Poseer y gestionar actividades productivas le ha dado una clara ventaja en términos de pensamiento analítico. En sus negocios también ha conocido el fracaso, aplicando lo aprendido a la bolsa. La mayoría de los inversores profesionales no tienen la misma formación: mientras ellos estaban ocupados estudiando los modelos de cotización de los activos y la teoría de la cartera, Buffett estudiaba las cuentas de resultados, las condiciones de reinversión del capital y la capacidad de sus empresas para generar efectivo. "¿Realmente creen que pueden explicarle a un pez lo que significa caminar sobre tierra firme?" preguntó Buffett a los estudiantes, "un día de paseo fuera del agua vale más que mil años hablando de ello, y un año de dirección de una empresa vale exactamente eso"[7].

Buffett está convencido de que el inversor y el empresario deben considerar una empresa de la misma manera, porque ambos quieren esencialmente lo mismo. El empresario quiere comprar toda la empresa, mientras que el inversor solo quiere comprar una parte. Si se le pregunta al empresario en qué piensa cuando compra, probablemente dirá algo como: "En cuánto dinero puedo ganar". Según la teoría financiera, existe una correlación directa, a lo largo del tiempo, entre el valor de una empresa y su capacidad de producir liquidez. Por lo tanto, para producir beneficios, el empresario y el inversor deben considerar las mismas variables.

"Desde mi punto de vista", explica Buffett, "los estudiantes solo necesitan dos cursos, impartidos de la mejor manera posible: uno sobre cómo valorar una empresa, y otro sobre qué pensar de los precios del mercado"[8].

Nunca hay que olvidar que el mercado de valores es bipolar. A veces se muestra increíblemente entusiasta sobre las proyecciones futuras, mientras que en otras se muestra absurdamente deprimido. Como es natural, eso crea oportunidades, especialmente cuando las acciones de activos valiosos están disponibles a precios irrazonablemente bajos. Pero del mismo modo que desconfiarías de aceptar la orientación de un consejero con un evidente trastorno bipolar, no debes permitir que el mercado influya en tus acciones. La bolsa no es un médico especialista; existe simplemente para ayudarnos a comprar y vender acciones de un título. Si estamos convencidos de no ser más inteligentes que el mercado, confiémosle nuestro dinero invirtiendo en un fondo indexado. Pero si creemos haber hecho los deberes y estamos convencidos de que hemos entendido perfectamente el negocio que tenemos entre manos, podemos hacer caso omiso al mercado.

Buffett no está pegado a su ordenador todo el día, pendiente de cada pequeño movimiento en el monitor, y vive muy bien así. Si tenemos previsto comprar acciones de un activo valioso a lo largo de varios años, lo que ocurra en el día a día será irrelevante para nosotros y podremos llevarnos una grata sorpresa al descubrir que nuestra cartera va muy bien, aunque no hagamos caso al mercado. Si nos cuesta creerlo, hagamos la prueba. Intentemos no seguir la bolsa durante 48 horas: sin consultar el ordenador ni mirar el teléfono móvil, sin verificar la página financiera del periódico ni escuchar las actualizaciones de la bolsa en la televisión o la radio durante las noticias. Si después de dos días nuestras empresas van bien, intentemos hacer lo mismo durante tres días y luego durante una semana entera. No tardaremos en convencernos de que seguir constantemente la bolsa no es necesario para la salud de nuestras inversiones.

"Después de comprar un título, si el mercado cerrara durante un año o dos no sería un problema para nosotros", argumenta Buffett, "no necesitamos una cotización diaria de nuestra posición del 100 % en See's Candies, para confirmar que todo va bien. Así pues, ¿para qué íbamos a necesitarla para la Coca-Cola?"[9]. Está absolutamente claro que Buffett nos está diciendo que no necesita la aprobación del mercado para confirmar la solidez de las inversiones en valores de Berkshire Hathaway. Lo mismo ocurre con los inversores individuales: sabremos que hemos alcanzado el nivel de Buffett cuando al interesarnos por la bolsa nuestra única pregunta sea: "¿Ha hecho alguien alguna estupidez últimamente que me permita comprar algo bueno a un excelente precio?"

Además de pasarse horas y horas innecesariamente preocupándose por la bolsa, mucha gente se preocupa innecesariamente por la economía. Tanto si se discute acaloradamente sobre un posible crecimiento o una inminente recesión, como si los tipos de interés amenazan con subir o bajar, o si el problema es la inflación o la deflación... ¡basta, dejémoslo ya! Buffett vigila de vez en cuando las tendencias económicas, pero no dedica una parte importante de su tiempo a analizarlas con el fin de predecir los cambios.

Los inversores suelen partir de ciertos supuestos económicos y pasan a comprar títulos que encajan perfectamente en esta especie de gran diseño suyo. Esta es una actitud que Buffett considera absurda, porque, para empezar, nadie está en condiciones de predecir la economía más de lo que puede predecirse el mercado bursátil. En segundo lugar, al elegir acciones que solo están indexados para un entorno económico concreto, se fomenta inevitablemente el recambio y la especulación. Incluso si tenemos éxito en nuestras predicciones económicas, nos veremos obligados a ajustar continuamente nuestra cartera para tratar de sacar el máximo provecho del siguiente escenario económico. Buffett, en cambio, prefiere comprar una actividad económica que pueda tener un buen rendimiento, independientemente del contexto. Es evidente que los agentes macroeconómicos pueden afectar a los márgenes de beneficio, pero en conjunto las empresas de Buffett son capaces de seguir obteniendo beneficios a pesar de los caprichos de la economía. Es mucho más sensato dedicar tiempo a identificar, y luego adquirir, un negocio que pueda dar beneficios, independientemente de la situación, que hacerse con una acción que solo va bien si acertamos con una determinada hipótesis económica.

Ventajas organizativas

En su discurso ante la Cámara de los Comunes en 1944, en un edificio muy dañado por los ataques aéreos del día anterior, Winston Churchill declaró que "primero somos nosotros los que damos forma a los edificios, luego son ellos los que nos dan forma a nosotros". Esta verdad, tan querida por generaciones de arquitectos, nos permite entender la naturaleza de Berkshire Hathaway y de su creador, y mientras procedemos a analizar las ventajas específicas del enfoque de Buffett, es útil echar un vistazo más de cerca a la estructura organizativa de su criatura.

Al comprar su primera acción de Berkshire Hathaway por 7 dólares, no estoy seguro de que Warren Buffett tuviera una visión precisa y grandiosa de lo que llegaría a ser medio siglo después. Pero, como predijo Churchill, al final la empresa refleja la imagen y las características de su arquitecto, y el Warren Buffett inversor es el epítome perfecto de su empresa.

El éxito de Berkshire Hathaway se sustenta en tres pilares fundamentales. La primera columna: sus filiales generan avalanchas de liquidez, redirigidas rápidamente y a contracorriente a la sede corporativa en Omaha. Este dinero procede de sus operaciones de seguros y de sus negocios subsidiarios y no financieros controladas al 100 %.

La segunda columna: Buffett, el principal asignador de capital, reinvierte esa liquidez en nuevas oportunidades de beneficio, lo que a su vez le permite comprar aún más negocios con buenos márgenes de beneficio, que a su vez... el lector ya lo habrá entendido.

La última columna es la descentralización. Cada una de las filiales está dirigida por profesionales de gran talento que no necesitan en absoluto la ayuda de Buffett. Lo cual es absolutamente ideal, ya que esto le permite concentrarse al 100 % en la asignación de recursos, su mayor talento. El manifiesto de Buffett sobre la gestión puede resumirse así: "Contrata bien, gestiona poco". En la actualidad, Berkshire Hathaway tiene más de 80 filiales y más de 270.000 empleados, pero solo 23 personas trabajan en su sede central.

Según William Thorndike, autor de *The Outsiders: Eight Unconventional CEOs and Their Radically Rational Blueprint for Success*, la arquitectura de Berkshire Hathaway ha producido algo que es más que una estrategia empresarial: "Buffett ha desarrollado una visión del mundo que da importancia a las relaciones a largo plazo con personas excelentes y grandes empresas, y evita las escisiones innecesarias que romperían la sólida cadena de composición económica que está en el corazón mismo de la creación de valor a largo plazo"[10].

Thorndike está convencido de que se entiende mejor considerándolo como "un gestor/filósofo cuyo principal objetivo es reducir la rotación de la cartera"[11]. ¿Por qué? Porque la rotación tiene un coste, y me refiero simplemente a las comisiones y a los impuestos sobre el capital ganado. En opinión de Buffett, el coste de la rotación es esencialmente humano. Si se ha montado la mejor empresa, dirigida por los mejores gestores y financiada por los mejores accionistas, ¿por qué querer interrumpir la producción de valor a largo plazo resultante de tan feliz combinación?

Pensar como Buffett

En las más de dos décadas que llevo escribiendo y dando conferencias sobre Warren Buffett y su éxito sin igual, uno de los comentarios que recibo con más frecuencia es alguna variación sobre este tema: "Bueno, si yo tuviera sus millones, también podría ganar un montón dinero en la bolsa". Esto es algo que nunca he entendido. Según esta lógica, hay que hacerse rico antes de aprender a serlo. Me gustaría recordar a mis lectores que Warren Buffett desarrolló sus métodos de inversión absolutamente únicos mucho antes de ganar millones, o miles de millones de dólares.

A continuación, intentaré hacer todo lo posible para convencer a los lectores de que, en el contexto de sus propios parámetros financieros particulares, no hay ninguna razón por la que no podamos alcanzar el éxito al estilo de Buffett si somos capaces de incorporar sus criterios a nuestra mentalidad y a nuestros comportamientos y basar nuestras decisiones de inversión en ellos. No puedo garantizar que si empezamos con 100 dólares acabemos con miles de millones, pero sí puedo garantizar que obtendremos mejores resultados que cualquier persona que empiece con nuestros mismos recursos financieros y que confíe en cualquiera de los métodos especulativos que existen.

Vamos a ver cómo hacerlo, tomando como modelo una situación ideal. Supongamos que tenemos que tomar una decisión muy importante: mañana tendremos la oportunidad de elegir un título—y solo uno— en el que invertir. Para hacer las cosas aún más interesantes, supongamos también que, una vez tomada la decisión, no se puede cambiar y que, además, hay que mantener la inversión durante diez años. En última instancia, los beneficios de la inversión serán nuestra pensión. ¿Qué os parece?

Criterios empresariales

¿Se trata de algo sencillo y comprensible? No podemos tomar una decisión informada o hacer una suposición sobre el futuro de un negocio sin entender completamente cómo producen dinero. Con demasiada frecuencia, la gente invierte en acciones sin tener ni idea de cómo una empresa genera ventas, gastos y beneficios. Si somos capaces de entender el proceso económico, podemos seguir profundizando en nuestras investigaciones.

¿Tiene un historial operativo coherente? Si vamos a invertir el futuro de nuestra familia en una empresa, primero tendrá que saber si la empresa ha superado la prueba del tiempo. Por ejemplo, será improbable —y no aconsejable— apostar nuestro futuro por una empresa nueva que aún no ha afrontado y superado diferentes ciclos económicos y la competencia. En primer lugar, debemos asegurarnos de que ha estado en el negocio el tiempo suficiente para demostrar la capacidad, a lo largo del tiempo, de producir beneficios significativos.

¿Tiene proyecciones favorables a largo plazo? El mejor negocio posible según Buffett, el que tiene mejores perspectivas a largo plazo, es lo que él llama una franquicia, es decir, un producto o servicio que se necesita o se desea, sin un sustituto obvio o inmediato y que no está sujeto a ninguna regulación especial. Normalmente, una franquicia se caracteriza por un rico fondo de comercio que permite a la empresa soportar más fácilmente las consecuencias de la inflación. El peor negocio posible es el que produce bienes indiferenciados, es decir, productos o servicios con poco o ningún fondo de comercio. Lo único que los distingue es el precio, y el problema de este tipo de negocios es que los competidores pueden a veces utilizar el precio como arma, vendiendo temporalmente por debajo del coste para atraer a los clientes con la esperanza de retener a algunos de ellos. Si intentamos competir con alguien que ocasionalmente vende por debajo del coste, estamos condenados.

En general, la mayoría de las empresas se encuentran en un punto intermedio: son franquicias débiles o activos indiferenciados fuertes. Una franquicia débil tiene mejores perspectivas a largo plazo que una empresa de indiferenciados fuertes y conserva incluso cierto poder de fijación de precios para producir un rendimiento de la inversión superior a la media. Por el contrario, una empresa de indiferenciados fuertes solo producirá beneficios por encima de la media si es la de menor coste. Una de las ventajas de las franquicias es que soportan mejor una mala gestión y siguen sobreviviendo, mientras que una gestión incompetente es sencillamente letal en un sector indiferenciado.

Criterios de gestión

¿La dirección actúa de forma racional? Ya que no tenemos que dedicar tiempo a vigilar la bolsa o el mercado, vigilemos en cambio el dinero de la empresa. La forma en que la dirección utilice sus beneficios determinará si la empresa podrá obtener un rendimiento razonable de su inversión. Si la empresa gana más dinero del que necesita para sus operaciones —y este es el tipo de empresa que nos interesa— observemos atentamente el comportamiento de los directivos. Un gestor racional solo invertirá el excedente de efectivo en proyectos que puedan generar beneficios superiores al coste del capital. Si no se pueden alcanzar estos porcentajes, el gestor racional devolverá el dinero a los accionistas aumentando los dividendos y recomprando acciones. Los gestores no racionales buscan constantemente la forma de gastar el dinero sobrante en lugar de devolverlo y quedan identificados infaliblemente cuando invierten por debajo del coste del dinero.

¿Es la dirección transparente hacia los accionistas? Aunque es posible que nunca tengamos la oportunidad de sentarnos a charlar con el consejero delegado de nuestras empresas, puede saberse mucho de estos profesionales por la forma en que se comunican con sus accionistas. ¿Informan sus directivos de las actividades de la empresa de forma que pueda entenderse exactamente lo que hace cada división operativa? ¿Informan de los fracasos con la misma transparencia que de los éxitos? Y, sobre todo, ¿reconoce la dirección explícitamente y sin ambigüedades que el objetivo principal de las actividades de la empresa es maximizar el rendimiento de la inversión de los accionistas?

¿Sabe resistirse la dirección al imperativo institucional? Existe una fuerza invisible y muy poderosa que obliga a los directivos a actuar de forma irracional, sobrepujando el interés de la propiedad. Esta fuerza se denomina imperativo institucional: la imitación torpe, al estilo de los lemming, de otros directivos, una imitación que se autojustifica diciendo que, si eso es lo que hacen otras empresas, entonces debe ser lo correcto. Una medida de la competencia de los directivos será, por tanto, hasta qué punto son capaces de pensar por sí mismos, evitando la lógica del rebaño.

Criterios financieros

Centrarse en el rendimiento del capital, no en los beneficios por acción. La mayoría de los inversores juzgan los resultados anuales de una empresa por sus beneficios por acción, esperando algún nuevo máximo o aumento respecto al año anterior. Pero las empresas aumentan constantemente su capital depositado almacenando una parte de los beneficios del año anterior, por lo que, en sí mismo, un aumento de los beneficios (que aumenta automáticamente el beneficio nominal por acción) no significa nada. Informar triunfalmente de los "beneficios récord por acción" es engañar a los inversores haciéndoles creer que, año tras año, la dirección ha hecho un trabajo extraordinario. Una medida más significativa de los resultados anuales es el rendimiento del capital, es decir, la relación entre los beneficios de explotación y los fondos propios, porque este parámetro tiene en cuenta la base de capital en constante aumento.

Calcular el *owner earning*. El valor de un activo viene determinado por su capacidad de generar liquidez. El objetivo de Buffett son las empresas que producen efectivo en exceso respecto a sus necesidades, en contraposición a las que lo consumen. Pero a la hora de determinar su valor, es importante entender que "no todos los beneficios nacen iguales". Para seguir siendo competitivas, las empresas con una elevada relación entre activos y beneficios necesitarán una mayor fracción de los beneficios que obtienen, porque una parte tendrá que reservarse para la conservación y sustitución de esos activos. Por lo tanto, es necesario recalcular los beneficios para reflejar la capacidad de la empresa de generar un exceso de liquidez.

Una imagen más precisa de la situación es lo que Buffett denomina "*owner earning*", el beneficio del propietario. Para determinarlo, añadimos la depreciación y la amortización a los ingresos después de impuestos, y luego restamos las inversiones necesarias para mantener la posición económica y el volumen de producción.

Buscar siempre empresas con altos márgenes de beneficio. Un alto margen de beneficios refleja no solo un negocio sólido, sino también la tenacidad con la que la dirección persigue el control de costes. Los ejecutivos que son conscientes de la importancia de esto son los favoritos de Buffett, que evita a los que permiten que los gastos crezcan de forma continua. Indirectamente, los accionistas son los propietarios de los beneficios de la empresa: cada dólar gastado indebidamente representa un dólar menos de beneficio para ellos. Con el tiempo, Buffett se ha dado cuenta de que las empresas con costes de explotación elevados suelen encontrar formas de aumentar sus costes, mientras que las que tienen costes de explotación inferiores a la media intentan reducirlos aún más.

Por cada dólar recibido, asegúrese de que la empresa ha creado al menos un dólar de valor de mercado. Se trata de una prueba financiera sencilla y rápida no solo de la solidez de la empresa, sino de la racionalidad con que la dirección ha utilizado los recursos empresariales. Si restamos de los ingresos netos todos los dividendos pagados a los accionistas, lo que queda es el beneficio extraído de la empresa. Ahora calculémoslos en los últimos diez años, y luego calculemos en la diferencia entre el valor de mercado actual y el de hace diez años. Si la empresa ha utilizado los beneficios retenidos de forma improductiva durante los últimos diez años, el mercado acabará registrando este hecho y fijará un valor inferior para la empresa: en otras palabras, si el aumento del valor de mercado es inferior a la suma de los beneficios retenidos, la empresa está retrocediendo. Si, por el contrario, con el dinero no distribuido ha conseguido generar beneficios por encima de la media, el aumento del valor de mercado debería superar el valor total de la cantidad retenida, es decir, crear un dólar de valor de mercado por cada dólar retenido.

Criterios de mercado

¿Cuál es el valor de la empresa? El valor de una empresa es una estimación del flujo de caja que se espera realizar durante la vida de la empresa, revalorizado a un tipo de interés adecuado. Por flujo de caja, Buffett entiende el *owner earning* a largo plazo, y al calcularlo se puede saber si la empresa está creciendo a un ritmo medio o simplemente está oscilando alrededor de un valor constante.

Si la empresa produce beneficios esencialmente constantes, estos deben revalorizarse en función de algún tipo de interés a largo plazo. Si el *owner earning* muestra una tendencia de crecimiento predecible, esta tasa de crecimiento debe restarse del tipo de interés. Y, desde luego, nunca hay que ser demasiado optimista sobre la velocidad del crecimiento futuro de una empresa: mejor utilizar una estimación conservadora que permitir que el entusiasmo infle su valor. La elección de Buffett recae en el tipo de interés a largo plazo de los bonos del Tesoro de EE. UU.: no añade ningún *equity risk premium* a la renta variable, pero cuando los tipos oficiales bajan, recalcula su subida.

¿Puede adquirirse la empresa con un margen significativo sobre su valor? Una vez establecido el valor de la empresa, el siguiente paso es echar un vistazo al valor de mercado. La regla de oro de Buffett es comprar solo cuando el precio es significativamente inferior al valor. Fijémonos bien: solo al final Buffett se molesta en comprobar la cotización en el mercado de las acciones.

Calcular el valor de una empresa no es un proceso matemáticamente complejo y los problemas surgen, por ejemplo, cuando un analista se equivoca al estimar el flujo de caja futuro. Buffett maneja este problema de dos maneras. En primer lugar, aumenta la probabilidad de una predicción correcta al considerar solo empresas simples y tendencialmente estables. Además, pretende siempre que haya un margen de seguridad entre el precio de compra y el valor calculado. Este margen actúa como amortiguador en caso de que disminuyan los beneficios futuros.

Ahora que poseemos una parte de una empresa, y no solo algunas de sus acciones, estamos preparado para ampliar nuestra hipotética cartera a otros valores. A estas alturas, ya no medimos el éxito únicamente por la variación del precio de la acción o por la comparación de la variación interanual con algún índice bursátil de referencia, y somos libres de elegir el mejor criterio entre los propuestos por Buffett, ya enumerados en el capítulo 3 y reproducidos en la tabla de la página siguiente.

No hay ninguna regla que diga, por ejemplo, que nuestra cartera debe contener tal o cual gran empresa, o al menos 40, 50, 60 o 100 acciones, para diversificar suficientemente.

PRINCIPIOS DEL MÉTODO WARREN BUFFETT

1. Criterios empresariales

LA ACTIVIDAD:

- ¿Es sencilla y comprensible?
- ¿Tiene un historial de funcionamiento coherente?
- ¿Tiene proyecciones favorables a largo plazo?

2. Criterios de gestión

LA DIRECCIÓN:

- ¿Actúa de forma racional?
- ¿Es transparente hacia los accionistas?
- ¿Sabe resistirse al imperativo institucional?

3. Criterios financieros

- Centrarse en el rendimiento del capital, no en los beneficios por acción.
- Calcular el *owner earning*, el beneficio del propietario.
- Buscar siempre empresas con altos márgenes de beneficio.
- Por cada dólar ganado, asegurarse de que la empresa ha creado al menos un dólar de valor de mercado.

4. Criterios de mercado

- ¿Cuál es el valor de la empresa?
- ¿Puede adquirirse con un margen significativo respecto a su valor?

Buffett cree que una fuerte diversificación solo es necesaria cuando los inversores no saben lo que están haciendo. Si estos inversores que "no saben" quieren comprar acciones, deben optar por varias, repartiendo sus compras a lo largo del tiempo. En otras palabras, "los que no saben" deberían remitirse a un fondo indexado y hacer compras de valor constante. No hay nada malo en ello y, de hecho, Buffett señala que el "inversor indexado" superará a la mayoría de los inversores profesionales. “Por paradójico que parezca”, explica, “cuando el dinero ‘obtuso’ reconoce sus limitaciones, deja de ser obtuso”[12].

“Por otra parte”, continúa, “si usted es uno de los ‘que saben’, es capaz de analizar y comprender bien las dinámicas económicas y, por lo tanto, de identificar entre cinco y diez empresas valoradas racionalmente y con ventajas competitivas a largo plazo, entonces la diversificación normal no tiene sentido para usted”[13]. Buffett aconseja también realizar la siguiente consideración: si el mejor activo de nuestra cartera es el que tiene menos riesgos financieros y las mejores perspectivas a largo plazo, ¿por qué inmovilizar el dinero en nuestra —digamos— vigésima opción, en lugar de centrarlo en la primera?

Ahora que nuestra hipotética cartera contiene más de un título, pasemos a evaluar su rendimiento. El rendimiento económico a lo largo del tiempo puede medirse calculando los beneficios *look-through* (con enfoque de trasparencia), tal y como hace Buffett. Multipliquemos los beneficios por acción por el número de acciones y obtendremos el future *earning power* —el potencial de rentabilidad futura— de cada activo. Nuestro objetivo debe ser componer una cartera de empresas que, a lo largo de diez años, produzcan los mayores beneficios *look-through* posibles.

Dado que nuestra prioridad está representada ahora por estos últimos —y no por las variaciones de la cotización— es posible que muchas cosas cambien. En primer lugar, nos sentiremos mucho menos inclinados a vender nuestras mejores acciones solo porque podemos obtener un beneficio. Paradójicamente, los directivos se dan cuenta de ello cuando se centran en sus propios negocios. “Una empresa matriz”, explica Buffett, “que posee una filial con una excelente economía a largo plazo no se inclinará por venderla, independientemente del precio”[14]. Un directivo que desee aumentar el valor de la empresa no venderá sus joyas de la corona. Sin embargo, ese mismo director venderá compulsivamente valores de su cartera personal, sin más lógica que la de “no te arruinarás si obtienes beneficios”.

Según Buffett, "nuestro punto de vista consiste en que lo que es cierto para una empresa también lo es para las acciones: normalmente, un inversor debería conservar su pequeña parte de una empresa puntera con tanta tenacidad como lo haría si la poseyera al 100 %"[15].

En este punto, no solo evitaremos vender las mejores empresas de nuestra cartera, sino que seleccionaremos nuestras próximas compras con mayor cuidado. Somos el gestor y debemos resistir a la tentación de comprar una empresa marginal solo porque tenemos liquidez. Si la empresa no pasa la prueba de los criterios, no la compraremos. Seamos paciente y esperemos la oportunidad adecuada. Es profundamente erróneo pensar que no estamos progresando en nuestro negocio si no efectuamos compraventas. Desde el punto de vista de Buffett, tomar cientos de decisiones sensatas a lo largo de la vida es simplemente demasiado difícil. Es mejor posicionar nuestra cartera de manera que solo tengamos que hacer unas pocas.

Encontrar nuestro propio camino

"Hay algo en nuestras mentes que tiende a identificar patrones y regularidades, ya sean reales o imaginarios, y este algo se rebela contra la idea del desorden sustancial"[16]. Estas palabras, tomadas del libro de George Johnson *Simmetrie. Scienza, fede e ricerca dell'ordine* [Simetrías. Ciencia, fe y búsqueda del orden] (Instar Libri, Turín, 2002), describe bien el dilema de todos los inversores. Johnson está convencido de que la mente busca desesperadamente identificar regularidades, que a su vez sugieran la existencia de un orden subyacente a las cosas, lo que nos permitiría planificar y utilizar nuestros recursos de forma inteligente.

Lo que hay que entender de Buffett es que siempre anda buscando estas regularidades, los criterios de tendencias que pueden identificarse a partir del análisis de una actividad o de una empresa. También sabe que, en un momento determinado, estas tendencias predecirán la evolución futura de la valoración de los títulos, aunque, por supuesto, no todos los cambios en los resultados de una empresa se correspondan inmediatamente con un cambio en el precio de sus acciones. Pero es sorprendente observar que esto acabará ocurriendo, si el horizonte temporal es lo suficientemente largo.

Son demasiados los inversores que buscan la regularidad y las tendencias en los lugares equivocados, convencidos de que existe una cierta medida de previsibilidad en las variaciones de los precios a corto plazo. Se equivocan: sencillamente, no existen tendencias predecibles que permitan adivinar la dirección que tomará el mercado de valores, porque lo que ha sucedido no volverá a suceder. Sin embargo, siguen intentándolo.

¿Cómo debe moverse un inversor en un mundo en el que no es posible hacer predicciones firmes? La respuesta está en buscar en el lugar y el nivel adecuados. Aunque la economía y el mercado en su conjunto son estructuras demasiado grandes y complejas como para ser predecibles, existe un patrón subyacente reconocible de las empresas: dentro de cada una hay regularidades en la forma en que se llevan a cabo los negocios, la gestión y la dirección financiera.

En la mayoría de los casos, estudiando estas regularidades puede hacerse una predicción razonable, razón por la que Warren Buffett se centra en estos elementos y no en el comportamiento imprevisible de millones de inversores. "Siempre me ha resultado más fácil evaluar el peso de estos 'cimientos' que tomar decisiones de origen psicológico"[17].

De lo que sí podemos estar seguros es de que la información ayuda a aumentar la rentabilidad de nuestras inversiones y a reducir el riesgo global. También estoy convencido de que puede defenderse que es la información la que marca la diferencia —por definición— entre la inversión y la especulación. Al final, cuanto mejor conozcamos nuestras empresas, menos probable será que pensemos y actuemos de forma especulativa.

El experto en finanzas Ron Chernow sostiene que "los sistemas financieros reflejan los valores de las empresas"[18]. Creo que esto es en gran medida cierto. Con el tiempo, resulta que perdemos de vista nuestros valores y el mercado sucumbe a las fuerzas especulativas. Luego conseguimos recuperarnos, volver a levantarnos y continuar con nuestro viaje financiero, solo para volver a tropezar, cayendo de nuevo en un comportamiento destructivo. Una forma de romper este círculo vicioso es educarnos para entender lo que "funciona" y lo que "no funciona".

Incluso Buffett ha tenido sus fracasos y seguramente tendrá más fracasos en los próximos años. Sin embargo, en la práctica de la inversión, "éxito" no es sinónimo de "infalibilidad". Más bien, significa hacer más cosas bien que mal. En esto, el método Warren Buffett no es diferente: su éxito como enfoque de inversión estriba tanto en eliminar progresivamente las cosas en las que es posible equivocarse (que son muchas y desconcertantes, como la predicción de los mercados, las economías empresariales y las cotizaciones bursátiles) como la exigencia de acertar en algunas otras, que son pocas y sencillas (básicamente, la evaluación del valor de una empresa). Cuando Buffett compra acciones, se centra en dos simples factores: el precio y el valor. El precio se determina comprobando la cotización de las acciones, mientras que la determinación del valor requiere algunos cálculos, pero ciertamente nada más allá de las capacidades de alguien dispuesto a hacer un poco los deberes.

Ahora que hemos dejado de pensar constantemente en la bolsa, en la economía o en la cotización de las acciones, podemos dedicar más tiempo a analizar nuestros activos. Este tiempo será más productivo si lo empleamos en leer los informes anuales de las empresas y artículos del sector que mejoren nuestros conocimientos profesionales aumentando la información de la que disponemos. De hecho, es precisamente nuestra voluntad de investigar estas cuestiones lo que hará disminuir nuestra dependencia de las personas que aconsejan a otras que se comportan de forma irracional para ganarse la vida. En última instancia, las mejores ideas de inversión vendrán de hacer bien nuestro trabajo.

E insisto de nuevo: no nos subestimemos. El método de Warren Buffett no está más allá de la comprensión de la mayoría de los inversores competentes: para aplicarlo no es necesario convertirse en una autoridad de nivel académico en materia de evaluación de empresas. Pero si todavía nos sentimos incómodos aplicando estos criterios por nuestra cuenta, nada nos impide plantear estas mismas preguntas a nuestros asesores financieros. De hecho, cuanto más nos acostumbremos a hablar de precios y valor, más entenderemos y apreciaremos el método Warren Buffett.

Durante su larga vida, Buffett ha probado varios métodos de inversión e incluso trabajó en la bolsa cuando era joven. Tuvo como maestro de análisis financiero a una de las mentes más brillantes del sector, Benjamin Graham. Supo poner en práctica las estrategias de inversión de Phil Fisher y tuvo la suerte de encontrar un socio como Charlie Munger, poniendo en práctica con él lo que habían aprendido. A lo largo de una carrera de más de sesenta años, Buffett se ha enfrentado a innumerables retos económicos, políticos y militares y siempre ha conseguido superarlos. A través de innumerables distracciones, finalmente ha encontrado su nicho, un equilibrio donde todo tiene sentido y la personalidad convive con la estrategia de inversión. "Nuestro enfoque [de inversión]", explica Buffett, "es el que mejor se adapta a nuestro carácter y a cómo queremos vivir nuestras vidas y estar en el mundo"[19].

Es fácil encontrar esta armonía en su comportamiento. Siempre está de buen humor y es servicial con todo el mundo, realmente entusiasmado por ir a trabajar cada día: "Tengo exactamente lo que quiero en la vida y me encanta cada día que pasa. Es decir, es como si entrara en la oficina y estuviera bailando y todo lo que encuentro al llegar es gente que me gusta"[20]. Y añade: «No hay mejor trabajo en el mundo que dirigir Berkshire y me considero afortunado»[21].

Apéndice

A continuación, se muestran las carteras de acciones de Berkshire Hathaway desde 1977 hasta 2012, extraídas de sus informes anuales. Hasta 1994 (tabla A.18), **Precio** y **Valor de mercado** se expresan en miles de dólares; a partir de 1995 (tabla A.19) se expresan en millones. Las cifras se expresan como en los documentos originales americanos, con comas y no con puntos.

Tabla A.1 - Cartera de acciones de Berkshire Hathaway, 1977

Número de acciones	Empresa	Precio	Valor de mercado
934,300	The Washington Post Company	10,628 $	33,401 $
1,969,953	GEICO Convertible Preferred	19,417	33,033
592,650	Interpublic Group of Companies	4,531	17,187
220,000	Capital Cities Communications, Inc,	10,909	13,228
1,294,308	GEICO Common Stock	4,116	10,516
324,580	Kaiser Aluminium and Chemical Corp,	11,218	9,981
226,900	Knight/Ridder Newspaper	7,534	8,736
170,800	Ogilvy& Mather International	2,762	6,960
1,305,800	Kaiser Industries. Inc.	778	6,039
	Total	**71, 893 $**	**139, 081 $**
	Otras participaciones bursátiles	34,996	41, 992
	Total participaciones	**106, 889 $**	**181, 073 $**

Tabla A.2 - Cartera de acciones de Berkshire Hathaway, 1978			
Número de acciones	Empresa	Precio	Valor de mercado
934,000	The Washington Post Company	10,628 $	43,445 $
1,986,953	GEICO Convertible Preferred	9,417	28,314
953,750	SAFECO Corporation	23,867	26,467
592,650	Interpublic Group of Companies	4,531	19,039
1,066,934	Kaiser Aluminium and Chemical Corp.	18,085	18,671
453,800	Knight-Ridder Newspaper	7,534	10,267
1,294,308	GEICO Common Stock	4,116	9,060
246,450	American Broadcasting Companies	6,082	8,626
	Total	**94,260 $**	**163,889 $**
	Otras participaciones bursátiles	39,506	57,040
	Total participaciones	**133,766 $**	**220,929 $**

Tabla A.3 - Cartera de acciones de Berkshire Hathaway, 1979			
Número de acciones	Empresa	Precio	Valor de mercado
5,730,114	GEICO Corp. (cartera de acciones)	28,288 $	68,045 $
1,868,000	The Washington Post Company	10,628	39,241
1,007,500	Handy & Harman	21,825	38,537
953,750	SAFECO Corporation	23,867	35,527
711,180	Interpublic Group of Companies	4,531	23,736
1,211,834	Kaiser Aluminium and Chemical Corp.	20,629	23,328
771,900	F.W. Woolworth Company	15,515	19,394
328,700	General Foods. Inc.	11,437	11,053
246,450	American Broadcasting Companies	6,082	9,673
289,700	Affilieted Publications	2,821	8,800
391,400	Ogilvy & Mather International	3,709	7,828
282,500	Media General. Inc.	4,545	7,345
112,545	Amerada Hess	2,861	5,487
	Total	**156,738 $**	**297,994 $**
	Otras participaciones bursátiles	28,675	36,686
	Total participaciones	**185,413 $**	**334,680 $**

Tabla A.4 - Cartera de acciones de Berkshire Hathaway, 1980

Número de acciones	Empresa	Precio	Valor de mercado
7,200,000	GEICO Corporation	47,138 $	105,300 $
1,983,812	General Foods	62,507	59,889
2,015,000	Handy & Harman	21,825	58,435
1,250,525	SAFECO Corporation	32,063	45,177
1,868,600	The Washington Post Company	10,628	42,277
464,317	Aluminium Company of America	25,577	27,685
1,211,834	Kaiser Aluminium and Chemical Corp	20,629	27,569
711,180	Interpublic Group of Companies	4,531	22,135
667,124	F.W. Woolworth Company	13,583	16,511
370,088	Pinkerton's. Inc.	12,144	16,489
475,217	Cleveland-Cliffs Iron Company	12,942	15,894
434,550	Affiliated Publications. Inc.	2,821	12,222
245,700	R.J. Reynolds Industries	8,702	11,228
391,400	Ogilvy & Mather International	3,709	9,981
282,500	Media General	4,545	8,334
247,039	National Detroit Corporation	5,930	6,299
151,104	The Times Mirror Company	4,447	6,271
881,500	National Student Marketing	5,128	5,895
	Total	**298,848 $**	**497,591 $**
	Otras participaciones bursátiles	26,313	32,096
	Total participaciones	**325,161 $**	**529,687 $**

Tabla A.5 - Cartera de acciones de Berkshire Hathaway, 1981

Número de acciones	Empresa	Precio	Valor d e mercado
7,200,000	GEICO Corporation	47,138 $	199,800 $
1,764,824	R.J. Reynolds Industries	76,668	83,127
2,101,244	General Foods	66,277	66,714
1,868,600	The Washington Post Company	0,628	58,160
2,015,000	Handy & Harman	21,825	36,270

(continúa)

Tabla A.5 (continúa)			
Número de acciones	Empresa	Precio	Valor de mercado
785,225	SAFECO Corporation	21,329	31,016
711,180	Interpublic Group of Companies	4,531	23,202
370,088	Pinkerton's, Inc.	12,144	19,675
703,634	Aluminum Company of America	19,359	18,031
420,441	Arcata Corporation	14,076	15,136
475,217	Cleveland-Cliffs Iron Company	12,942	14,362
451,650	Affiliated Publications, Inc.	3,297	14,362
441,522	GATX Corporation	17,147	13,466
391,400	Ogilvy & Mather International	3,709	12,329
282,500	Media General	4,545	11,088
	Total	**335,615 $**	**616,490 $**
	Otras participaciones bursátiles	16,131	22,739
	Total participaciones	**351,746 $**	**639,229 $**

Tabla A.6 - Cartera de acciones de Berkshire Hathaway, 1982			
Número de acciones	Empresa	Precio	Valor de mercado
7,200,000	GEICO Corporation	47,138 $	309,600 $
3,107,675	R.J. Reynolds Industries	142,343	158,715
1,868,600	The Washington Post Company	10,628	103,240
2,101,244	General Foods	66,277	83,680
1,531,391	Time, Inc.	45,273	79,824
908,800	Crum & Forster	47,144	48,962
2,379,200	Handy & Harman	27,318	46,692
711,180	Interpublic Group of Companies	4,531	34,314
460,650	Affiliated Publications, Inc.	3,516	6,929
391,400	Ogilvy & Mather International	3,709	17,319
282,500	Media General	4,545	12,289
	Total	**402,422 $**	**911,564 $**
	Otras participaciones bursátiles	21,611	34,058
	Total participaciones	**424,033 $**	**945,622 $**

Tabla A.7 - Cartera de acciones de Berkshire Hathaway, 1983			
Número de acciones	Empresa	Precio	Valor de mercado
6,850,000	GEICO Corporation	47,138 $	398,156 $
5,618,661	R.J. Reynolds Industries	268,918	314,334
4,451,544	General Foods	163,786	228,698
1,868,600	The Washington Post Company	10,628	136,875
901,788	Time, Inc.	27,732	56,860
2,379,200	Handy & Harman	27,318	42,231
636,310	Interpublic Group of Companies	4,056	33,088
690,975	Affiliated Publications, Inc.	3,516	26,603
250,400	Ogilvy & Mather International	2,580	12,833
197,200	Media General	3,191	11,191
	Total	**558,863 $**	**1,260,869 $**
	Otras participaciones bursátiles	7,485	18,044
	Total participaciones	**$ 566,348 $**	**$ 1,278,913**

Tabla A.8 - Cartera de acciones de Berkshire Hathaway, 1984			
Número de acciones	Empresa	Precio	Valor de mercado
6,850,000	GEICO Corporation	47,138 $	397,300 $
4,047,191	General Foods	149,870	226,137
3,895,710	Exxon Corporation	173,401	175,307
1,868,600	The Washington Post Company	10,628	149,955
2,553,488	Time, Inc.	89,237	109,162
740,400	American Broadcasting Companies	44,416	46,738
2,379,200	Handy & Harman	27,318	38,662
690,975	Affiliated Publications, Inc.	3,516	32,908
818,872	Interpublic Group of Companies	2,570	28,149
555,949	Northwest Industries	26,581	27,242
	Total	**573,340 $**	**1,231,560 $**
	Otras participaciones bursátiles	11,634	37,326
	Total participaciones	**584,974 $**	**1,268,886 $**

Tabla A.9 - Cartera de acciones de Berkshire Hathaway, 1985

Número de acciones	Empresa	Precio	Valor de mercado
6,850,000	GEICO Corporation	45,713 $	595,950 $
1,727,765	The Washington Post Company	9,731	205,172
900,800	American Broadcasting Companies	54,435	108,997
2,350,922	Beatrice Companies, Inc.	106,811	108,142
1,036,461	Affiliated Publications, Inc	3,516	55,710
2,553,488	Time, Inc.	20,385	52,669
2,379,200	Handy & Harman	27,318	43,718
	Total	**267,909 $**	**1,170,358 $**
	Otras participaciones bursátiles	7,201	27,963
	Total participaciones	**275,110 $**	**1,198,321 $**

Tabla A.10 - Cartera de acciones de Berkshire Hathaway, 1986

Número de acciones	Empresa	Precio	Valor de mercado
2,990,000	Capital Cities/ABC, Inc.	$ 515,775 $	$ 801,694 $
6,850,000	GEICO Corporation	45,713	674,725
1,727,765	The Washington Post Company	9,731	269,531
2,379,200	Handy & Harman	27,318	46,989
489,300	Lear Siegler, Inc.	44,064	44,587
	Total	**642,601 $**	**1,837,526 $**
	Otras participaciones bursátiles	12,763	36,507
	Total participaciones	**655,364 $**	**1,874,033 $**

Tabla A.11 - Cartera de acciones de Berkshire Hathaway, 1987

Número de acciones	Empresa	Precio	Valor de mercado
3,000,000	Capital Cities/ABC, Inc.	517,500 $	1,035,000 $
6,850,000	GEICO Corporation	45,713	756,925
1,727,765	The Washington Post Company	9,731	323,092
	Total participaciones	**572,944 $**	**2,115,017 $**

Tabla A.12 - Cartera de acciones de Berkshire Hathaway, 1988			
Número de acciones	Empresa	Precio	Valor de mercado
3,000,000	Capital Cities/ABC, Inc.	517,500 $	1,086,750 $
6,850,000	GEICO Corporation	45,713	849,400
14,172,500	The Coca-Cola Company	592,54	632,448
1,727,765	The Washington Post Company	9,731	364,126
2,400,000	Federal Home Loan Mortgage Corp.	71,729	121,200
	Total participaciones	**1,237,213 $**	**3,053,924 $**

Tabla A.13 - Cartera de acciones de Berkshire Hathaway, 1989			
Número de acciones	Empresa	Precio	Valor de mercado
23,350,000	The Coca-Cola Company	1,023,920 $	1,803,787 $
3,000,000	Capital Cities/ABC, Inc.	517,500	1,692,375
6,850,000	GEICO Corporation	45,713	1,044,625
1,727,765	The Washington Post Company	9,731	486,366
2,400,000	Federal Home Loan Mortgage Corp.	71,729	161,100
	Total participaciones	**1,668,593 $**	**5,188,253 $**

Tabla A.14 - Cartera de acciones de Berkshire Hathaway, 1990			
Número de acciones	Empresa	Precio	Valor de mercado
46,700,000	The Coca-Cola Company	1,023,920 $	2,171,550 $
3,000,000	Capital Cities/ABC, Inc.	517,500	1,377,375
6,850,000	GEICO Corporation	45,713	1,110,556
1,727,765	The Washington Post Company	9,731	342,097
2,400,000	Federal Home Loan Mortgage Corp.	71,729	117,000
	Total participaciones	**1,958,024 $**	**5,407,953 $**

Tabla A.15 - Cartera de acciones de Berkshire Hathaway, 1991

Número de acciones	Empresa	Precio	Valor de mercado
46,700,000	The Coca-Cola Company	1,023,920 $	3,747,675 $
6,850,000	GEICO Corporation	45,713	1,363,150
24,000,000	The Gillette Company	600,000	1,347,000
3,000,000	Capital Cities/ABC, Inc	517,500	1,300,500
2,495,200	Federal Home Loan Mortgage Corp.	77,245	343,090
1,727,765	The Washington Post Company	9,731	336,050
31,247,000	Guinness plc	264,782	296,755
5,000,000	Wells Fargo & Company	289,431	290,000
	Total participaciones	**2,828,322 $**	**9,024,220 $**

Tabla A.16 - Cartera de acciones de Berkshire Hathaway, 1992

Número de acciones	Empresa	Precio	Valor de mercado
93,400,000	The Coca-Cola Company	1,023,920 $	3,911,125 $
34,250,000	GEICO Corporation	45,713	2,226,250
3,000,000	Capital Cities/ABC, Inc.	517,500	1,523,500
24,000,000	The Gillette Company	600,000	1,365,000
16,196,700	Federal Home Loan Mortgage Corp.	414,527	783,515
6,358,418	Wells Fargo & Company	380,983	485,624
4,350,000	General Dynamics	312,438	450,769
1,727,765	The Washington Post Company	9,731	396,954
38,335,000	Guinness plc	333,019	299,581
	Total participaciones	**3,637,831 $**	**11,442,318 $**

Tabla A.17 - Cartera de acciones de Berkshire Hathaway, 1993

Número de acciones	Empresa	Precio	Valor de mercado
93,400,000	The Coca-Cola Company	1,023,920 $	4,167,975 $
34,250,000	GEICO Corporation	45,713	1,759,594

(continúa)

Tabla A.17 (continúa)			
Número de acciones	Empresa	Precio	Valor de mercado
24,000,000	The Gillette Company	600,000 $	1,431,000 $
2,000,000	Capital Cities/ABC, Inc.	345,000	1,239,000
6,791,218	Wells Fargo & Company	423,680	878,614
13,654,600	Federal Home Loan Mortgage Corp.	307,505	681,023
1,727,765	The Washington Post Company	9,731	440,148
4,350,000	General Dynamics	94,938	401,287
38,335,000	Guinness plc	333,019	270,822
	Total participaciones	**3,183,506 $**	**11,269,463 $**

Tabla A.18 - Cartera de acciones de Berkshire Hathaway, 1994			
Número de acciones	Empresa	Precio	Valor de mercado
93,400,000	The Coca-Cola Company	1,023,920 $	5,150,000 $
24,000,000	The Gillette Company	600,000	1,797,000
20,000,000	Capital Cities/ABC, Inc.	345,000	1,705,000
34,250,000	GEICO Corporation	45,713	1,678,250
6,791,218	Wells Fargo & Company	423,680	984,272
27,759,941	American Express Company	723,919	818,918
13,654,600	Federal Home Loan Mortgage Corp.	270,468	644,441
1,727,765	The Washington Post Company	9,731	418,983
19,453,300	PNC Bank Corporation	503,046	410,951
6,854,500	Gannett Co., Inc.	335,216	365,002
	Total participaciones	**4,280,693 $**	**13,972,817 $**

A partir de la tabla A.19, el **precio** y el **valor de mercado** se expresan en millones de dólares.

Tabla A.19 - Cartera de acciones de Berkshire Hathaway, 1995			
Número de acciones	Empresa	Precio	Valor de mercado
49,456,900	American Express Company	1,392.70 $	2,046.30 $
20,000,000	Capital Cities/ABC, Inc.	345.00	2,467.50

(continúa)

Tabla A.19 (continúa)			
Número de acciones	Empresa	Precio	Valor de mercado
100,000,000	The Coca-Cola Company	1,298.90	7,425.00
12,502,500	Federal Home Loan Mortgage Corp.	260.10	1,044.00
34,250,000	GEICO Corporation	45.70	2,393.20
48,000,000	The Gillette Company	600.00	2,502.00
6,791,218	Wells Fargo & Company	423.70	1,466.90
	Total participaciones	**4,366.10 $**	**19,344.90 $**

Tabla A.20 - Cartera de acciones de Berkshire Hathaway, 1996			
Número de acciones	Empresa	Precio	Valor de mercado
49,456,900	American Express Company	1,392.70 $	2,794.30 $
200,000,000	The Coca-Cola Company	1,298.90	10,525.00
24,614,214	The Walt Disney Company	577.00	1,716.80
64,246,000	Federal Home Loan Mortgage Corp.	333.40	1,772.80
48,000,000	The Gillette Company	600.00	3,732.00
30,156,600	McDonald 's Corporation	1,265.30	1,368.40
1,727,765	The Washington Post Company	10.60	579.00
7,291,418	Wells Fargo & Company	497.80	1,966.90
	Total participaciones	**5,975.70 $**	**24,455.20 $**

Tabla A.21 - Cartera de acciones de Berkshire Hathaway, 1997			
Número de acciones	Empresa	Precio	Valor de mercado
49,456,900	American Express Company	1,392.70 $	4,414.00 $
200,000,000	The Coca-Cola Company	1,298.90	13,337.50
21,563,414	The Walt Disney Company	381.20	2,134.80
63,977,600	Freddie Mac	329.40	2,683.10
48,000,000	The Gillette Company	600.00	4,821.00
23,733,198	Travelers Group Inc.	604.40	1,278.60
1,727,765	The Washington Post Company	10.60	840.60
6,690,218	Wells Fargo & Company	412.60	2,270.90
	Total participaciones	**5,029.80 $**	**31,780.50 $**

Tabla A.22 - Cartera de acciones de Berkshire Hathaway, 1998			
Número de acciones	Empresa	Precio*	Valor de mercado
50,536,900	American Express Company	1,470 $	5,180 $
200,000,000	The Coca-Cola Company	1,299	13,400
51,202,242	The Walt Disney Company	281	1,536
60,298,000	Freddie Mac	308	3,885
96,000,000	The Gillette Company	600	4,590
1,727,765	The Washington Post Company	11	999
63,595,180	Wells Fargo & Company	392	2,540
	Otras participaciones bursátiles	2,683	5,135
	Total participaciones	**7,044 $**	**37,265 $**

* Representa el coste que, en su totalidad con fines imponibles, es inferior a 1.500 millones respecto al coste GAAP.

Tabla A.23 - Cartera de acciones de Berkshire Hathaway, 1999			
Número de acciones	Empresa	Precio*	Valor de mercado
50,536,900	American Express Company	1,470 $	8,402 $
200,000,000	The Coca-Cola Company	1,299	11,650
59,559,300	The Walt Disney Company	281	1,536
60,298,000	Freddie Mac	294	2,803
96,000,000	The Gillette Company	600	3,954
1,727,765	The Washington Post Company	11	960
59,136,680	Wells Fargo & Company	349	2,391
	Otras participaciones bursátiles	4,18	6,848
	Total participaciones	**8,203 $**	**37,008 $**

* Representa el coste que, en su totalidad con fines imponibles, es inferior a 691 millones respecto al coste GAAP.

Tabla A.24 - Cartera de acciones de Berkshire Hathaway, 2000			
Número de acciones	Empresa	Precio	Valor de mercado
151,610,700	American Express Company	1,470 $	8,329 $
200,000,000	The Coca-Cola Company	1,299	12,188

(continúa)

Tabla A.24 (continúa)

Número de acciones	Empresa	Precio	Valor de mercado
96,000,000	The Gillette Company	600	3,468
1,727,765	The Washington Post Company	11	1,066
55,071,380	Wells Fargo & Company	319	3,067
	Otras participaciones bursátiles	6,703	9,501
	Total participaciones	**10,402 $**	**37,619 $**

Tabla A.25 - Cartera de acciones de Berkshire Hathaway, 2001

Número de acciones	Empresa	Precio	Valor de mercado
151,610,700	American Express Company	1,470 $	5,410 $
200,000,000	The Coca-Cola Company	1,299	9,430
96,000,000	The Gillette Company	600	3,206
15,999,200	H&R Block, Inc.	255	715
24,000,000	Moody 's Corporation	499	957
1,727,765	The Washington Post Company	11	916
53,265,080	Wells Fargo & Company	306	2,315
	Otras participaciones bursátiles	4,103	5,726
	Total participaciones	**8,543 $**	**28,675 $**

Tabla A.26 - Cartera de acciones de Berkshire Hathaway, 2002

Número de acciones	Empresa	Precio	Valor de mercado
151,610,700	American Express Company	1,470	5,359
200,000,000	The Coca-Cola Company	1,299	8,768
15,999,200	H&R Block, Inc.	255	643
24,000,000	Moody 's Corporation	499	991
1,727,765	The Washington Post Company	11	1,275
53,265,080	Wells Fargo & Company	306	2,497
	Otras participaciones bursátiles	4,621	5,383
	Total participaciones	**9,146 $**	**28,363 $**

Tabla A.27 - Cartera de acciones de Berkshire Hathaway, 2003

Número de acciones	Empresa	Precio	Valor de mercado
151,610,700	American Express Company	1,470 $	7,312 $
200,000,000	The Coca-Cola Company	1,299	10,150
96,000,000	The Gillette Company	600	3,526
14,610,900	H&R Block, Inc.	227	809
15,476,500	HCA Inc.	492	665
6,708,760	M&T Bank Corporation	103	659
24,000,000	Moody 's Corporation	499	1,453
2,338,961,000	PetroChina Company Limited	488	1,340
1,727,765	The Washington Post Company	11	1,367
56,448,380	Wells Fargo & Company	463	3,324
	Otras participaciones bursátiles	2,863	4,682
	Total participaciones	**8,515 $**	**35,287 $**

Tabla A.28 - Cartera de acciones de Berkshire Hathaway, 2004

Número de acciones	Empresa	Precio	Valor de mercado
51,610,700	American Express Company	1,470 $	8,546 $
200,000,000	The Coca-Cola Company	1,299	8,328
96,000,000	The Gillette Company	600	4,299
14,350,600	H&R Block, Inc.	233	703
6,708,760	M&T Bank Corporation	103	723
24,000,000	Moody 's Corporation	499	2,084
2,338,961,000	PetroChina "H" Shares (o equivalenti)	488	1,249
1,727,765	The Washington Post Company	11	1,698
56,448,380	Wells Fargo & Company	463	3,508
1,724,200	White Mountain Insurance	369	1,114
	Otras participaciones bursátiles	3,351	5,465
	Total participaciones	**9,056 $**	**37,717 $**

Tabla A.29 - Cartera de acciones de Berkshire Hathaway, 2005

Número de acciones	Empresa	Precio	Valor de mercado
151,610,700	American Express Company	1,287 $	7,802 $
30,322,137	Ameriprise Financial, Inc.	183	1,243
43,854,200	Anheuser-Busch, Inc.	2,133	1,844
200,000,000	The Coca-Cola Company	1,299	8,062
6,708,760	M&T Bank Corporation	103	732
48,000,000	Moody 's Corporation	499	2,084
2,338,961,000	PetroChina "H" Shares (o equivalenti)	488	1,915
100,000,000	The Procter & Gamble Company	940	5,788
19,944,300	Wal-Mart Stores, Inc.	944	933
1,727,765	The Washington Post Company	11	1,322
95,092,200	Wells Fargo & Company	2,754	5,975
1,724,200	White Mountain Insurance	369	963
	Otras participaciones bursátiles	4,937	7,154
	Total participaciones	**15,947 $**	**46,721 $**

Tabla A.30 - Cartera de acciones de Berkshire Hathaway, 2006

Número de acciones	Empresa	Precio	Valor de mercado
151,610,700	American Express Company	1,287 $	9,198 $
36,417,400	Anheuser-Busch, Inc.	1,761	1,792
200,000,000	The Coca-Cola Company	1,299	9,650
17,938,100	ConocoPhillips	1,066	1,291
21,334,900	Johnson & Johnson	1,25	1,409
6,708,760	M&T Bank Corporation	103	820
48,000,000	Moody 's Corporation	499	3,315
2,338,961,000	PetroChina "H" Shares (o equivalenti)	488	3,313
3,486,006	POSCO	572	1,158
100,000,000	The Procter & Gamble Company	940	6,427
299,707,000	Tesco plc	1,34	1,82
31,033,800	U.S. Bancorp	969	1,123

(continúa)

Tabla A.30 (continúa)			
Número de acciones	Empresa	Precio	Valor de mercado
17,072,192	USG Corp.	536	936
19,944,300	Wal-Mart Stores, Inc.	942	921
1,727,765	The Washington Post Company	11	1,288
218,169,300	Wells Fargo & Company	3,697	7,758
1,724,200	White Mountain Insurance	369	999
	Otras participaciones bursátiles	5,866	8,315
	Total participaciones	**22,995 $**	**61,533 $**

Tabla A.31 - Cartera de acciones de Berkshire Hathaway, 2007			
Número de acciones	Empresa	Precio	Valor de mercado
151,610,700	American Express Company	1,287 $	7,887 $
35,563,200	Anheuser-Busch, Inc.	1,718	1,861
60,828,818	Burlington Northern Santa Fe	4,731	5,063
200,000,000	The Coca-Cola Company	1,299	12,274
17,508,700	ConocoPhillips	1,039	1,546
64,271,948	Johnson & Johnson	3,943	4,287
124,393,800	Kraft Foods, Inc.	4,152	4,059
48,000,000	Moody 's Corporation	499	1,714
3,486,006	POSCO	572	2,136
101,472,000	The Procter & Gamble Company	1,030	7,450
17,170,953	Sanofi-Aventis	1,466	1,575
227,307,000	Tesco plc	1,326	2,156
75,176,026	U.S. Bancorp	2,417	2,386
17,072,192	USG Corp.	536	611
19,944,300	Wal-Mart Stores, Inc.	942	948
1,727,765	The Washington Post Company	11	1,367
303,407,068	Wells Fargo & Company	6,677	9,160
1,724,200	White Mountain Insurance	369	886
	Otras participaciones bursátiles	5,238	7,633
	Total participaciones	**39,252 $**	**74,999 $**

Tabla A.32 - Cartera de acciones de Berkshire Hathaway, 2008

Número de acciones	Empresa	Precio	Valor de mercado
151,610,700	American Express Company	1,287 $	2,812 $
200,000,000	The Coca-Cola Company	1,299	9,054
84,896,273	ConocoPhillips	7,008	4,398
30,009,591	Johnson & Johnson	1,847	1,795
130,272,500	Kraft Foods, Inc.	4,330	3,498
3,947,554	POSCO	768	1,191
91,941,010	The Procter & Gamble Company	643	5,684
22,111,966	Sanofi-Aventis	1,827	1,404
11,262,000	Swiss Re	733	530
227,307,000	Tesco plc	1,326	1,193
75,145,426	U.S. Bancorp	2,337	1,879
19,944,300	Wal-Mart Stores, Inc.	942	1,118
1,727,765	The Washington Post Company	11	674
304,392,068	Wells Fargo & Company	6,702	8,973
	Otras participaciones bursátiles	6,035	4,870
	Total participaciones	**37,135 $**	**49,073 $**

Tabla A.33 - Cartera de acciones de Berkshire Hathaway, 2009

Número de acciones	Empresa	Precio	Valor de mercado
151,610,700	American Express Company	1,287 $	6,143 $
225,000,000	BYD Company, Ltd.	232	1,986
200,000,000	The Coca-Cola Company	1,299	11,400
37,711,330	ConocoPhillips	2,741	1,926
28,530,467	Johnson & Johnson	1,724	1,838
130,272,500	Kraft Foods, Inc.	4,330	3,541
3,947,554	POSCO	768	2,092
83,128,411	The Procter & Gamble Company	533	5,040
25,108,967	Sanofi-Aventis	2,027	1,979
234,247,373	Tesco plc	1,367	1,620
76,633,426	U.S. Bancorp	2,371	1,725

(continúa)

Tabla A.33 (continúa)			
Número de acciones	Empresa	Precio	Valor de mercado
39,037,142	Wal-Mart Stores, Inc.	1,893	2,087
334,235,585	Wells Fargo & Company	7,394	9,021
	Otras participaciones bursátiles	6,680	8,636
	Total participaciones	**34,646 $**	**59,034 $**

Tabla A.34 - Cartera de acciones de Berkshire Hathaway, 2010			
Número de acciones	Empresa	Precio	Valor de mercado
151,610,700	American Express Company	1,287 $	6,507 $
225,000,000	BYD Company, Ltd.	232	1,182
200,000,000	The Coca-Cola Company	1,299	13,154
29,109,637	ConocoPhillips	2,028	1,982
45,022,563	Johnson & Johnson	2,749	2,785
97,214,684	Kraft Foods, Inc.	3,207	3,063
19,259,600	Munich Re	2,896	2,924
3,947,554	POSCO	768	1,706
72,391,036	The Procter & Gamble Company	464	4,657
25,848,838	Sanofi-Aventis	2,060	1,656
242,163,773	Tesco plc	1,414	1,608
78,060,769	U.S. Bancorp	2,401	2,105
39,037,142	Wal-Mart Stores, Inc.	1,893	2,105
358,936,125	Wells Fargo & Company	8,015	11,123
	Otras participaciones bursátiles	3,020	4,956
	Total participaciones	**33,733 $**	**61,513 $**

Tabla A.35 - Cartera de acciones de Berkshire Hathaway, 2011			
Número de acciones	Empresa	Precio	Valor de mercado
151,610,700	American Express Company	1,287 $	7,151 $
200,000,000	The Coca-Cola Company	1,299	13,994
29,100,937	ConocoPhillips	2,027	2,121
63,905,931	International Business Machines Corp.	10,856	11,751
31,416,127	Johnson & Johnson	1,880	2,060
79,034,713	Kraft Foods, Inc.	2,589	2,953
20,060,390	Munich Re	2,990	2,464
3,947,555	POSCO	768	1,301
72,391,036	The Procter & Gamble Company	464	4,829
25,848,838	Sanofi	2,055	1,900
291,577,428	Tesco plc	1,719	1,827
78,060,769	U.S. Bancorp	2,401	2,112
39,037,142	Wal-Mart Stores, Inc.	1,893	2,333
400,015,828	Wells Fargo & Company	9,086	11,024
	Otras participaciones bursátiles	6,895	9,171
	Total participaciones	**48,209 $**	**76,991 $**

Tabla A.36 - Cartera de acciones de Berkshire Hathaway, 2012			
Número de acciones	Empresa	Precio	Valor de mercado
151,610,700	American Express Company	1,287	8,715
400,000,000	The Coca-Cola Company	1,299	14,500
24,123,911	ConocoPhillips	1,219	1,399
22,999,600	DirecTV	1,057	1,154
68,115,484	International Business Machines Corp.	11,680	13,048
28,415,250	Moody 's Corporation	287	1,430
20,060,390	Munich Re	2,990	3,599
20,668,118	Phillips 66	660	1,097
3,947,555	POSCO	768	1,295
52,477,678	The Procter & Gamble Company	336	3,563
25,848,838	Sanofi	2,073	2,438

(continúa)

Tabla A.36 (continúa)			
Número de acciones	Empresa	Precio	Valor de mercado
415,510,889	Tesco plc	2,350	2,268
78,060,769	U.S. Bancorp	2,401	2,493
54,823,433	Wal-Mart Stores, Inc.	2,837	3,741
456,170,061	Wells Fargo & Company	10,906	15,592
	Otras participaciones bursátiles	7,646	11,330
	Total participaciones	**49,796 $**	**87,662 $**

Notas

Capítulo 1
Un evento "5 sigma": el mayor inversor del mundo

1. C. Loomis, *Tap Dancing to Work: Warren Buffett on Practically Everything*, 1966-2012, Time Inc., Nueva York, 2012, p. 256.
2. M. Bishop y M. Green, *Philanthrocapitalism: How Giving Can Save the World*, Bloomsbury Press, Nueva York, 2008, p. 1.
3. Loomis, *Tap Dancing to Work: Warren Buffett on Practically Everything*, op. cit., p. 258.
4. Ibidem, p. 261.
5. Bishop y Green, *Philanthrocapitalism: How Giving Can Save the World*, op. cit., p. 75.
6. Loomis, *Tap Dancing to Work: Warren Buffett on Practically Everything*, op. cit., p. 149.
7. Ibidem p. 315.
8. A. Schroeder, *The Snowball: Warren Buffett and the Business of Life*, Random House, Nueva York 2008, pp. 51-5.
9. R. Lowenstein, *Buffett: The Making of an American Capitalist*, Random House, Nueva York 1995, p. 10
10. Schroeder, *The Snowball: Warren Buffett and the Business of Life*, op. cit., p. 62
11. Ibidem.
12. Ibidem.
13. A. Smith, *Supermoney*, John Wiley & Sons, Hoboken, NJ 2006, p. 178.
14. Ibidem.

15. Loomis, *Tap Dancing to Work: Warren Buffett on Practically Everything*, op. cit., p. 67.
16. Lowenstein, *Buffett: The Making of an American Capitalist*, op. cit., p. 26.
17. Schroeder, *The Snowball: Warren Buffett and the Business of Life*, op. cit., p. 146 Schroeder cita esta acertada analogía con la caverna de Platón, propuesta por primera vez por Patrick Byrne.
18. J. Train, *The Money Masters*, Penguin Books, Nueva York 1981, p. 11.
19. J. Brooks, *The Go-Go Years*, Weybright & Talley, Nueva York 1973.
20. Train, *The Money Masters*, op. cit., p. 12.
21. Informe anual de Berkshire Hathaway, 1987, p. 22.
22. Informe anual de Berkshire Hathaway, 2011, p. 9.
23. Loomis, *Tap Dancing to Work: Warren Buffett on Practically Everything*, op. cit., p. 62. En estadística, la letra griega "sigma" indica la desviación estándar de la media. Un suceso "5 sigma", es decir, con una desviación estándar cinco veces mayor, tiene una probabilidad de 1 entre 3.488.555, es decir, un 0,00003 %.
24. Ibidem.

Capítulo 2
La formación de Warren Buffett

1. Smith, *Supermoney*, op. cit., p. 172.
2. *New York Times*, 2 de diciembre de 1934, 13D.
3. B. Graham y D. Dodd, Security Analysis, 3ª edición, McGraw-Hill, Nueva York, 1951, p. 38.
4. Ibidem, p. 13.
5. "Ben Graham: The Grandfather of Investment Value Is Still Concerned", *Institutional Investor*, abril de 1974, p. 62.
6. Ibidem, p. 61.
7. Train, *The Money Masters*, op. cit., p. 60.
8. P. Fisher, *Common Stocks and Uncommon Profits*, Harper & Brothers, Nueva York, 1958, p. 11.
9. Ibidem, p. 16.
10. Ibidem, p. 33.
11. P. Fisher, *Developing an Investment Philosophy*, Financial Analysts Research Foundation, monografía número 10, p. 1.
12. Fisher, *Common Stocks and Uncommon Profits*, op. cit., p. 13
13. Fisher, *Developing an Investment Philosophy*, op. cit., p. 29.
14. A. Kilpatrick, *Of Permanent Value: The Story of Warren Buffett*, AKPE, Birmingham, AL 2000, p. 89.

15. R. Hagstrom, *Investing: The Last Liberal Art*, Columbia University Press, Nueva York 2013.
16. Comentario realizado en la Conferencia Anual de Berkshire Hathaway de 1997; citado en la biografía de Charlie Munger, *Damn Right*! por Janet Lowe, John Wiley & Sons, Nueva York, 2000.
17. A. Kilpatrick, *Warren Buffett: The Good Guy of Wall Street*, Donald I. Fine, Nueva York 1992, p. 1. Fine, Nueva York 1992, p. 38.
18. R. Lenzner, "Warren Buffett's Idea of Heaven: 'I Don't Have to Work with People I Don't Like'", *Forbes*, 18 de octubre de 1993, p. 43.
19. Informe anual de Berkshire Hathaway, 1989, p. 21.
20. Ibidem.
21. L. J. Davis, "Buffett Takes Stock", *New York Times Magazine*, 1 de abril de 1990, p. 61.
22. Informe anual de Berkshire Hathaway, 1987, p. 15.
23. W. Buffett, "The Superinvestors of Graham-and-Doddsville", *Hermes*, otoño de 1984.
24. Informe anual de Berkshire Hathaway, 1990, p. 17.
25. B. Graham, *The Intelligent Investor*, 4ª edición, Harper & Row, Nueva York 1973, p. 287.
26. W. Buffett, "What We Can Learn from Philip Fisher", Forbes, 19 de octubre de 1987, p. 40.
27. "The money men. How Omaha Beats Wall Street", *Forbes*, 1 de noviembre de 1969, p. 82.

Capítulo 3
El momento de la compra: los doce principios inmutables

1. Informe anual de Berkshire Hathaway, 1987, p. 14.
2. Lenzner, "Warren Buffett's Idea of Heaven", op. cit.
3. Fortune, 29 de noviembre de 1993, p. 11.
4. Informe anual de Berkshire Hathaway, 1987, p. 7.
5. Informe anual de Berkshire Hathaway, 1989, p. 22
6. Conferencia anual de Berkshire Hathaway, 1995; en Kilpatrick, *Of Permanent Value: The Story of Warren Buffett*, op. cit., p. 1356.
7. *St. Petersburg Times*, 15 de diciembre de 1999, en Kilpatrick, *Of Permanent Value*, op. cit., p. 1356.
8. *Fortune*, 22 de noviembre de 1999, en Kilpatrick, *Of Permanent Value*, op. cit., p. 1356.
9. Conferencia anual de Berkshire Hathaway de 1996, Kilpatrick, *Of Permanent Value: The Story of Warren Buffett*, op. cit., p. 1344.
10. Informe anual de Berkshire Hathaway, 1982, p. 57.

11. Lenzner, “Warren Buffett’s Idea of Heaven”, op. cit.
12. Informe anual de Berkshire Hathaway, 1989.
13. C. Loomis, “The Inside Story of Warren Buffett”, *Fortune*, 11 de abril de 1988.
14. Informe anual de Berkshire Hathaway, 1988, p. 5.
15. Informe anual de Berkshire Hathaway, 1986, p. 5.
16. Kilpatrick, *Of Permanent Value: The Story of Warren Buffett*, op cit, p. 89.
17. Informe anual de Berkshire Hathaway, 1989, p. 22.
18. L. Grant, “The $4 Billion Regular Guy”, *Los Angeles Times*, 17 de abril de 1991 (sección de revistas), p. 36.
19. Lenzner, “Warren Buffett’s Idea of Heaven”, op. cit.
20. Informe anual de Berkshire Hathaway, 1985, p. 9.
21. Informe anual de Berkshire Hathaway, 1987, p. 20.
22. Ibidem, 21.
23. Informe anual de Berkshire Hathaway, 1984, p. 15.
24. Informe anual de Berkshire Hathaway, 1986, p. 25.
25. Loomis, *Tap Dancing to Work: Warren Buffett on Practically Everything*, op. cit.
26. Informe anual de Berkshire Hathaway, 1990, p. 16.
27. Comunicación de Berkshire Hathaway a los accionistas, 1977-1983, p. 52.
28. Informe anual de Berkshire Hathaway, 1989, p. 5.
29. J. Rasmussen, “Buffett Talks Strategy with Students”, *Omaha World Herald*, 2 de enero de 1994, p. 26.
30. Informe anual de Berkshire Hathaway, 1992, p. 14.
31. Comunicación de Berkshire Hathaway a los accionistas, 1977-1983, p. 53.
32. Lowenstein, *Buffett: The Making of an American Capitalist*, op. cit.
33. Comunicación de Berkshire Hathaway a los accionistas, 1977-1983, p. 82.

Capítulo 4
Cómo comprar acciones: nueve casos ejemplares

1. M. Rowland, ‘Mastermind of a Media Empire’, *Working Women*, 11 de noviembre de 1989, p. 115.
2. Informe anual de The Washington Post Company, 1991, p. 2.
3. Informe anual de Berkshire Hathaway, 1992, p. 5.
4. Informe anual de Berkshire Hathaway, 1985, p. 19.
5. C. M. Roberts, *The Washington Post: The First 100 Years*, Houghton Mifflin, Boston 1977, p. 449.

6. Informe anual de Berkshire Hathaway, 1991, p. 8.
7. Ibidem, p. 9.
8. W. Thorndike Jr., *The Outsiders: Eight Unconventional CEOs and Their Radically Rational Blueprint for Success*, Harvard Business Review Press, Boston, 2012, 9.110.
9. C. Loomis, "An Accident Report on GEICO", *Fortune*, junio de 1976, p. 120.
10. Aunque la crisis de 1973-1974 puede haber contribuido en parte al declive prematuro de GEICO, la crisis de 1975-1976 se debió exclusivamente a la gestión de la empresa. En 1975, el índice S&P comenzó el año en 70,23 y lo cerró en 90,90. Al año siguiente, el mercado bursátil fue igual de fuerte, con fuertes subidas de precios y caídas de los tipos de interés. La caída de las acciones de GEICO no tuvo nada que ver con los mercados financieros.
11. B. Brophy, "After the Fall and Rise", *Forbes*, 2 de febrero de 1981, p. 86.
12. L. Dodds, "Handling the Naysayers", *Financial World*, 17 de agosto de 1985, p. 42.
13. Comunicación de Berkshire Hathaway a los accionistas, 1977-1983, p. 33.
14. Kilpatrick, *Warren Buffett: The Good Guy of Wall Street*, op. cit.
15. A. Bianco, "Why Warren Buffett Is Breaking His Own Rules", *BusinessWeek*, 15 de abril de 1985, p. 34.
16. Informe anual de Berkshire Hathaway, 1991, p. 8.
17. Bianco, "Why Warren Buffett Is Breaking His Own Rules", op. cit.
18. D. Kneale, "Murphy & Burke", *Wall Street Journal*, 2 de febrero de 1990, p. 1.
19. Informe anual de Capital Cities/ABC Inc., 1992.
20. "A Star Is Born", *BusinessWeek*, 1 de abril de 1985, p. 77.
21. A. Baldo, "CEO of the Year Daniel B. Burke", *Financial World*, 2 de abril de 1991, p. 38.
22. Informe anual de Berkshire Hathaway, 1985, p. 20.
23. Lowenstein, *Buffett: The Making of an American Capitalist*, op. cit.
24. Informe anual de Berkshire Hathaway, 1993, p. 14.
25. Kilpatrick, *Warren Buffett: The Good Guy of Wall Street*, op cit, p 123.
26. M. Pendergrast, *For God, Country and Coca-Cola*, Scribners, Nueva York 1993.
27. A. Harris, "The Man Who Changed the Real Thing", *Washington Post*, 22 de julio de 1985, B1.
28. "Strategy of the 1980s", Coca-Cola Company.
29. Ibidem.
30. Informe anual de Berkshire Hathaway, 1992, p. 13.
31. Ibidem.

32. J. Dorfman, “Wells Fargo Has Bulls and Bears; So Who’s Right?”, *Wall Street Journal*, 1 de noviembre de 1990, C1.
33. Ibidem.
34. J. Liscio, “Trading Points”, *Barron’s*, 29 de octubre de 1990, p. 51.
35. Comunicación de Berkshire Hathaway a los accionistas, 1977-1983, p. 15.
36. Informe anual de Berkshire Hathaway, 1990, p. 16.
37. R. Nagle, “Interpreting the Banking Numbers”, *The Financial Services Industry - Banks, Thrifts, Insurance Companies, and Securities Firms*, ed. Alfred C. Morley, 25-41, Association of Investment Management and Research, Charlottesville, VA 1991.
38. “CEO Silver Award”, *Financial World*, 5 de abril de 1988, p. 92.
39. G. Hector, “Warren Buffett’s Favorite Banker”, *Forbes*, 18 de octubre de 1993, p. 46.
40. Informe anual de Berkshire Hathaway, 1990, p. 16.
41. Ibidem.
42. Ibidem.
43. R. Hutchings Vernon, “Mother of All Annual Meetings”, *Barron’s*, 6 de mayo de 1991.
44. J. Taylor, “A Leveraged Bet”, *Forbes*, 15 de abril de 1991, p. 42.
45. Informe anual de Berkshire Hathaway, 1994, p. 17.
46. D. Rushe, “Warren Buffett buys $10bn IBM Stake”, *The Guardian*, 14 de noviembre de 2011.
47. Informe anual de Berkshire Hathaway, 2011, p. 7.
48. Ibidem.
49. Ibidem, p. 6.
50. Ibidem, p. 7.
51. Rushe, “ Warren Buffett Buys $10bn IBM Stake” cit.
52. Un agradecimiento sincero a Grady Buckett de CFA, director de tecnología de Morningstar.com. por su tutorial.
53. S. Lohr, “IBM Deliversly Quarterly Profits”, *New York Times*, 18 de julio de 2012.
54 Informe anual de Berkshire Hathaway, 2011, p. 7.
55. De la entrevista de Warren Buffett para la CNBC, 14 de febrero de 2013.
56. M. de La Merced y A. Ross Sorkin, “Berkshire and 3G Capital in a $23 Billion Deal for Heinz”, *New York Times*, 19 de febrero de 2013.
57. Informe anual de Berkshire Hathaway, 1987, p. 15.

Capítulo 5
Gestión de carteras: las matemáticas de la inversión

1. Conversación con Warren Buffett, agosto de 1994.
2. Dan Callaghan, fondos de pensiones Legg Mason Capital Management/ Morningstar
3. Informe anual de Berkshire Hathaway, 1993, p. 15.
4. Ibidem.
5. Conversación con Warren Buffett, agosto de 1994.
6. *Outstanding Investor Digest*, 10 de agosto de 1995, p. 63.
7. Ibidem.
8. P. L. Bernstein, *Contra los dioses. La extraordinaria historia del riesgo*, Profit, Barcelona, 2020.
9. Ibidem.
10. Ibidem.
11. *Outstanding Investor Digest*, 5 de mayo de 1995, p. 49.
12. R. L. Winkler, *An Introduction to Bayesian Inference and Decision*, Holt, Rinehart & Winston, Nueva York 1972, p. 17.
13. Kilpatrick, *Of Permanent Value: The Story of Warren Buffett*, op. cit., p. 800.
14. *Outstanding Investor Digest*, 18 de abril de 1990, p. 16.
15. Ibidem
16. *Outstanding Investor Digest*, 23 de junio de 1994, p. 19.
17. E. O. Thorp, *Beat the Dealer: A Winning Strategy for the Game of Twenty-One,* Vintage Books, Nueva York, 1962.
18. Agradezco a Bill Miller la indicación del modelo de crecimiento de J. L. Kelly.
19. C. E. Shannon, “A Mathematical Theory of Communication”, *Bell System Technical Journal* 27, julio de 1948, n.º 3.
20. J. L. Kelly Jr., “A New Interpretation of Information Rate”, *Bell System Technical Journal* 35, julio de 1956, n.º 3.
21. *Outstanding Investor Digest*, 5 de mayo de 1995, p. 57.
22. A. Beyer, *Picking Winners: A Horse Player's Guide*, Houghton Mifflin, Nueva York 1994, p. 178.
23. *Outstanding Investor Digest*, 5 de mayo de 1995, p. 58.
24. B. Graham, *The Memoirs of the Dean of Wall Street*, McGraw-Hill, Nueva York 1996, p. 239.
25. El discurso fue adaptado posteriormente en un artículo con el mismo título para la revista *Hermes* de la Columbia Business School (otoño de 1984). Las referencias son del artículo.

26. W. Buffett, "The Superinvestors of Graham-and-Doddsville", *Hermes,* otoño de 1984. Entre los mencionados: Walter Schloss, su colega en los años cincuenta en Graham-Newman Corporation; Tom Knapp, otro antiguo compañero Graham-Newman, fundador de Tweedy, Browne Partners con Ed Anderson, otro discípulo de Graham; Bill Ruane, antiguo alumno de Graham, que fundó el Sequoia Fund con Rick Cuniff; Charlie Munger, socio de Buffett; Rick Guerin de Pacific Partners; Stan Perlmeter de Perlmeter Investments.
27. Informe anual de Berkshire Hathaway, 1991, p. 15.
28. J. H. Chua y R.S. Woodward, "J. M. Keynes's Investment Performance: A Note", *Journal of Finance* 38, marzo de 1983, n.º 1.
29. Ibidem.
30. Ibidem.
31. Buffett, "The Superinvestors of Graham-and-Doddsville", op. cit.
32. Ibidem.
33. Ibidem.
34. Informe anual del Sequoia Fund, 1996.
35. S. Jansson, "GEICO Sticks to Its Last", *Institutional Investor*, julio de 1986, p. 130.
36. Informe anual de Berkshire Hathaway, 1986, p. 15.
37. Informe anual de Berkshire Hathaway, 1995, p. 10.
38. La investigación se realizó en colaboración con la doctora Joan Lamm-Tennant, PhD de la Villanova University.
39. K. J. Martijn Cremers y Antti Petajisto, "How Active Is Your Fund Manager? A New Measure That Predicts Performance", *Yale ICF Working Paper* n.º. 06-14, 31 de marzo de 2009.
40. "Active Funds Come out of the Closet, *Barron's*, 17 de noviembre de 2012.
41. Buffett, "The Superinvestors of Graham-and-Doddsville", op. cit.
42. J. Nocera, "Who's Got the Answers?", *Fortune,* 24 de noviembre de 1997, p. 329.
43. Ibidem.
44. V.E. Shahan, "Are Short-Term Performance and Value Investing Mutually Exclusive?", *Hermes*, primavera de 1986.
45. Informe trimestral de Sequoia Fund, 31 de marzo de 1996.
46. Una frase de Warren Buffett citada muy a menudo.
47. Informe anual de Berkshire Hathaway, 1987, p. 14.
48. Ibidem.
49. Ibidem.
50. Informe anual de Berkshire Hathaway, 1981, p. 39.
51. Graham y Dodd, *Security Analysis*, op. cit.

52. Informe anual de Berkshire Hathaway, 1987, p. 15.
53. Informe anual de Berkshire Hathaway, 1991, p. 8.
54. Ibidem.
55. *Outstanding Investor Digest*, 10 de agosto de 1995, p. 10.
56. Informe anual de Berkshire Hathaway, 1991, p. 15.
57. Informe anual de Berkshire Hathaway, 1996.
58. R. Jeffrey y R. Arnott, "Is Your Alpha Big Enough to Cover Its Taxes?", *Journal of Portfolio Management,* primavera de 1993.
59. Ibidem.
60. B. Duval Fromson, "Are These the New Warren Buffetts?", *Fortune*, 30 de octubre de 1989, citado en Loomis, *Tap Dancing to Work: Warren Buffett on Practically Everything*, op. cit., p. 101.

Capítulo 6
La psicología de la inversión

1. *Outstanding Investor Digest*, 10 de agosto de 1995, p. 11.
2. Graham, *The Intelligent Investor*, op. cit., p. 106.
3. J. Fuerbringer, "Why Both Bulls and Bears Can Act So Bird-Brained", *New York Times*, 30 de marzo de 1997, sección 3, p. 6.
4. J. Burton, "It Just Ain't Rational", Fee Advisor, septiembre/octubre de 1996, p. 26.
5. B. O'Reilly, "Why Can't Johnny Invest?", *Fortune*, 9 de noviembre de 1998, p. 73.
6. Fuerbringer, "Why Both Bulls and Bears Can Act So Bird-Brained", op. cit.
7. L. Swedore, "Frequent Monitoring of Your Portfolio can be Injurious to Your Health", www.indexfunds.com/articles/20021015_myopic_com_gen_LS.htm (consultado por última vez el 4 de marzo de 2014).
8. S. Benartzi y R. Thaler, "Myopic Loss Aversion and the Equity Premium Puzzle", *The Quarterly Journal of Economics* 110, n.º 1, febrero de 1995, pp. 73-92.
9. Informe anual de Berkshire Hathaway, 1984, p. 14.
10. Graham, *The Intelligent Investor*, op. cit.
11. Ibidem.
12. Para un amplio resumen histórico del desarrollo de las finanzas modernas, P. Bernstein, *Capital Ideas: The Improbable Origins of Modern Wall Street*, Free Press, Nueva York, 1992.
13. Informe anual de Berkshire Hathaway, 1993, p. 13.
14. Ibidem.
15. *Outstanding Investor Digest*, 23 de junio de 1994, p. 19.

16. *Outstanding Investor Digest*, 8 de agosto de 1996, p. 29.
17. Informe anual de Berkshire Hathaway, 1988, p. 18.
18. Ibidem.
19. Kilpatrick, *Of Permanent Value: The Story of Warren Buffett*, op. cit., p. 683.

Capítulo 7
El valor de la paciencia

1. A. Shleifer y R.Vishny, "The New Theory of the Firm: Equilibrium Short Horizons of Investors and Firms", *American Economic Review*, Papers and Proceedings, 80, n.º 2, 1990, pp. 148-153.
2. Ibidem.
3. K. Stanovich, *What Intelligence Tests Miss: The Psychology of Rational Thought*, Yale University Press, New Haven 2009. Véase también K. Stanovich, "Rationality versus Intelligence", Project Syndicate, 6 de mayo de 2009, www.project-syndicate.org (consultado por última vez el 4 de marzo de 2014).
4. K. Stanovich, "Rational and Irrational Thought: The Thinking That IQ Tests Miss", *Scientific American Mind*, noviembre/diciembre de 2009, p. 35.
5. J. Treynor, *Treynor on Institutional Investing*, John Wiley & Sons, Hoboken, NJ 2008, p. 425.
6. Ibidem, p. 424.
7. Ibidem.
8. D. Kahneman, *Pensar rápido, pensar despacio* (Debate, Barcelona, 2012)
9. El bate cuesta 1,05 dólares y la pelota 0,05 dólares. Cien máquinas tardan cinco minutos en producir 100 objetos. Los nenúfares tardarán 47 días en cubrir la mitad del lago.
10. D. N. Perkins, "Mindware and Metacurriculm", en *Creating the Future: Perspectives on Educational Change*, Dee Dick, ed.
11. I. Dicher, Kelly Long y Dexin Zhou, "The Dark Side of Trading", Emory University School of Law, research paper n.º 11, pp. 95-143.
12. Loomis, *Tap Dancing to Work: Warren Buffett on Practically Everything*, op. cit., p. 101.

Capítulo 8
El mayor inversor del mundo

1. Lowenstein, *Buffett: The Making of an American Capitalist*, op. cit., p. 20
2. J. Pratty R. Zeckhauser (edición), *Principals and Agents: The Structure of Business*, Harvard Business School Press, Boston 1985.
3. Loomis, *Tap Dancing to Work: Warren Buffett on Practically Everything*, op. cit., p. 101
4. Conversación con Carol Loomis, febrero de 2012
5. Lowenstein, *Buffett: The Making of an American Capitalist*, op. cit.
6. Loomis, *Tap Dancing to Work: Warren Buffett on Practically Everything*, op. cit., p. 134.
7. Loomis, "Inside Story of Warren Buffett", op. cit.
8. Informe anual de Berkshire Hathaway, 1996, p. 16.
9. Informe anual de Berkshire Hathaway, 1993, p. 15.
10. W. N. Thorndike Jr., *The Outsiders: Eight Unconventional CEOs and Their Radically Rational Blueprint for Success*, op. cit., p. 194.
11. Ibidem.
12. Informe anual de Berkshire Hathaway, 1933, p. 16.
13. Ibidem.
14. Ibidem, p. 14.
15. Ibidem.
16. George Johnson, *Simmetrie. Scienza, fede e ricercar dell'ordine*, Instar Libri, Turín, 2002.
17. Kilpatrick, *Of Permanent Value: The Story of Warren Buffett*, op. cit., p. 794.
18. R. Chernow, *The Death of the Banker: The Decline and Fall of the Great Financial Dynasties and the Triumph of Small Investors*, Vintage Books, Nueva York, 1997.
19. Informe anual de Berkshire Hathaway, 1987, p. 15.
20. Lenzner, "Warren Buffett's Idea of Heaven", op. cit.
21. Informe anual de Berkshire Hathaway, 1992, p. 16.

Índice analítico

Agradecimientos

Como he tenido ocasión de decir en numerosas ocasiones, el éxito de *El Método Warren Buffett* es, ante todo, un reconocimiento a Warren Buffett. Su ingenio, integridad y brío intelectual han cautivado a millones de inversores de todo el mundo: una combinación de factores sin precedentes que lo convierten en la figura más popular del mundo de las finanzas y en el mayor inversor de la historia.

Mi agradecimiento va dirigido en primer lugar a Warren Buffett por sus enseñanzas y por permitirme utilizar sus materiales. Es imposible perfeccionar lo que Buffett ya ha dicho, y los lectores de este libro tienen la suerte de disfrutar de la oportunidad de seguir sus palabras directamente, en lugar de una paráfrasis de segunda mano. También me gustaría dar las gracias a Debbie Bosanek por su amabilidad y ayuda, incluso cuando —estoy seguro— había miles de otras cosas que exigían su atención ese día.

También me gustaría dar las gracias a Charlie Munger por sus aportaciones a los estudios de inversión. Sus ideas sobre la "psicología del error de valoración" y una "red de modelos mentales" son extremadamente importantes y deberían ser estudiadas por todos. También he apreciado mucho las reveladoras conversaciones que he mantenido con él y sus amables palabras de ánimo.

También tengo un profundo sentimiento de gratitud hacia Carol Loomis. Dos años antes de que Buffett abriera su primera empresa,

Carol había comenzado su carrera como reportera de investigación para la revista *Fortune*. Hoy es redactora jefa honoraria de *Fortune*, autora de best-sellers y una de las mejores periodistas de Estados Unidos. Como muchos de ustedes saben, lleva editando los informes anuales de Berkshire Hathaway desde 1977. Sus palabras de ánimo al principio de este proyecto fueron muy importantes para mí.

Me gustaría extender mis agradecimientos más sentidos a Andy Kilpatrick, autor de *Of Permanent Value: The Story of Warren Buffett*. Cada vez que corría el riesgo de equivocarme sobre un hecho, o de confundirme sobre un determinado acontecimiento, sabía que podía contar con el libro de Andy. Y cuando necesito ayuda todavía puedo llamarle por teléfono para encontrar rápidamente lo que busco. Andy es un caballero y lo considero el historiador oficial de Berkshire Hathaway.

Si por casualidad hubierais tenido la suerte de tener trato durante más de treinta años con la comunidad de Berkshire Hathaway, habríais tenido el privilegio de mantener miles de conversaciones, leer miles de cartas y correos electrónicos y no recordar ni un solo momento desagradable. Así que me gustaría dar las gracias a Chuck Akre, Jack Bogle, David Braverman, Jamie Clark, Bob Coleman, Larry Cunningham, Chris Davis, Pat Dorsey, Charles Ellis, Henry Emerson, Ken Fisher, Phil Fisher, Bob Goldfarb, Burton Gray, Mason Hawkins, Ajit Jain, Joan Lamm-Tennant, Virginia Leith, John Lloyd, Paul Lountzis, Janet Lowe, Peter Lynch, Michael Mauboussin, Robert Miles, Bill Miller, Ericka Peterson, Larry Pidgeon, Lisa Rapuano, Laura Rittenhouse, John Rothchild, Bill Ruane, Tom Russo, Alice Schroeder, Lou Simpson, Ed Thorp, Wally Weitz y David Winters.

Le debo mucho a un gran amigo mío, Charles E. Haldeman Jr., que estuvo presente desde el principio. Recuerdo el día en que le pregunté si debía hacer un máster o escribir un libro sobre Warren Buffett, e inmediatamente me dijo: "¡Escribe el libro!". Fue un buen consejo. También leyó el manuscrito original y dio varias sugerencias que lo mejoraron mucho. ¡Gracias!

Mi agradecimiento a John Wiley & Sons no solo por la publicación de *El Método Warren Buffett*, sino también por su inquebrantable ayuda y su incansable dedicación al libro durante los últimos veinte años: en Wiley solo he encontrado verdaderos profesionales. Me gustaría empezar dando las gracias a Myles Thompson, por arriesgarse con un novato. Y además a Jennifer Pincott, Mary Daniello, Joan O 'Neil, Pamela van Giessen, y al equipo de hoy: Kevin Commins y Judy Howarth.

Una vez más estoy en deuda con mi agente, Laurie Harper, de la Sebastian Literary Agency. Laurie es la agente perfecta: inteligente, leal, alegre y de una integridad profesional incondicional. Y sobre todo, no hay nada que no haría para garantizar que nuestro trabajo conjunto sea de la máxima calidad. En una palabra, Laurie es especial.

Hace veinte años, Myles Thompson envió el primer borrador de este libro a Maggie Stuckey, preguntándole si querría ayudar a un autor primerizo. Desde entonces, Maggie y yo hemos escrito nueve libros juntos, y a menudo me he preguntado qué habría pasado si ella no hubiera aceptado. Incluso a un continente de distancia, siempre me sorprende cómo Maggie es capaz de entrar en sintonía con el texto. Es incansable, y sabe pasar de capítulo en capítulo y buscar constantemente la mejor manera de estructurar el material que le envío en un lenguaje accesible. Es la mejor que existe.

Cualquiera que haya escrito un libro sabe que esto significa innumerables horas pasadas en soledad en lugar de con su familia. Requiere ciertos sacrificios por parte del autor, pero, puedo asegurarlo, aún más por parte de su familia. Quiero a mis hijos, y siempre estaré agradecido a mi mujer Maggie: cuando le dije que iba a escribir un libro, sonrió y me convenció de que podía hacerlo. Su amor hace que todo sea posible. Aunque mencione a mi familia en último lugar en estos agradecimientos, siempre son los primeros en mi corazón.

Por todo lo que en está logrado en este libro y funciona, puede el lector dar las gracias a las personas que he mencionado. Los errores y omisiones son de mi exclusiva responsabilidad.

R. G. H.

www.ingramcontent.com/pod-product-compliance
Lightning Source LLC
LaVergne TN
LVHW050624051026
849532LV00002B/270
* 9 7 9 1 2 5 4 9 9 0 0 3 2 *